资源环境类税收政策速查手册

2022 年版

《资源环境类税收政策速查手册》编写组 编

中国税务出版社

图书在版编目（CIP）数据

资源环境类税收政策速查手册：2022年版/《资源环境类税收政策速查手册》编写组编. -- 北京：中国税务出版社，2022.5

ISBN 978-7-5678-1243-7

Ⅰ.①资… Ⅱ.①资… Ⅲ.①资源税—税收政策—汇编—中国②环境类—税收政策—汇编—中国 Ⅳ.①F812.422

中国版本图书馆CIP数据核字（2022）第068267号

版权所有·侵权必究

书　　名：	资源环境类税收政策速查手册（2022年版）
作　　者：	《资源环境类税收政策速查手册》编写组　编
责任编辑：	刘　菲　王振波　孙晓萍
责任校对：	姚浩晴
技术设计：	刘冬珂
出版发行：	中国税务出版社
	北京市丰台区广安路9号国投财富广场1号楼11层
	邮政编码：100055
	网址：https://www.taxation.cn
	投稿：https://www.taxation.cn/qt/zztg
	发行中心电话：（010）83362083/85/86
	传真：（010）83362047/48/49
经　　销：	各地新华书店
印　　刷：	北京天宇星印刷厂
规　　格：	787毫米×1092毫米　1/16
印　　张：	23.5
字　　数：	368000字
版　　次：	2022年5月第1版　2022年5第1次印刷
书　　号：	ISBN 978-7-5678-1243-7
定　　价：	65.00元

如有印装错误　本社负责调换

前　　言

习近平总书记在党的十九大报告中指出，坚持人与自然和谐共生，必须树立和践行绿水青山就是金山银山的理念，坚持节约资源和保护环境的基本国策。税收在促进资源高效利用和环境保护方面发挥着重要作用，通过税收手段促进形成绿色发展方式和生活方式，助力建设美丽中国。2019年8月26日，《中华人民共和国资源税法》公布，至此，车船税、环境保护税、烟叶税、耕地占用税、资源税五大资源环境类税种已全部完成立法。

本书收录了截至2022年4月30日与资源税、环境保护税、耕地占用税、车船税、烟叶税相关的法律、法规、规章及规范性文件。同时，一并收录了与税收工作关联度较高的《中华人民共和国矿产资源法》《中华人民共和国环境保护法》《中华人民共和国土地管理法》等一系列法律法规，便于读者深入了解资源环境税的相关业务知识，全面把握绿色税制内容的构成。

本书按照税种进行分类，并按照发文时间进行排序。凡是已执行到期或者过期的文件，虽未被明文废止，本书也不再收录。对于有部分条款被废止或修改的现行有效文件，在文件中用注释方式进行了详细说明。

本书既是税务干部加强资源环境税征管、优化纳税服务的工具书,也是纳税人熟悉国家税收政策、应享尽享税收改革红利的知识读本。

由于水平所限,书中难免有疏漏之处,恳请读者批评指正。

本书编写组
2022 年 4 月

目　录

资　源　税

中华人民共和国矿产资源法……………………………………………（1）
　　1986年3月19日　中华人民共和国主席令第三十六号
中华人民共和国对外合作开采陆上石油资源条例……………………（9）
　　1993年10月7日　中华人民共和国国务院令第131号
财政部　国家税务总局关于青藏铁路公司运营期间有关税收等
　　政策问题的通知……………………………………………………（15）
　　2007年1月11日　财税〔2007〕11号
财政部　国家税务总局　水利部关于印发《水资源税改革试点
　　暂行办法》的通知…………………………………………………（17）
　　2016年5月9日　财税〔2016〕55号
财政部　税务总局　水利部关于印发《扩大水资源税改革试点
　　实施办法》的通知…………………………………………………（20）
　　2017年11月24日　财税〔2017〕80号
国家税务总局关于水资源费改税后城镇公共供水企业增值税
　　发票开具问题的公告………………………………………………（26）
　　2017年12月25日　国家税务总局公告2017年第47号
财政部　税务总局关于对页岩气减征资源税的通知…………………（26）
　　2018年3月29日　财税〔2018〕26号

中华人民共和国资源税法…………………………………………（27）
  2019 年 8 月 26 日 中华人民共和国主席令第三十三号
财政部 税务总局关于继续执行的资源税优惠政策的公告……（33）
  2020 年 6 月 24 日 财政部 税务总局公告 2020 年第 32 号
财政部 税务总局关于资源税有关问题执行口径的公告……（34）
  2020 年 6 月 28 日 财政部 税务总局公告 2020 年第 34 号
国家税务总局关于资源税征收管理若干问题的公告……………（36）
  2020 年 8 月 28 日 国家税务总局公告 2020 年第 14 号
财政部 税务总局关于延长部分税收优惠政策执行期限的公告………（37）
  2021 年 3 月 15 日 财政部 税务总局公告 2021 年第 6 号

环境保护税

中华人民共和国水污染防治法………………………………………（41）
  1984 年 5 月 11 日 中华人民共和国主席令第十二号
中华人民共和国大气污染防治法……………………………………（62）
  1987 年 9 月 5 日 中华人民共和国主席令第五十七号
中华人民共和国环境保护法…………………………………………（86）
  1989 年 12 月 26 日 中华人民共和国主席令第二十二号
中华人民共和国固体废物污染环境防治法…………………………（98）
  1995 年 10 月 30 日 中华人民共和国主席令第五十八号
中华人民共和国环境噪声污染防治法………………………………（123）
  1996 年 10 月 29 日 中华人民共和国主席令第七十七号
中华人民共和国环境保护税法………………………………………（132）
  2016 年 12 月 25 日 中华人民共和国主席令第六十一号
中华人民共和国环境保护税法实施条例……………………………（142）
  2017 年 12 月 25 日 中华人民共和国国务院令第 693 号
财政部 税务总局 生态环境部关于环境保护税
  有关问题的通知……………………………………………………（146）
  2018 年 3 月 30 日 财税〔2018〕23 号

财政部　税务总局　生态环境部关于明确环境保护税
　　应税污染物适用等有关问题的通知…………………………（149）
　　2018年10月25日　财税〔2018〕117号
生态环境部　财政部　税务总局关于发布计算环境保护税
　　应税污染物排放量的排污系数和物料衡算方法的公告………（151）
　　2021年4月28日　生态环境部　财政部　税务总局
　　公告2021年第16号

耕地占用税

中华人民共和国土地管理法……………………………………（165）
　　1986年6月25日　中华人民共和国主席令第四十一号
基本农田保护条例………………………………………………（183）
　　1998年12月27日　中华人民共和国国务院令第257号
中华人民共和国耕地占用税法…………………………………（188）
　　2018年12月29日　中华人民共和国主席令第十八号
财政部　税务总局　自然资源部　农业农村部　生态环境部
　　关于发布《中华人民共和国耕地占用税法实施办法》的公告……（192）
　　2019年8月29日　财政部公告2019年第81号
国家税务总局关于耕地占用税征收管理有关事项的公告……（196）
　　2019年8月30日　国家税务总局公告2019年第30号

车船税

中华人民共和国道路交通安全法………………………………（200）
　　2003年10月28日　中华人民共和国主席令第八号
机动车交通事故责任强制保险条例……………………………（222）
　　2006年3月21日　中华人民共和国国务院令第462号

中华人民共和国车船税法……………………………………………（230）
　　2011 年 2 月 25 日　中华人民共和国主席令第四十三号
中华人民共和国车船税法实施条例…………………………………（233）
　　2011 年 12 月 5 日　中华人民共和国国务院令第 611 号
国家税务总局　中国保险监督管理委员会关于机动车车船税
　　代收代缴有关事项的公告 …………………………………………（237）
　　2011 年 12 月 19 日　国家税务总局　中国保险监督管理委员会
　　公告 2011 年第 75 号
国家税务总局关于印发《中华人民共和国车船税法
　　宣传提纲》的通知……………………………………………………（243）
　　2011 年 12 月 19 日　国税函〔2011〕712 号
财政部　国家税务总局　工业和信息化部关于不属于车船税征收范围的
　　纯电动　燃料电池乘用车车型目录（第一批）的公告……………（251）
　　2011 年 12 月 31 日　财政部　国家税务总局　工业和信息化部
　　公告 2011 年第 81 号
财政部　国家税务总局　工业和信息化部关于节约能源　使用新能源
　　车辆减免车船税的车型目录（第一批）的公告……………………（252）
　　2012 年 3 月 6 日　财政部　国家税务总局　工业和信息化部
　　公告 2012 年第 7 号
财政部　国家税务总局　工业和信息化部关于节约能源　使用新能源
　　车辆减免车船税的车型目录（第二批）的公告……………………（252）
　　2012 年 5 月 28 日　财政部　国家税务总局　工业和信息化部
　　公告 2012 年第 25 号
财政部　国家税务总局　工业和信息化部关于不属于车船税征收范围的
　　纯电动　燃料电池乘用车车型目录（第二批）的公告……………（253）
　　2012 年 5 月 28 日　财政部　国家税务总局　工业和信息化部
　　公告 2012 年第 26 号
国家税务总局　交通运输部关于发布《船舶车船税委托代征
　　管理办法》的公告……………………………………………………（254）
　　2013 年 1 月 5 日　国家税务总局　交通运输部公告 2013 年第 1 号

国家税务总局关于车船税征管若干问题的公告……………………（257）
　　2013年7月26日　国家税务总局公告2013年第42号
财政部　国家税务总局　工业和信息化部关于发布《享受车船税
　　减免优惠的节约能源　使用新能源汽车车型目录
　　（第三批）》的公告……………………………………………（258）
　　2015年9月11日　财政部公告2015年第66号
国家税务总局关于发布《车船税管理规程（试行）》的公告………（259）
　　2015年11月26日　国家税务总局公告2015年第83号
国家税务总局关于保险机构代收车船税开具增值税
　　发票问题的公告…………………………………………………（264）
　　2016年8月7日　国家税务总局公告2016年第51号
财政部　税务总局　工业和信息化部　交通运输部关于节能　新能源
　　车船享受车船税优惠政策的通知………………………………（264）
　　2018年7月10日　财税〔2018〕74号
中华人民共和国工业和信息化部　国家税务总局关于发布
　　《享受车船税减免优惠的节约能源　使用新能源汽车
　　车型目录（第四批）》的公告……………………………………（268）
　　2018年9月18日　工业和信息化部公告2018年第46号
中华人民共和国工业和信息化部　国家税务总局关于发布
　　《享受车船税减免优惠的节约能源　使用新能源汽车
　　车型目录（第五批）》的公告……………………………………（268）
　　2018年11月26日　工业和信息化部公告2018年第62号
中华人民共和国工业和信息化部　国家税务总局关于发布
　　《享受车船税减免优惠的节约能源　使用新能源汽车
　　车型目录（第六批）》的公告……………………………………（269）
　　2018年12月25日　工业和信息化部公告2018年第70号
财政部　税务总局关于国家综合性消防救援车辆车船税
　　政策的通知………………………………………………………（269）
　　2019年2月13日　财税〔2019〕18号

中华人民共和国工业和信息化部　国家税务总局关于发布
　　《享受车船税减免优惠的节约能源　使用新能源汽车
　　车型目录（第七批）》的公告……………………………………（270）
　　2019年3月6日　工业和信息化部公告2019年第9号
中华人民共和国工业和信息化部　国家税务总局关于发布
　　《享受车船税减免优惠的节约能源　使用新能源汽车
　　车型目录（第八批）》的公告……………………………………（271）
　　2019年5月17日　工业和信息化部公告2019年第18号
中华人民共和国工业和信息化部　国家税务总局关于发布
　　《享受车船税减免优惠的节约能源　使用新能源汽车
　　车型目录（第九批）》的公告……………………………………（271）
　　2019年7月1日　工业和信息化部公告2019年第25号
中华人民共和国工业和信息化部　国家税务总局关于享受
　　车船税减免优惠的节约能源　使用新能源汽车车型目录（第十批）、
　　汽车生产企业名称变更名单的公告………………………………（272）
　　2019年8月28日　工业和信息化部公告2019年第31号
享受车船税减免优惠的节约能源　使用新能源汽车车型目录
　　（第十一批）…………………………………………………………（273）
　　2019年11月6日　中华人民共和国工业和信息化部　国家税务总局
　　公告2019年第47号
享受车船税减免优惠的节约能源　使用新能源汽车车型目录
　　（第十二批）…………………………………………………………（273）
　　2019年12月17日　中华人民共和国工业和信息化部　国家税务总局
　　公告2019年第60号
享受车船税减免优惠的节约能源　使用新能源汽车车型目录
　　（第十三批）…………………………………………………………（274）
　　2020年1月17日　中华人民共和国工业和信息化部　国家税务总局
　　公告2020年第3号

工业和信息化部　国家税务总局关于发布《享受车船税减免优惠的
　　节约能源　使用新能源汽车车型目录》（第十四批）的公告……（275）
　　2020 年 3 月 11 日　工业和信息化部　国家税务总局
　　公告 2020 年第 10 号

工业和信息化部　国家税务总局关于发布《享受车船税减免优惠的
　　节约能源　使用新能源汽车车型目录》（第十五批）的公告……（276）
　　2020 年 4 月 24 日　工业和信息化部　国家税务总局
　　公告 2020 年第 18 号

享受车船税减免优惠的节约能源　使用新能源汽车车型目录
　　（第十六批）……………………………………………………（276）
　　2020 年 6 月 5 日　工业和信息化部　国家税务总局
　　公告 2020 年第 24 号

《道路机动车辆生产企业及产品》（第 334 批）、《新能源汽车
　　推广应用推荐车型目录》（2020 年第 8 批）、《享受车船税
　　减免优惠的节约能源　使用新能源汽车车型目录》（第十七批）、
　　《免征车辆购置税的新能源汽车车型目录》（第三十三批）……（277）
　　2020 年 7 月 20 日　中华人民共和国工业和信息化部
　　公告 2020 年第 33 号

《道路机动车辆生产企业及产品》（第 335 批）、《新能源汽车
　　推广应用推荐车型目录》（2020 年第 9 批）、《享受车船税
　　减免优惠的节约能源　使用新能源汽车车型目录》（第十八批）、
　　《免征车辆购置税的新能源汽车车型目录》（第三十四批）……（278）
　　2020 年 8 月 21 日　中华人民共和国工业和信息化部
　　公告 2020 年第 36 号

《道路机动车辆生产企业及产品》（第 336 批）、《新能源汽车
　　推广应用推荐车型目录》（2020 年第 10 批）、《享受车船税
　　减免优惠的节约能源　使用新能源汽车车型目录》（第十九批）、
　　《免征车辆购置税的新能源汽车车型目录》（第三十五批）……（279）
　　2020 年 9 月 21 日　中华人民共和国工业和信息化部
　　公告 2020 年第 38 号

《道路机动车辆生产企业及产品》（第 337 批）、《新能源汽车
　　推广应用推荐车型目录》（2020 年第 11 批）、《享受车船税
　　减免优惠的节约能源　使用新能源汽车车型目录》（第二十批）、
　　《免征车辆购置税的新能源汽车车型目录》（第三十六批）……（280）
　　2020 年 10 月 30 日　中华人民共和国工业和信息化部
　　公告 2020 年第 42 号

《道路机动车辆生产企业及产品》（第 338 批）、《新能源汽车
　　推广应用推荐车型目录》（2020 年第 12 批）、《享受车船税
　　减免优惠的节约能源　使用新能源汽车车型目录》（第二十一批）、
　　《免征车辆购置税的新能源汽车车型目录》（第三十七批）……（281）
　　2020 年 11 月 27 日　中华人民共和国工业和信息化部
　　公告 2020 年第 47 号

《道路机动车辆生产企业及产品》（第 339 批）、《新能源汽车
　　推广应用推荐车型目录》（2020 年第 13 批）、《享受车船税
　　减免优惠的节约能源　使用新能源汽车车型目录》（第二十二批）、
　　《免征车辆购置税的新能源汽车车型目录》（第三十八批）……（282）
　　2020 年 12 月 30 日　中华人民共和国工业和信息化部
　　公告 2020 年第 54 号

《道路机动车辆生产企业及产品》（第 340 批）、《新能源汽车
　　推广应用推荐车型目录》（2021 年第 1 批）、《享受车船税
　　减免优惠的节约能源　使用新能源汽车车型目录》（第二十三批）、
　　《免征车辆购置税的新能源汽车车型目录》（第三十九批）……（283）
　　2021 年 1 月 29 日　中华人民共和国工业和信息化部
　　公告 2021 年第 4 号

《道路机动车辆生产企业及产品》（第 341 批）、《新能源汽车
　　推广应用推荐车型目录》（2021 年第 2 批）、《享受车船税
　　减免优惠的节约能源　使用新能源汽车车型目录》（第二十四批）、
　　《免征车辆购置税的新能源汽车车型目录》（第四十批）………（284）
　　2021 年 3 月 8 日　中华人民共和国工业和信息化部
　　公告 2021 年第 7 号

目 录

《道路机动车辆生产企业及产品》（第 342 批）、《新能源汽车
　　推广应用推荐车型目录》（2021 年第 3 批）、《享受车船税
　　减免优惠的节约能源　使用新能源汽车车型目录》（第二十五批）、
《免征车辆购置税的新能源汽车车型目录》（第四十一批）……（285）
　　2021 年 3 月 31 日　中华人民共和国工业和信息化部
　　公告 2021 年第 8 号
《道路机动车辆生产企业及产品》（第 343 批）、《新能源汽车
　　推广应用推荐车型目录》（2021 年第 4 批）、《享受车船税
　　减免优惠的节约能源　使用新能源汽车车型目录》（第二十六批）、
《免征车辆购置税的新能源汽车车型目录》（第四十二批）………（286）
　　2021 年 4 月 30 日　中华人民共和国工业和信息化部
　　公告 2021 年第 11 号
《道路机动车辆生产企业及产品》（第 344 批）、《新能源汽车
　　推广应用推荐车型目录》（2021 年第 5 批）、《享受车船税
　　减免优惠的节约能源　使用新能源汽车车型目录》（第二十七批）、
　　《免征车辆购置税的新能源汽车车型目录》（第四十三批）……（287）
　　2021 年 6 月 11 日　中华人民共和国工业和信息化部
　　公告 2021 年第 16 号
《道路机动车辆生产企业及产品》（第 345 批）、《新能源汽车
　　推广应用推荐车型目录》（2021 年第 6 批）、《享受车船税
　　减免优惠的节约能源　使用新能源汽车车型目录》（第二十八批）、
　　《免征车辆购置税的新能源汽车车型目录》（第四十四批）……（289）
　　2021 年 7 月 12 日　中华人民共和国工业和信息化部
　　公告 2021 年第 18 号
《道路机动车辆生产企业及产品》（第 346 批）、《新能源汽车
　　推广应用推荐车型目录》（2021 年第 7 批）、《享受车船税
　　减免优惠的节约能源　使用新能源汽车车型目录》（第二十九批）、
　　《免征车辆购置税的新能源汽车车型目录》（第四十五批）……（290）
　　2021 年 8 月 10 日　中华人民共和国工业和信息化部
　　公告 2021 年第 20 号

《道路机动车辆生产企业及产品》（第 347 批）、《新能源汽车
　　推广应用推荐车型目录》（2021 年第 8 批）、《享受车船税
　　减免优惠的节约能源　使用新能源汽车车型目录》（第三十批）、
　　《免征车辆购置税的新能源汽车车型目录》（第四十六批）……（291）
　　2021 年 9 月 9 日　中华人民共和国工业和信息化部
　　公告 2021 年第 23 号

《道路机动车辆生产企业及产品》（第 348 批）、《新能源汽车
　　推广应用推荐车型目录》（2021 年第 9 批）、《享受车船税
　　减免优惠的节约能源　使用新能源汽车车型目录》（第三十一批）、
　　《免征车辆购置税的新能源汽车车型目录》（第四十七批）……（292）
　　2021 年 9 月 30 日　中华人民共和国工业和信息化部
　　公告 2021 年第 26 号

《道路机动车辆生产企业及产品》（第 349 批）、《新能源汽车
　　推广应用推荐车型目录》（2021 年第 10 批）、《享受车船税
　　减免优惠的节约能源　使用新能源汽车车型目录》（第三十二批）、
　　《免征车辆购置税的新能源汽车车型目录》（第四十八批）……（293）
　　2021 年 11 月 5 日　中华人民共和国工业和信息化部
　　公告 2021 年第 31 号

《道路机动车辆生产企业及产品》（第 350 批）、《新能源汽车
　　推广应用推荐车型目录》（2021 年第 11 批）、《享受车船税
　　减免优惠的节约能源　使用新能源汽车车型目录》（第三十三批）、
　　《免征车辆购置税的新能源汽车车型目录》（第四十九批）……（294）
　　2021 年 12 月 7 日　中华人民共和国工业和信息化部
　　公告 2021 年第 36 号

《道路机动车辆生产企业及产品》（第 351 批）、《新能源汽车
　　推广应用推荐车型目录》（2021 年第 12 批）、《享受车船税
　　减免优惠的节约能源　使用新能源汽车车型目录》（第三十四批）、
　　《免征车辆购置税的新能源汽车车型目录》（第五十批）……（296）
　　2021 年 12 月 29 日　中华人民共和国工业和信息化部
　　公告 2021 年第 41 号

中华人民共和国工业和信息化部　财政部　税务总局关于调整
　　享受车船税优惠的节能新能源汽车产品技术要求的公告…………（297）
　　2022年1月20日　工业和信息化部公告2022年第2号
《道路机动车辆生产企业及产品》（第352批）、《新能源汽车
　　推广应用推荐车型目录》（2022年第1批）、《享受车船税
　　减免优惠的节约能源　使用新能源汽车车型目录》（第三十五批）、
　　《免征车辆购置税的新能源汽车车型目录》（第五十一批）……（298）
　　2022年1月29日　中华人民共和国工业和信息化部
　　公告2022年第4号
《道路机动车辆生产企业及产品》（第353批）、《新能源汽车
　　推广应用推荐车型目录》（2022年第2批）、《享受车船税
　　减免优惠的节约能源　使用新能源汽车车型目录》（第三十六批）、
　　《免征车辆购置税的新能源汽车车型目录》（第五十二批）……（300）
　　2022年3月8日　中华人民共和国工业和信息化部
　　公告2022年第6号
《道路机动车辆生产企业及产品》（第354批）、《新能源汽车
　　推广应用推荐车型目录》（2022年第3批）、《享受车船税
　　减免优惠的节约能源　使用新能源汽车车型目录》（第三十七批）、
　　《免征车辆购置税的新能源汽车车型目录》（第五十三批）……（301）
　　2022年4月7日　中华人民共和国工业和信息化部
　　公告2022年第9号

烟 叶 税

中华人民共和国烟叶税法……………………………………………（303）
　　2017年12月27日　中华人民共和国主席令第八十四号
财政部　税务总局关于明确烟叶税计税依据的通知………………（304）
　　2018年6月29日　财税〔2018〕75号

综合政策

财政部　税务总局关于实施小微企业普惠性税收减免
　政策的通知……………………………………………（305）
　　2019 年 1 月 17 日　财税〔2019〕13 号
国家税务总局关于简并税费申报有关事项的公告……………（307）
　　2021 年 4 月 12 日　国家税务总局公告 2021 年第 9 号
财政部　税务总局关于进一步实施小微企业"六税两费"
　减免政策的公告………………………………………（352）
　　2022 年 3 月 1 日　财政部　税务总局公告 2022 年第 10 号
国家税务总局关于进一步实施小微企业"六税两费"减免政策
　有关征管问题的公告…………………………………（354）
　　2022 年 3 月 4 日　国家税务总局公告 2022 年第 3 号

资源税

中华人民共和国矿产资源法

1986年3月19日　中华人民共和国主席令第三十六号

（1986年3月19日第六届全国人民代表大会常务委员会第十五次会议通过。根据1996年8月29日第八届全国人民代表大会常务委员会第二十一次会议《关于修改〈中华人民共和国矿产资源法〉的决定》第一次修正，根据2009年8月27日第十一届全国人民代表大会常务委员会第十次会议《全国人民代表大会常务委员会关于修改部分法律的决定》第二次修正。）

目　录

第一章　总则
第二章　矿产资源勘查的登记和开采的审批
第三章　矿产资源的勘查
第四章　矿产资源的开采
第五章　集体矿山企业和个体采矿
第六章　法律责任
第七章　附则

第一章　总则

第一条　为了发展矿业，加强矿产资源的勘查、开发利用和保护工作，保障社会主义现代化建设的当前和长远的需要，根据中华人民共和国宪法，特制定本法。

第二条 在中华人民共和国领域及管辖海域勘查、开采矿产资源，必须遵守本法。

第三条 矿产资源属于国家所有，由国务院行使国家对矿产资源的所有权。地表或者地下的矿产资源的国家所有权，不因其所依附的土地的所有权或者使用权的不同而改变。

国家保障矿产资源的合理开发利用。禁止任何组织或者个人用任何手段侵占或者破坏矿产资源。各级人民政府必须加强矿产资源的保护工作。

勘查、开采矿产资源，必须依法分别申请、经批准取得探矿权、采矿权，并办理登记；但是，已经依法申请取得采矿权的矿山企业在划定的矿区范围内为本企业的生产而进行的勘查除外。国家保护探矿权和采矿权不受侵犯，保障矿区和勘查作业区的生产秩序、工作秩序不受影响和破坏。

从事矿产资源勘查和开采的，必须符合规定的资质条件。

第四条 国家保障依法设立的矿山企业开采矿产资源的合法权益。

国有矿山企业是开采矿产资源的主体。国家保障国有矿业经济的巩固和发展。

第五条 国家实行探矿权、采矿权有偿取得的制度；但是，国家对探矿权、采矿权有偿取得的费用，可以根据不同情况规定予以减缴、免缴。具体办法和实施步骤由国务院规定。

开采矿产资源，必须按照国家有关规定缴纳资源税和资源补偿费。

第六条 除按下列规定可以转让外，探矿权、采矿权不得转让：

（一）探矿权人有权在划定的勘查作业区内进行规定的勘查作业，有权优先取得勘查作业区内矿产资源的采矿权。探矿权人在完成规定的最低勘查投入后，经依法批准，可以将探矿权转让他人。

（二）已取得采矿权的矿山企业，因企业合并、分立，与他人合资、合作经营，或者因企业资产出售以及有其他变更企业资产产权的情形而需要变更采矿权主体的，经依法批准可以将采矿权转让他人采矿。

前款规定的具体办法和实施步骤由国务院规定。

禁止将探矿权、采矿权倒卖牟利。

第七条 国家对矿产资源的勘查、开发实行统一规划、合理布局、综合勘查、合理开采和综合利用的方针。

第八条 国家鼓励矿产资源勘查、开发的科学技术研究，推广先进技术，提高矿产资源勘查、开发的科学技术水平。

第九条 在勘查、开发、保护矿产资源和进行科学技术研究等方面成绩显著的单位和个人，由各级人民政府给予奖励。

第十条 国家在民族自治地方开采矿产资源，应当照顾民族自治地方的利益，作出有利于民族自治地方经济建设的安排，照顾当地少数民族群众的生产和生活。

民族自治地方的自治机关根据法律规定和国家的统一规划，对可以由本地方开发的矿产资源，优先合理开发利用。

第十一条 国务院地质矿产主管部门主管全国矿产资源勘查、开采的监督管理工作。国务院有关主管部门协助国务院地质矿产主管部门进行矿产资源勘查、开采和监督管理工作。

省、自治区、直辖市人民政府地质矿产主管部门主管本行政区域内矿产资源勘查、开采的监督管理工作。省、自治区、直辖市人民政府有关主管部门协助同级地质矿产主管部门进行矿产资源勘查、开采的监督管理工作。

第二章 矿产资源勘查的登记和开采的审批

第十二条 国家对矿产资源勘查实行统一的区块登记管理制度。矿产资源勘查登记工作，由国务院地质矿产主管部门负责；特定矿种的矿产资源勘查登记工作，可以由国务院授权有关主管部门负责。矿产资源勘查区块登记管理办法由国务院制定。

第十三条 国务院矿产储量审批机构或者省、自治区、直辖市矿产储量审批机构负责审查批准供矿山建设设计使用的勘探报告，并在规定的期限内批复报送单位。勘探报告未经批准，不得作为矿山建设设计的依据。

第十四条 矿产资源勘查成果档案资料和各类矿产储量的统计资料，实行统一的管理制度，按照国务院规定汇交或者填报。

第十五条 设立矿山企业，必须符合国家规定的资质条件，并依照法律和国家有关规定，由审批机关对其矿区范围、矿山设计或者开采方案、生产技术条件、安全措施和环境保护措施等进行审查；审查合格的，方予批准。

第十六条 开采下列矿产资源的，由国务院地质矿产主管部门审批，并颁发采矿许可证：

（一）国家规划矿区和对国民经济具有重要价值的矿区内的矿产资源；

（二）前项规定区域以外可供开采的矿产储量规模在大型以上的矿产资源；

（三）国家规定实行保护性开采的特定矿种；

（四）领海及中国管辖的其他海域的矿产资源；

（五）国务院规定的其他矿产资源。

开采石油、天然气、放射性矿产等特定矿种的，可以由国务院授权的有关主管部门审批，并颁发采矿许可证。

开采第一款、第二款规定以外的矿产资源，其可供开采的矿产的储量规模为中型的，由省、自治区、直辖市人民政府地质矿产主管部门审批和颁发采矿许可证。

开采第一款、第二款和第三款规定以外的矿产资源的管理办法，由省、自治区、直辖市人民代表大会常务委员会依法制定。

依照第三款、第四款的规定审批和颁发采矿许可证的，由省、自治区、直辖市人民政府地质矿产主管部门汇总向国务院地质矿产主管部门备案。

矿产储量规模的大型、中型的划分标准，由国务院矿产储量审批机构规定。

第十七条 国家对国家规划矿区、对国民经济具有重要价值的矿区和国家规定实行保护性开采的特定矿种，实行有计划的开采；未经国务院有关主管部门批准，任何单位和个人不得开采。

第十八条 国家规划矿区的范围、对国民经济具有重要价值的矿区的范围、矿山企业矿区的范围依法划定后，由划定矿区范围的主管机关通知有关县级人民政府予以公告。

矿山企业变更矿区范围，必须报请原审批机关批准，并报请原颁发采矿许可证的机关重新核发采矿许可证。

第十九条 地方各级人民政府应当采取措施，维护本行政区域内的国有矿山企业和其他矿山企业矿区范围内的正常秩序。

禁止任何单位和个人进入他人依法设立的国有矿山企业和其他矿山企业矿区范围内采矿。

第二十条 非经国务院授权的有关主管部门同意，不得在下列地区开采矿产资源：

（一）港口、机场、国防工程设施圈定地区以内；

（二）重要工业区、大型水利工程设施、城镇市政工程设施附近一定距离以内；

（三）铁路、重要公路两侧一定距离以内；

（四）重要河流、堤坝两侧一定距离以内；

（五）国家规定的自然保护区、重要风景区，国家重点保护的不能移动的历史文物和名胜古迹所在地；

（六）国家规定不得开采矿产资源的其他地区。

第二十一条 关闭矿山，必须提出矿山闭坑报告及有关采掘工程、不安全隐患、土地复垦利用、环境保护的资料，并按照国家规定报请审查批准。

第二十二条 勘查、开采矿产资源时，发现具有重大科学文化价值的罕见地质现象以及文化古迹，应当加以保护并及时报告有关部门。

第三章 矿产资源的勘查

第二十三条 区域地质调查按照国家统一规划进行。区域地质调查的报告和图件按照国家规定验收，提供有关部门使用。

第二十四条 矿产资源普查在完成主要矿种普查任务的同时，应当对工作区内包括共生或者伴生矿产的成矿地质条件和矿床工业远景作出初步综合评价。

第二十五条 矿床勘探必须对矿区内具有工业价值的共生和伴生矿产进行综合评价，并计算其储量。未作综合评价的勘探报告不予批准。但是，国务院计划部门另有规定的矿床勘探项目除外。

第二十六条 普查、勘探易损坏的特种非金属矿产、流体矿产、易燃易爆易溶矿产和含有放射性元素的矿产，必须采用省级以上人民政府有关主管部门规定的普查、勘探方法，并有必要的技术装备和安全措施。

第二十七条 矿产资源勘查的原始地质编录和图件，岩矿心、测试样品和其他实物标本资料，各种勘查标志，应当按照有关规定保护和保存。

第二十八条 矿床勘探报告及其他有价值的勘查资料，按照国务院规定实行有偿使用。

第四章 矿产资源的开采

第二十九条 开采矿产资源，必须采取合理的开采顺序、开采方法和选矿工艺。矿山企业的开采回采率、采矿贫化率和选矿回收率应当达到设计要求。

第三十条 在开采主要矿产的同时，对具有工业价值的共生和伴生矿产应当统一规划，综合开采，综合利用，防止浪费；对暂时不能综合开采或者必须同时采出而暂时还不能综合利用的矿产以及含有有用组分的尾矿，应当采取有效的保护措施，防止损失破坏。

第三十一条 开采矿产资源，必须遵守国家劳动安全卫生规定，具备保障安全生产的必要条件。

第三十二条 开采矿产资源，必须遵守有关环境保护的法律规定，防止污染环境。

开采矿产资源，应当节约用地。耕地、草原、林地因采矿受到破坏的，矿山企业应当因地制宜地采取复垦利用、植树种草或者其他利用措施。

开采矿产资源给他人生产、生活造成损失的，应当负责赔偿，并采取必要的补救措施。

第三十三条 在建设铁路、工厂、水库、输油管道、输电线路和各种大型建筑物或者建筑群之前，建设单位必须向所在省、自治区、直辖市地质矿产主管部门了解拟建工程所在地区的矿产资源分布和开采情况。非经国务院授权的部门批准，不得压覆重要矿床。

第三十四条 国务院规定由指定的单位统一收购的矿产品，任何其他单位或者个人不得收购；开采者不得向非指定单位销售。

第五章 集体矿山企业和个体采矿

第三十五条 国家对集体矿山企业和个体采矿实行积极扶持、合理规划、正确引导、加强管理的方针，鼓励集体矿山企业开采国家指定范围内的矿产资源，允许个人采挖零星分散资源和只能用作普通建筑材料的砂、石、粘土以及为生活自用采挖少量矿产。

矿产储量规模适宜由矿山企业开采的矿产资源、国家规定实行保护性开采的特定矿种和国家规定禁止个人开采的其他矿产资源，个人不得开采。

国家指导、帮助集体矿山企业和个体采矿不断提高技术水平、资源利用率和经济效益。

地质矿产主管部门、地质工作单位和国有矿山企业应当按照积极支持、有偿互惠的原则向集体矿山企业和个体采矿提供地质资料和技术服务。

第三十六条　国务院和国务院有关主管部门批准开办的矿山企业矿区范围内已有的集体矿山企业，应当关闭或者到指定的其他地点开采，由矿山建设单位给予合理的补偿，并妥善安置群众生活；也可以按照该矿山企业的统筹安排，实行联合经营。

第三十七条　集体矿山企业和个体采矿应当提高技术水平，提高矿产资源回收率。禁止乱挖滥采，破坏矿产资源。

集体矿山企业必须测绘井上、井下工程对照图。

第三十八条　县级以上人民政府应当指导、帮助集体矿山企业和个体采矿进行技术改造，改善经营管理，加强安全生产。

第六章　法律责任

第三十九条　违反本法规定，未取得采矿许可证擅自采矿的，擅自进入国家规划矿区、对国民经济具有重要价值的矿区范围采矿的，擅自开采国家规定实行保护性开采的特定矿种的，责令停止开采、赔偿损失，没收采出的矿产品和违法所得，可以并处罚款；拒不停止开采，造成矿产资源破坏的，依照刑法有关规定对直接责任人员追究刑事责任。

单位和个人进入他人依法设立的国有矿山企业和其他矿山企业矿区范围内采矿的，依照前款规定处罚。

第四十条　超越批准的矿区范围采矿的，责令退回本矿区范围内开采、赔偿损失，没收越界开采的矿产品和违法所得，可以并处罚款；拒不退回本矿区范围内开采，造成矿产资源破坏的，吊销采矿许可证，依照刑法有关规定对直接责任人员追究刑事责任。

第四十一条　盗窃、抢夺矿山企业和勘查单位的矿产品和其他财物的，破坏采矿、勘查设施的，扰乱矿区和勘查作业区的生产秩序、工作秩序的，分别依照刑法有关规定追究刑事责任；情节显著轻微的，依照治安管理处罚法有关规定予以处罚。

第四十二条 买卖、出租或者以其他形式转让矿产资源的，没收违法所得，处以罚款。

违反本法第六条的规定将探矿权、采矿权倒卖牟利的，吊销勘查许可证、采矿许可证，没收违法所得，处以罚款。

第四十三条 违反本法规定收购和销售国家统一收购的矿产品的，没收矿产品和违法所得，可以并处罚款；情节严重的，依照刑法有关规定，追究刑事责任。

第四十四条 违反本法规定，采取破坏性的开采方法开采矿产资源的，处以罚款，可以吊销采矿许可证；造成矿产资源严重破坏的，依照刑法有关规定对直接责任人员追究刑事责任。

第四十五条 本法第三十九条、第四十条、第四十二条规定的行政处罚，由县级以上人民政府负责地质矿产管理工作的部门按照国务院地质矿产主管部门规定的权限决定。第四十三条规定的行政处罚，由县级以上人民政府工商行政管理部门决定。第四十四条规定的行政处罚，由省、自治区、直辖市人民政府地质矿产主管部门决定。给予吊销勘查许可证或者采矿许可证处罚的，须由原发证机关决定。

依照第三十九条、第四十条、第四十二条、第四十四条规定应当给予行政处罚而不给予行政处罚的，上级人民政府地质矿产主管部门有权责令改正或者直接给予行政处罚。

第四十六条 当事人对行政处罚决定不服的，可以依法申请复议，也可以依法直接向人民法院起诉。

当事人逾期不申请复议也不向人民法院起诉，又不履行处罚决定的，由作出处罚决定的机关申请人民法院强制执行。

第四十七条 负责矿产资源勘查、开采监督管理工作的国家工作人员和其他有关国家工作人员徇私舞弊、滥用职权或者玩忽职守，违反本法规定批准勘查、开采矿产资源和颁发勘查许可证、采矿许可证，或者对违法采矿行为不依法予以制止、处罚，构成犯罪的，依法追究刑事责任；不构成犯罪的，给予行政处分。违法颁发的勘查许可证、采矿许可证，上级人民政府地质矿产主管部门有权予以撤销。

第四十八条 以暴力、威胁方法阻碍从事矿产资源勘查、开采监督管理工作的国家工作人员依法执行职务的，依照刑法有关规定追究刑事责任；拒绝、阻碍从事矿产资源勘查、开采监督管理工作的国家工作人员依法执行职务未使用暴力、威胁方法的，由公安机关依照治安管理处罚法的规定处罚。

第四十九条 矿山企业之间的矿区范围的争议，由当事人协商解决，协商不成的，由有关县级以上地方人民政府根据依法核定的矿区范围处理；跨省、自治区、直辖市的矿区范围的争议，由有关省、自治区、直辖市人民政府协商解决，协商不成的，由国务院处理。

第七章 附则

第五十条 外商投资勘查、开采矿产资源，法律、行政法规另有规定的，从其规定。

第五十一条 本法施行以前，未办理批准手续、未划定矿区范围、未取得采矿许可证开采矿产资源的，应当依照本法有关规定申请补办手续。

第五十二条 本法实施细则由国务院制定。

第五十三条 本法自1986年10月1日起施行。

中华人民共和国对外合作开采陆上石油资源条例

1993年10月7日 中华人民共和国国务院令第131号

（1993年10月7日中华人民共和国国务院令第131号发布。根据2001年9月23日《国务院关于修改〈中华人民共和国对外合作开采陆上石油资源条例〉的决定》第一次修订，根据2007年9月18日《国务院关于修改〈中华人民共和国对外合作开采陆上石油资源条例〉的决定》第二次修订，根据2011年9月30日《国务院关于修改〈中华人民共和国对外合作开采陆上石油资源条例〉的决定》第三次修订，根据 2013 年 7 月 18 日《国务院关于废止和修改部分行政法规的决定》第四次修订。)

第一章　总则

第一条　为保障石油工业的发展，促进国际经济合作和技术交流，制定本条例。

第二条　在中华人民共和国境内从事中外合作开采陆上石油资源活动，必须遵守本条例。

第三条　中华人民共和国境内的石油资源属于中华人民共和国国家所有。

第四条　中国政府依法保护参加合作开采陆上石油资源的外国企业的合作开采活动及其投资、利润和其他合法权益。

在中华人民共和国境内从事中外合作开采陆上石油资源活动，必须遵守中华人民共和国的有关法律、法规和规章，并接受中国政府有关机关的监督管理。

第五条　国家对参加合作开采陆上石油资源的外国企业的投资和收益不实行征收。在特殊情况下，根据社会公共利益的需要，可以对外国企业在合作开采中应得石油的一部分或者全部，依照法律程序实行征收，并给予相应的补偿。

第六条　国务院指定的部门负责在国务院批准的合作区域内，划分合作区块，确定合作方式，组织制定有关规划和政策，审批对外合作油（气）田总体开发方案。

第七条　中国石油天然气集团公司、中国石油化工集团公司（以下简称中方石油公司）负责对外合作开采陆上石油资源的经营业务；负责与外国企业谈判、签订、执行合作开采陆上石油资源的合同；在国务院批准的对外合作开采陆上石油资源的区域内享有与外国企业合作进行石油勘探、开发、生产的专营权。

第八条　中方石油公司在国务院批准的对外合作开采陆上石油资源的区域内，按划分的合作区块，通过招标或者谈判，确定合作开采陆上石油资源的外国企业，签订合作开采石油合同或者其他合作合同，并向中华人民共和国商务部报送合同有关情况。

第九条 对外合作区块公布后，除中方石油公司与外国企业进行合作开采陆上石油资源活动外，其他企业不得进入该区块内进行石油勘查活动，也不得与外国企业签订在该区块内进行石油开采的经济技术合作协议。

对外合作区块公布前，已进入该区块进行石油勘查（尚处于区域评价勘查阶段）的企业，在中方石油公司与外国企业签订合同后，应当撤出。该企业所取得的勘查资料，由中方石油公司负责销售，以适当补偿其投资。该区块发现有商业开采价值的油（气）田后，从该区块撤出的企业可以通过投资方式参与开发。

国务院指定的部门应当根据合同的签订和执行情况，定期对所确定的对外合作区块进行调整。

第十条 对外合作开采陆上石油资源，应当遵循兼顾中央与地方利益的原则，通过吸收油（气）田所在地的资金对有商业开采价值的油（气）田的开发进行投资等方式，适当照顾地方利益。

有关地方人民政府应当依法保护合作区域内正常的生产经营活动，并在土地使用、道路通行、生活服务等方面给予有效协助。

第十一条 对外合作开采陆上石油资源，应当依法纳税。

第十二条 为执行合同所进口的设备和材料，按照国家有关规定给予减税、免税或者给予税收方面的其他优惠。具体办法由财政部会同海关总署制定。

第二章 外国合同者的权利和义务

第十三条 中方石油公司与外国企业合作开采陆上石油资源必须订立合同，除法律、法规另有规定或者合同另有约定外，应当由签订合同的外国企业（以下简称外国合同者）单独投资进行勘探，负责勘探作业，并承担勘探风险；发现有商业开采价值的油（气）田后，由外国合同者与中方石油公司共同投资合作开发；外国合同者并应承担开发作业和生产作业，直至中方石油公司按照合同约定接替生产作业为止。

第十四条 外国合同者可以按照合同约定，从生产的石油中回收其投资和费用，并取得报酬。

第十五条 外国合同者根据国家有关规定和合同约定，可以将其应得的石油和购买的石油运往国外，也可以依法将其回收的投资、利润和其他合法收益汇往国外。

外国合同者在中华人民共和国境内销售其应得的石油，一般由中方石油公司收购，也可以采取合同双方约定的其他方式销售，但是不得违反国家有关在中华人民共和国境内销售石油产品的规定。

第十六条 外国合同者开立外汇账户和办理其他外汇事宜，应当遵守《中华人民共和国外汇管理条例》和国家有关外汇管理的其他规定。

外国合同者的投资，应当采用美元或者其他可自由兑换货币。

第十七条 外国合同者应当依法在中华人民共和国境内设立分公司、子公司或者代表机构。

前款机构的设立地点由外国合同者与中方石油公司协商确定。

第十八条 外国合同者在执行合同的过程中，应当及时地、准确地向中方石油公司报告石油作业情况，完整地、准确地取得各项石油作业的数据、记录、样品、凭证和其他原始资料，并按规定向中方石油公司提交资料和样品以及技术、经济、财会、行政方面的各种报告。

第十九条 外国合同者执行合同，除租用第三方的设备外，按照计划和预算所购置和建造的全部资产，在其投资按照合同约定得到补偿或者该油（气）田生产期期满后，所有权属于中方石油公司。在合同期内，外国合同者可以按照合同约定使用这些资产。

第三章　石油作业

第二十条 作业者必须根据国家有关开采石油资源的规定，制订油（气）田总体开发方案，并经国务院指定的部门批准后，实施开发作业和生产作业。

第二十一条 石油合同可以约定石油作业所需的人员，作业者可以优先录用中国公民。

第二十二条 作业者和承包者在实施石油作业中，应当遵守国家有关环境保护和安全作业方面的法律、法规和标准，并按照国际惯例进行作业，保护农田、水产、森林资源和其他自然资源，防止对大气、海洋、河流、湖泊、地下水和陆地其他环境的污染和损害。

第二十三条 在实施石油作业中使用土地的，应当依照《中华人民共和国土地管理法》和国家其他有关规定办理。

第二十四条 本条例第十八条规定的各项石油作业的数据、记录、样品、凭证和其他原始资料，所有权属于中方石油公司。

前款所列数据、记录、样品、凭证和其他原始资料的使用、转让、赠与、交换、出售、发表以及运出、传送到中华人民共和国境外，必须按照国家有关规定执行。

第四章 争议的解决

第二十五条 合作开采陆上石油资源合同的当事人因执行合同发生争议时，应当通过协商或者调解解决；不愿协商、调解，或者协商、调解不成的，可以根据合同中的仲裁条款或者事后达成的书面仲裁协议，提交中国仲裁机构或者其他仲裁机构仲裁。

当事人未在合同中订立仲裁条款，事后又没有达成书面仲裁协议的，可以向中国人民法院起诉。

第五章 法律责任

第二十六条 违反本条例规定，有下列行为之一的，由国务院指定的部门依据职权责令限期改正，给予警告；在限期内不改正的，可以责令其停止实施石油作业；构成犯罪的，依法追究刑事责任。

（一）违反本条例第九条第一款规定，擅自进入对外合作区块进行石油勘查活动或者与外国企业签订在对外合作区块内进行石油开采合作协议的；

（二）违反本条例第十八条规定，在执行合同的过程中，未向中方石油公司及时、准确地报告石油作业情况的，未按规定向中方石油公司提交资料和样品以及技术、经济、财会、行政方面的各种报告的；

（三）违反本条例第二十条规定，油（气）田总体开发方案未经批准，擅自实施开发作业和生产作业的；

（四）违反本条例第二十四条第二款规定，擅自使用石油作业的数据、记录、样品、凭证和其他原始资料或者将其转让、赠与、交换、出售、发表以及运出、传送到中华人民共和国境外的。

第二十七条 违反本条例第十一条、第十六条、第二十二条、第二十三条规定的，由国家有关主管部门依照有关法律、法规的规定予以处罚；构成犯罪的，依法追究刑事责任。

第六章 附则

第二十八条 本条例下列用语的含义：

（一）"石油"，是指蕴藏在地下的、正在采出的和已经采出的原油和天然气。

（二）"陆上石油资源"，是指蕴藏在陆地全境（包括海滩、岛屿及向外延伸至5米水深处的海域）的范围内的地下石油资源。

（三）"开采"，是指石油的勘探、开发、生产和销售及其有关的活动。

（四）"石油作业"，是指为执行合同而进行的勘探、开发和生产作业及其有关的活动。

（五）"勘探作业"，是指用地质、地球物理、地球化学和包括钻探井等各种方法寻找储藏石油圈闭所做的全部工作，以及在已发现石油的圈闭上为确定它有无商业价值所做的钻评价井、可行性研究和编制油（气）田的总体开发方案等全部工作。

（六）"开发作业"，是指自油（气）田总体开发方案被批准之日起，为实现石油生产所进行的设计、建造、安装、钻井工程等及其相应的研究工作，包括商业性生产开始之前的生产活动。

（七）"生产作业"，是指一个油（气）田从开始商业性生产之日起，为生产石油所进行的全部作业以及与其有关的活动。

第二十九条 本条例第四条、第十一条、第十二条、第十五条、第十六条、第十七条、第二十一条的规定，适用于外国承包者。

第三十条 对外合作开采煤层气资源由中联煤层气有限责任公司、国务院指定的其他公司实施专营，并参照本条例执行。

第三十一条 本条例自公布之日起施行。

财政部 国家税务总局关于青藏铁路公司运营期间有关税收等政策问题的通知

2007年1月11日 财税〔2007〕11号

各省、自治区、直辖市、计划单列市财政厅（局）、国家税务局、地方税务局：

为支持青藏铁路运营，减轻青藏铁路公司的经营压力，根据2001年第105次国务院总理办公会议纪要及《国务院关于组建青藏铁路公司有关问题的批复》（国函〔2002〕66号）的精神，现就青藏铁路公司运营期间有关税收等政策问题通知如下：

一、对青藏铁路公司取得的运输收入、其他业务收入免征营业税、城市维护建设税、教育费附加，对青藏铁路公司取得的付费收入不征收营业税。

本条所称的"运输收入"是指《国家税务总局关于中央铁路征收营业税问题的通知》（国税发〔2002〕44号）第一条明确的各项运营业务收入。

本条所称的"其他业务收入"是指为了减少运输主业亏损，青藏铁路公司运营单位承办的与运营业务相关的其他业务，主要包括路内装卸作业、代办工作、专用线和自备车维检费等纳入运输业报表体系与运输业统一核算收支的其他收入项目。

本条所称的"付费收入"是指铁路财务体制改革过程中，青藏铁路公司因财务模拟核算产生的内部及其与其他铁路局之间虚增清算收入，具体包括《国家税务总局关于中央铁路征收营业税问题的通知》（国税发〔2002〕44号）第二条明确的不征收营业税的各项费用。

二、对青藏铁路公司及其所属单位营业账簿免征印花税；对青藏铁路公司签订的货物运输合同免征印花税，对合同其他各方当事人应缴纳的印花税照章征收。

三、对青藏铁路公司及其所属单位自采自用的砂、石等材料免征资源税；

对青藏铁路公司及其所属单位自采外销及其他单位和个人开采销售给青藏铁路公司及其所属单位的砂、石等材料照章征收资源税。

四、对青藏铁路公司及其所属单位承受土地、房屋权属用于办公及运输主业的，免征契税；对于因其他用途承受的土地、房屋权属，应照章征收契税。

五、对青藏铁路公司及其所属单位自用的房产、土地免征房产税、城镇土地使用税；对非自用的房产、土地照章征收房产税、城镇土地使用税。

六、财政部、国家税务总局《关于青藏铁路建设期间有关税收政策问题的通知》（财税〔2003〕128号）停止执行。

青藏铁路公司所属单位名单见附件。

本通知自2006年7月1日起执行，此前已征税款不予退还，未征税款不再补征。

附件：青藏铁路公司所属单位名单

附件

青藏铁路公司所属单位名单

序号	单位名称	序号	单位名称
1	西宁车站	14	格尔木房建生活段
2	西宁车务段	15	西宁物资采购供应中心
3	德令哈车务段	16	青藏铁路公安局
4	格尔木车务段	17	西宁铁路公安处
5	西宁供电段	18	格尔木铁路公安处
6	西宁机务段	19	拉萨公安处
7	西宁工务段	20	拉萨车站（拉萨办事处）
8	格尔木工务段	21	西宁疾病预防控制所
9	西宁工务机械段	22	青藏铁路公司党校
10	西宁电务段	23	西宁乘务员公寓
11	西宁车辆段	24	青藏铁道资金结算所
12	西宁客运段	25	建设项目管理所
13	西宁房建生活段	26	青藏铁路公司装卸管理所
		27	青藏铁路公司驻北京办事处

财政部　国家税务总局　水利部关于印发《水资源税改革试点暂行办法》的通知

2016年5月9日　财税〔2016〕55号

河北省人民政府：

　　根据党中央、国务院决策部署，自2016年7月1日起在你省实施水资源税改革试点。现将《水资源税改革试点暂行办法》印发给你省，请遵照执行。

　　请你省按照本通知要求，切实做好水资源税改革试点工作，建立健全工作机制，及时制定实施方案和配套政策，精心组织、周密安排，确保改革试点顺利进行。对试点中出现的新情况新问题，要研究采取适当措施妥善加以解决。重大政策问题及时向财政部、国家税务总局、水利部报告。

水资源税改革试点暂行办法

　　第一条　为促进水资源节约、保护和合理利用，根据党中央、国务院决策部署，制定本办法。

　　第二条　本办法适用于河北省。

　　第三条　利用取水工程或者设施直接从江河、湖泊（含水库）和地下取用地表水、地下水的单位和个人，为水资源税纳税人。

　　纳税人应按《中华人民共和国水法》、《取水许可和水资源费征收管理条例》等规定申领取水许可证。

　　第四条　水资源税的征税对象为地表水和地下水。

　　地表水是陆地表面上动态水和静态水的总称，包括江、河、湖泊（含水库）、雪山融水等水资源。

　　地下水是埋藏在地表以下各种形式的水资源。

第五条 水资源税实行从量计征。应纳税额计算公式：

应纳税额 = 取水口所在地税额标准 × 实际取用水量。

水力发电和火力发电贯流式取用水量按照实际发电量确定。

第六条 按地表水和地下水分类确定水资源税适用税额标准。

地表水分为农业、工商业、城镇公共供水、水力发电、火力发电贯流式、特种行业及其他取用地表水。地下水分为农业、工商业、城镇公共供水、特种行业及其他取用地下水。

特种行业取用水包括洗车、洗浴、高尔夫球场、滑雪场等取用水。

河北省可以在上述分类基础上，结合本地区水资源状况、产业结构和调整方向等进行细化分类。

第七条 对水力发电和火力发电贯流式以外的取用水设置最低税额标准，地表水平均不低于每立方米 0.4 元，地下水平均不低于每立方米 1.5 元。

水力发电和火力发电贯流式取用水的税额标准为每千瓦小时 0.005 元。

具体取用水分类及适用税额标准由河北省人民政府提出建议，报财政部会同有关部门确定核准。

第八条 对取用地下水从高制定税额标准。

对同一类型取用水，地下水水资源税税额标准要高于地表水，水资源紧缺地区地下水水资源税税额标准要大幅高于地表水。

超采地区的地下水水资源税税额标准要高于非超采地区，严重超采地区的地下水水资源税税额标准要大幅高于非超采地区。在超采地区和严重超采地区取用地下水（不含农业生产取用水和城镇公共供水取水）的具体适用税额标准，由河北省人民政府在非超采地区税额标准 2—5 倍幅度内提出建议，报财政部会同有关部门确定核准；超过 5 倍的，报国务院备案。

城镇公共供水管网覆盖范围内取用地下水的，水资源税税额标准要高于公共供水管网未覆盖地区，原则上要高于当地同类用途的城市供水价格。

第九条 对特种行业取用水，从高制定税额标准。

第十条 对超计划或者超定额取用水，从高制定税额标准。除水力发电、城镇公共供水取用水外，取用水单位和个人超过水行政主管部门批准的计划（定额）取用水量，在原税额标准基础上加征 1—3 倍，具体办法由河北省人民政府提出建议，报财政部会同有关部门确定核准；加征超过 3 倍的，报国务院备案。

第十一条 对超过规定限额的农业生产取用水，以及主要供农村人口生活用水的集中式饮水工程取用水，从低制定税额标准。

农业生产取用水包括种植业、畜牧业、水产养殖业、林业取用水。

第十二条 对企业回收利用的采矿排水（疏干排水）和地温空调回用水，从低制定税额标准。

第十三条 对下列取用水减免征收水资源税：

（一）对规定限额内的农业生产取用水，免征水资源税。

（二）对取用污水处理回用水、再生水等非常规水源，免征水资源税。

（三）财政部、国家税务总局规定的其他减税和免税情形。

第十四条 水资源税由地方税务机关依照《中华人民共和国税收征收管理法》和本办法有关规定征收管理。

第十五条 水资源税的纳税义务发生时间为纳税人取用水资源的当日。

第十六条 水资源税按季或者按月征收，由主管税务机关根据实际情况确定。不能按固定期限计算纳税的，可以按次申报纳税。

第十七条 在河北省区域内取用水的，水资源税由取水审批部门所在地的地方税务机关征收。其中，由流域管理机构审批取用水的，水资源税由取水口所在地的地方税务机关征收。

在河北省内纳税地点需要调整的，由省级地方税务机关决定。

第十八条 按照国务院或其授权部门批准的跨省、自治区、直辖市水量分配方案调度的水资源，水资源税由调入区域取水审批部门所在地的地方税务机关征收。

第十九条 建立地方税务机关与水行政主管部门协作征税机制。

水行政主管部门应当定期向地方税务机关提供取水许可情况和超计划（定额）取用水量，并协助地方税务机关审核纳税人实际取用水的申报信息。

纳税人根据水行政主管部门核准的实际取用水量向地方税务机关申报纳税，地方税务机关将纳税人相关申报信息与水行政主管部门核准的信息进行比对，并根据核实后的信息征税。

水资源税征管过程中发现问题的，地方税务机关和水行政主管部门联合进行核查。

第二十条 河北省开征水资源税后,将水资源费征收标准降为零。

第二十一条 水资源税改革试点期间,水行政主管部门相关经费支出由同级财政预算统筹安排和保障。对原有水资源费征管人员,由地方政府统筹做好安排。

第二十二条 河北省人民政府根据本办法制定具体实施办法,报国务院备案。

第二十三条 水资源税改革试点期间涉及的有关政策,由财政部、国家税务总局研究确定。

第二十四条 本办法自2016年7月1日起实施。

财政部 税务总局 水利部关于印发 《扩大水资源税改革试点实施办法》的通知

2017年11月24日 财税〔2017〕80号

北京市、天津市、山西省、内蒙古自治区、山东省、河南省、四川省、陕西省、宁夏回族自治区人民政府:

为全面贯彻落实党的十九大精神,推进资源全面节约和循环利用,推动形成绿色发展方式和生活方式,按照党中央、国务院决策部署,自2017年12月1日起在北京、天津、山西、内蒙古、山东、河南、四川、陕西、宁夏等9个省(自治区、直辖市)扩大水资源税改革试点。现将《扩大水资源税改革试点实施办法》印发给你们,请遵照执行。

请你们加强对水资源税改革试点工作的领导,结合实际及时制定具体实施方案,落实工作任务和责任,精心组织、周密安排,确保试点工作顺利进行。要积极探索创新,研究重大政策问题,及时向财政部、税务总局、水利部报告试点工作进展情况。

附件:扩大水资源税改革试点实施办法

附件

扩大水资源税改革试点实施办法

第一条 为全面贯彻落实党的十九大精神，按照党中央、国务院决策部署，加强水资源管理和保护，促进水资源节约与合理开发利用，制定本办法。

第二条 本办法适用于北京市、天津市、山西省、内蒙古自治区、河南省、山东省、四川省、陕西省、宁夏回族自治区（以下简称试点省份）的水资源税征收管理。

第三条 除本办法第四条规定的情形外，其他直接取用地表水、地下水的单位和个人，为水资源税纳税人，应当按照本办法规定缴纳水资源税。

相关纳税人应当按照《中华人民共和国水法》《取水许可和水资源费征收管理条例》等规定申领取水许可证。

第四条 下列情形，不缴纳水资源税：

（一）农村集体经济组织及其成员从本集体经济组织的水塘、水库中取用水的；

（二）家庭生活和零星散养、圈养畜禽饮用等少量取用水的；

（三）水利工程管理单位为配置或者调度水资源取水的；

（四）为保障矿井等地下工程施工安全和生产安全必须进行临时应急取用（排）水的；

（五）为消除对公共安全或者公共利益的危害临时应急取水的；

（六）为农业抗旱和维护生态与环境必须临时应急取水的。

第五条 水资源税的征税对象为地表水和地下水。

地表水是陆地表面上动态水和静态水的总称，包括江、河、湖泊（含水库）等水资源。

地下水是埋藏在地表以下各种形式的水资源。

第六条 水资源税实行从量计征，除本办法第七条规定的情形外，应纳税额的计算公式为：

应纳税额＝实际取用水量 × 适用税额

城镇公共供水企业实际取用水量应当考虑合理损耗因素。

疏干排水的实际取用水量按照排水量确定。疏干排水是指在采矿和工程建设过程中破坏地下水层、发生地下涌水的活动。

第七条 水力发电和火力发电贯流式（不含循环式）冷却取用水应纳税额的计算公式为：

应纳税额 = 实际发电量 × 适用税额

火力发电贯流式冷却取用水，是指火力发电企业从江河、湖泊（含水库）等水源取水，并对机组冷却后将水直接排入水源的取用水方式。火力发电循环式冷却取用水，是指火力发电企业从江河、湖泊（含水库）、地下等水源取水并引入自建冷却水塔，对机组冷却后返回冷却水塔循环利用的取用水方式。

第八条 本办法第六条、第七条所称适用税额，是指取水口所在地的适用税额。

第九条 除中央直属和跨省（区、市）水力发电取用水外，由试点省份省级人民政府统筹考虑本地区水资源状况、经济社会发展水平和水资源节约保护要求，在本办法所附《试点省份水资源税最低平均税额表》规定的最低平均税额基础上，分类确定具体适用税额。

试点省份的中央直属和跨省（区、市）水力发电取用水税额为每千瓦时0.005元。跨省（区、市）界河水电站水力发电取用水水资源税税额，与涉及的非试点省份水资源费征收标准不一致的，按较高一方标准执行。

第十条 严格控制地下水过量开采。对取用地下水从高确定税额，同一类型取用水，地下水税额要高于地表水，水资源紧缺地区地下水税额要大幅高于地表水。

超采地区的地下水税额要高于非超采地区，严重超采地区的地下水税额要大幅高于非超采地区。在超采地区和严重超采地区取用地下水的具体适用税额，由试点省份省级人民政府按照非超采地区税额的2—5倍确定。

在城镇公共供水管网覆盖地区取用地下水的，其税额要高于城镇公共供水管网未覆盖地区，原则上要高于当地同类用途的城镇公共供水价格。

除特种行业和农业生产取用水外，对其他取用地下水的纳税人，原则上应当统一税额。试点省份可根据实际情况分步实施到位。

第十一条 对特种行业取用水，从高确定税额。特种行业取用水，是指洗车、洗浴、高尔夫球场、滑雪场等取用水。

第十二条 对超计划（定额）取用水，从高确定税额。

纳税人超过水行政主管部门规定的计划（定额）取用水量，在原税额基础上加征1—3倍，具体办法由试点省份省级人民政府确定。

第十三条 对超过规定限额的农业生产取用水，以及主要供农村人口生活用水的集中式饮水工程取用水，从低确定税额。

农业生产取用水，是指种植业、畜牧业、水产养殖业、林业等取用水。

供农村人口生活用水的集中式饮水工程，是指供水规模在1000立方米/天或者供水对象1万人以上，并由企事业单位运营的农村人口生活用水供水工程。

第十四条 对回收利用的疏干排水和地源热泵取用水，从低确定税额。

第十五条 下列情形，予以免征或者减征水资源税：

（一）规定限额内的农业生产取用水，免征水资源税；

（二）取用污水处理再生水，免征水资源税；

（三）除接入城镇公共供水管网以外，军队、武警部队通过其他方式取用水的，免征水资源税；

（四）抽水蓄能发电取用水，免征水资源税；

（五）采油排水经分离净化后在封闭管道回注的，免征水资源税；

（六）财政部、税务总局规定的其他免征或者减征水资源税情形。

第十六条 水资源税由税务机关依照《中华人民共和国税收征收管理法》和本办法有关规定征收管理。

第十七条 水资源税的纳税义务发生时间为纳税人取用水资源的当日。

第十八条 除农业生产取用水外，水资源税按季或者按月征收，由主管税务机关根据实际情况确定。对超过规定限额的农业生产取用水水资源税可按年征收。不能按固定期限计算纳税的，可以按次申报纳税。

纳税人应当自纳税期满或者纳税义务发生之日起15日内申报纳税。

第十九条 除本办法第二十一条规定的情形外，纳税人应当向生产经营所在地的税务机关申报缴纳水资源税。

在试点省份内取用水，其纳税地点需要调整的，由省级财政、税务部门决定。

第二十条 跨省（区、市）调度的水资源，由调入区域所在地的税务机关征收水资源税。

第二十一条 跨省（区、市）水力发电取用水的水资源税在相关省份之间的分配比例，比照《财政部关于跨省区水电项目税收分配的指导意见》（财预〔2008〕84号）明确的增值税、企业所得税等税收分配办法确定。

试点省份主管税务机关应当按照前款规定比例分配的水力发电量和税额，分别向跨省（区、市）水电站征收水资源税。

跨省（区、市）水力发电取用水涉及非试点省份水资源费征收和分配的，比照试点省份水资源税管理办法执行。

第二十二条 建立税务机关与水行政主管部门协作征税机制。

水行政主管部门应当将取用水单位和个人的取水许可、实际取用水量、超计划（定额）取用水量、违法取水处罚等水资源管理相关信息，定期送交税务机关。

纳税人根据水行政主管部门核定的实际取用水量向税务机关申报纳税。税务机关应当按照核定的实际取用水量征收水资源税，并将纳税人的申报纳税等信息定期送交水行政主管部门。

税务机关定期将纳税人申报信息与水行政主管部门送交的信息进行分析比对。征管过程中发现问题的，由税务机关与水行政主管部门联合进行核查。

第二十三条 纳税人应当安装取用水计量设施。纳税人未按规定安装取用水计量设施或者计量设施不能准确计量取用水量的，按照最大取水（排水）能力或者省级财政、税务、水行政主管部门确定的其他方法核定取用水量。

第二十四条 纳税人和税务机关、水行政主管部门及其工作人员违反本办法规定的，依照《中华人民共和国税收征收管理法》《中华人民共和国水法》等有关法律法规规定追究法律责任。

第二十五条 试点省份开征水资源税后，应当将水资源费征收标准降为零。

第二十六条 水资源税改革试点期间，可按税费平移原则对城镇公共供水征收水资源税,不增加居民生活用水和城镇公共供水企业负担。

第二十七条 水资源税改革试点期间,水资源税收入全部归属试点省份。

第二十八条 水资源税改革试点期间,水行政主管部门相关经费支出由同级财政预算统筹安排和保障。对原有水资源费征管人员,由地方人民政府统筹做好安排。

第二十九条 试点省份省级人民政府根据本办法制定具体实施办法,报财政部、税务总局和水利部备案。

第三十条 水资源税改革试点期间涉及的有关政策,由财政部会同税务总局、水利部等部门研究确定。

第三十一条 本办法自2017年12月1日起实施。

附:试点省份水资源税最低平均税额表

附

试点省份水资源税最低平均税额表

单位:元/立方米

省(区、市)	地表水最低平均税额	地下水最低平均税额
北京	1.6	4
天津	0.8	4
山西	0.5	2
内蒙古	0.5	2
山东	0.4	1.5
河南	0.4	1.5
四川	0.1	0.2
陕西	0.3	0.7
宁夏	0.3	0.7

国家税务总局关于水资源费改税后
城镇公共供水企业增值税发票开具问题的公告

2017年12月25日　国家税务总局公告2017年第47号

根据《财政部　税务总局　水利部关于印发〈扩大水资源税改革试点实施办法〉的通知》（财税〔2017〕80号）有关规定，现对城镇公共供水企业开具增值税普通发票问题，公告如下：

原对城镇公共供水用水户在基本水价（自来水价格）外征收水资源费的试点省份，在水资源费改税试点期间，按照不增加城镇公共供水企业负担的原则，城镇公共供水企业缴纳的水资源税所对应的水费收入，不计征增值税，按"不征税自来水"项目开具增值税普通发票。

本公告自2017年12月1日起施行。

特此公告。

财政部　税务总局
关于对页岩气减征资源税的通知

2018年3月29日　财税〔2018〕26号

注释：税收优惠政策于2021年3月31日到期后，执行期限延长至2023年12月31日。参见：《财政部　税务总局关于延长部分税收优惠政策执行期限的公告》（财政部　税务总局公告2021年第6号）。

省、自治区、直辖市、计划单列市财政厅（局）、国家税务局、地方税务局，新疆生产建设兵团财政局：

为促进页岩气开发利用，有效增加天然气供给，经国务院同意，自 2018 年 4 月 1 日至 2021 年 3 月 31 日，对页岩气资源税（按 6% 的规定税率）减征 30%。

请遵照执行。

中华人民共和国资源税法

2019 年 8 月 26 日　中华人民共和国主席令第三十三号

（2019 年 8 月 26 日第十三届全国人民代表大会常务委员会第十二次会议通过。）

第一条　在中华人民共和国领域和中华人民共和国管辖的其他海域开发应税资源的单位和个人，为资源税的纳税人，应当依照本法规定缴纳资源税。

应税资源的具体范围，由本法所附《资源税税目税率表》（以下称《税目税率表》）确定。

第二条　资源税的税目、税率，依照《税目税率表》执行。

《税目税率表》中规定实行幅度税率的，其具体适用税率由省、自治区、直辖市人民政府统筹考虑该应税资源的品位、开采条件以及对生态环境的影响等情况，在《税目税率表》规定的税率幅度内提出，报同级人民代表大会常务委员会决定，并报全国人民代表大会常务委员会和国务院备案。《税目税率表》中规定征税对象为原矿或者选矿的，应当分别确定具体适用税率。

第三条　资源税按照《税目税率表》实行从价计征或者从量计征。

《税目税率表》中规定可以选择实行从价计征或者从量计征的，具体计征方式由省、自治区、直辖市人民政府提出，报同级人民代表大会常务委员会决定，并报全国人民代表大会常务委员会和国务院备案。

实行从价计征的，应纳税额按照应税资源产品（以下称应税产品）的销售额乘以具体适用税率计算。实行从量计征的，应纳税额按照应税产品的销售数量乘以具体适用税率计算。

应税产品为矿产品的，包括原矿和选矿产品。

第四条　纳税人开采或者生产不同税目应税产品的，应当分别核算不同税目应税产品的销售额或者销售数量；未分别核算或者不能准确提供不同税目应税产品的销售额或者销售数量的，从高适用税率。

第五条　纳税人开采或者生产应税产品自用的，应当依照本法规定缴纳资源税；但是，自用于连续生产应税产品的，不缴纳资源税。

第六条　有下列情形之一的，免征资源税：

（一）开采原油以及在油田范围内运输原油过程中用于加热的原油、天然气；

（二）煤炭开采企业因安全生产需要抽采的煤成（层）气。

有下列情形之一的，减征资源税：

（一）从低丰度油气田开采的原油、天然气，减征百分之二十资源税；

（二）高含硫天然气、三次采油和从深水油气田开采的原油、天然气，减征百分之三十资源税；

（三）稠油、高凝油减征百分之四十资源税；

（四）从衰竭期矿山开采的矿产品，减征百分之三十资源税。

根据国民经济和社会发展需要，国务院对有利于促进资源节约集约利用、保护环境等情形可以规定免征或者减征资源税，报全国人民代表大会常务委员会备案。

第七条　有下列情形之一的，省、自治区、直辖市可以决定免征或者减征资源税：

（一）纳税人开采或者生产应税产品过程中，因意外事故或者自然灾害等原因遭受重大损失；

（二）纳税人开采共伴生矿、低品位矿、尾矿。

前款规定的免征或者减征资源税的具体办法，由省、自治区、直辖市人民政府提出，报同级人民代表大会常务委员会决定，并报全国人民代表大会常务委员会和国务院备案。

第八条　纳税人的免税、减税项目，应当单独核算销售额或者销售数量；未单独核算或者不能准确提供销售额或者销售数量的，不予免税或者减税。

第九条　资源税由税务机关依照本法和《中华人民共和国税收征收管理

法》的规定征收管理。

税务机关与自然资源等相关部门应当建立工作配合机制,加强资源税征收管理。

第十条 纳税人销售应税产品,纳税义务发生时间为收讫销售款或者取得索取销售款凭据的当日;自用应税产品的,纳税义务发生时间为移送应税产品的当日。

第十一条 纳税人应当向应税产品开采地或者生产地的税务机关申报缴纳资源税。

第十二条 资源税按月或者按季申报缴纳;不能按固定期限计算缴纳的,可以按次申报缴纳。

纳税人按月或者按季申报缴纳的,应当自月度或者季度终了之日起十五日内,向税务机关办理纳税申报并缴纳税款;按次申报缴纳的,应当自纳税义务发生之日起十五日内,向税务机关办理纳税申报并缴纳税款。

第十三条 纳税人、税务机关及其工作人员违反本法规定的,依照《中华人民共和国税收征收管理法》和有关法律法规的规定追究法律责任。

第十四条 国务院根据国民经济和社会发展需要,依照本法的原则,对取用地表水或者地下水的单位和个人试点征收水资源税。征收水资源税的,停止征收水资源费。

水资源税根据当地水资源状况、取用水类型和经济发展等情况实行差别税率。

水资源税试点实施办法由国务院规定,报全国人民代表大会常务委员会备案。

国务院自本法施行之日起五年内,就征收水资源税试点情况向全国人民代表大会常务委员会报告,并及时提出修改法律的建议。

第十五条 中外合作开采陆上、海上石油资源的企业依法缴纳资源税。

2011年11月1日前已依法订立中外合作开采陆上、海上石油资源合同的,在该合同有效期内,继续依照国家有关规定缴纳矿区使用费,不缴纳资源税;合同期满后,依法缴纳资源税。

第十六条 本法下列用语的含义是:

(一)低丰度油气田,包括陆上低丰度油田、陆上低丰度气田、海上低丰度油田、海上低丰度气田。陆上低丰度油田是指每平方公里原油可开采储量丰度低于二十五万立方米的油田；陆上低丰度气田是指每平方公里天然气可开采储量丰度低于二亿五千万立方米的气田；海上低丰度油田是指每平方公里原油可开采储量丰度低于六十万立方米的油田；海上低丰度气田是指每平方公里天然气可开采储量丰度低于六亿立方米的气田。

（二）高含硫天然气，是指硫化氢含量在每立方米三十克以上的天然气。

（三）三次采油，是指二次采油后继续以聚合物驱、复合驱、泡沫驱、气水交替驱、二氧化碳驱、微生物驱等方式进行采油。

（四）深水油气田，是指水深超过三百米的油气田。

（五）稠油，是指地层原油粘度大于或等于每秒五十毫帕或原油密度大于或等于每立方厘米零点九二克的原油。

（六）高凝油，是指凝固点高于四十摄氏度的原油。

（七）衰竭期矿山，是指设计开采年限超过十五年，且剩余可开采储量下降到原设计可开采储量的百分之二十以下或者剩余开采年限不超过五年的矿山。衰竭期矿山以开采企业下属的单个矿山为单位确定。

第十七条 本法自 2020 年 9 月 1 日起施行。1993 年 12 月 25 日国务院发布的《中华人民共和国资源税暂行条例》同时废止。

附

资源税税目税率表

税目		征税对象	税率
能源矿产	原油	原矿	6%
	天然气、页岩气、天然气水合物	原矿	6%
	煤	原矿或者选矿	2%—10%
	煤成（层）气	原矿	1%—2%
	铀、钍	原矿	4%
	油页岩、油砂、天然沥青、石煤	原矿或者选矿	1%—4%
	地热	原矿	1%—20% 或者每立方米 1—30 元

续表

税目			征税对象	税率
金属矿产	黑色金属	铁、锰、铬、钒、钛	原矿或者选矿	1%—9%
	有色金属	铜、铅、锌、锡、镍、锑、镁、钴、铋、汞	原矿或者选矿	2%—10%
		铝土矿	原矿或者选矿	2%—9%
		钨	选矿	6.5%
		钼	选矿	8%
		金、银	原矿或者选矿	2%—6%
		铂、钯、钌、锇、铱、铑	原矿或者选矿	5%—10%
		轻稀土	选矿	7%—12%
		中重稀土	选矿	20%
		铍、锂、锆、锶、铷、铯、铌、钽、锗、镓、铟、铊、铪、铼、镉、硒、碲	原矿或者选矿	2%—10%
非金属矿产	矿物类	高岭土	原矿或者选矿	1%—6%
		石灰岩	原矿或者选矿	1%—6% 或者每吨（或者每立方米）1—10元
		磷	原矿或者选矿	3%—8%
		石墨	原矿或者选矿	3%—12%
		萤石、硫铁矿、自然硫	原矿或者选矿	1%—8%
		天然石英砂、脉石英、粉石英、水晶、工业用金刚石、冰洲石、蓝晶石、硅线石（矽线石）、长石、滑石、刚玉、菱镁矿、颜料矿物、天然碱、芒硝、钠硝石、明矾石、砷、硼、碘、溴、膨润土、硅藻土、陶瓷土、耐火粘土、铁矾土、凹凸棒石粘土、海泡石粘土、伊利石粘土、累托石粘土	原矿或者选矿	1%—12%
		叶蜡石、硅灰石、透辉石、珍珠岩、云母、沸石、重晶石、毒重石、方解石、蛭石、透闪石、工业用电气石、白垩、石棉、蓝石棉、红柱石、石榴子石、石膏	原矿或者选矿	2%—12%

续表

税目			征税对象	税率
非金属矿产	矿物类	其他粘土（铸型用粘土、砖瓦用粘土、陶粒用粘土、水泥配料用粘土、水泥配料用红土、水泥配料用黄土、水泥配料用泥岩、保温材料用粘土）	原矿或者选矿	1%—5%或者每吨（或者每立方米）0.1—5元
	岩石类	大理岩、花岗岩、白云岩、石英岩、砂岩、辉绿岩、安山岩、闪长岩、板岩、玄武岩、片麻岩、角闪岩、页岩、浮石、凝灰岩、黑曜岩、霞石正长岩、蛇纹岩、麦饭石、泥灰岩、含钾岩石、含钾砂页岩、天然油石、橄榄岩、松脂岩、粗面岩、辉长岩、辉石岩、正长岩、火山灰、火山渣、泥炭	原矿或者选矿	1%—10%
		砂石	原矿或者选矿	1%—5%或者每吨（或者每立方米）0.1—5元
	宝玉石类	宝石、玉石、宝石级金刚石、玛瑙、黄玉、碧玺	原矿或者选矿	4%—20%
水气矿产	二氧化碳气、硫化氢气、氦气、氡气		原矿	2%—5%
	矿泉水		原矿	1%—20%或者每立方米1—30元
盐	钠盐、钾盐、镁盐、锂盐		选矿	3%—15%
	天然卤水		原矿	3%—15%或者每吨（或者每立方米）1—10元
	海盐			2%—5%

财政部 税务总局关于
继续执行的资源税优惠政策的公告

2020年6月24日　财政部　税务总局公告2020年第32号

《中华人民共和国资源税法》已由第十三届全国人民代表大会常务委员会第十二次会议于2019年8月26日通过，自2020年9月1日起施行。为贯彻落实资源税法，现将税法施行后继续执行的资源税优惠政策公告如下：

1. 对青藏铁路公司及其所属单位运营期间自采自用的砂、石等材料免征资源税。具体操作按《财政部　国家税务总局关于青藏铁路公司运营期间有关税收等政策问题的通知》（财税〔2007〕11号）第三条规定执行。

2. 自2018年4月1日至2021年3月31日，对页岩气资源税减征30%。具体操作按《财政部　国家税务总局关于对页岩气减征资源税的通知》（财税〔2018〕26号）规定执行。

3. 自2019年1月1日至2021年12月31日，对增值税小规模纳税人可以在50%的税额幅度内减征资源税。具体操作按《财政部　税务总局关于实施小微企业普惠性税收减免政策的通知》（财税〔2019〕13号）有关规定执行。

4. 自2014年12月1日至2023年8月31日，对充填开采置换出来的煤炭，资源税减征50%。

特此公告。

财政部　税务总局关于资源税有关问题执行口径的公告

2020年6月28日　财政部　税务总局公告2020年第34号

为贯彻落实《中华人民共和国资源税法》，现将资源税有关问题执行口径公告如下：

一、资源税应税产品（以下简称应税产品）的销售额，按照纳税人销售应税产品向购买方收取的全部价款确定，不包括增值税税款。

计入销售额中的相关运杂费用，凡取得增值税发票或者其他合法有效凭据的，准予从销售额中扣除。相关运杂费用是指应税产品从坑口或者洗选（加工）地到车站、码头或者购买方指定地点的运输费用、建设基金以及随运销产生的装卸、仓储、港杂费用。

二、纳税人自用应税产品应当缴纳资源税的情形，包括纳税人以应税产品用于非货币性资产交换、捐赠、偿债、赞助、集资、投资、广告、样品、职工福利、利润分配或者连续生产非应税产品等。

三、纳税人申报的应税产品销售额明显偏低且无正当理由的，或者有自用应税产品行为而无销售额的，主管税务机关可以按下列方法和顺序确定其应税产品销售额：

（一）按纳税人最近时期同类产品的平均销售价格确定。

（二）按其他纳税人最近时期同类产品的平均销售价格确定。

（三）按后续加工非应税产品销售价格，减去后续加工环节的成本利润后确定。

（四）按应税产品组成计税价格确定。

组成计税价格＝成本×（1+成本利润率）÷（1－资源税税率）

上述公式中的成本利润率由省、自治区、直辖市税务机关确定。

（五）按其他合理方法确定。

四、应税产品的销售数量,包括纳税人开采或者生产应税产品的实际销售数量和自用于应当缴纳资源税情形的应税产品数量。

五、纳税人外购应税产品与自采应税产品混合销售或者混合加工为应税产品销售的,在计算应税产品销售额或者销售数量时,准予扣减外购应税产品的购进金额或者购进数量;当期不足扣减的,可结转下期扣减。纳税人应当准确核算外购应税产品的购进金额或者购进数量,未准确核算的,一并计算缴纳资源税。

纳税人核算并扣减当期外购应税产品购进金额、购进数量,应当依据外购应税产品的增值税发票、海关进口增值税专用缴款书或者其他合法有效凭据。

六、纳税人开采或者生产同一税目下适用不同税率应税产品的,应当分别核算不同税率应税产品的销售额或者销售数量;未分别核算或者不能准确提供不同税率应税产品的销售额或者销售数量的,从高适用税率。

七、纳税人以自采原矿(经过采矿过程采出后未进行选矿或者加工的矿石)直接销售,或者自用于应当缴纳资源税情形的,按照原矿计征资源税。

纳税人以自采原矿洗选加工为选矿产品(通过破碎、切割、洗选、筛分、磨矿、分级、提纯、脱水、干燥等过程形成的产品,包括富集的精矿和研磨成粉、粒级成型、切割成型的原矿加工品)销售,或者将选矿产品自用于应当缴纳资源税情形的,按照选矿产品计征资源税,在原矿移送环节不缴纳资源税。对于无法区分原生岩石矿种的粒级成型砂石颗粒,按照砂石税目征收资源税。

八、纳税人开采或者生产同一应税产品,其中既有享受减免税政策的,又有不享受减免税政策的,按照免税、减税项目的产量占比等方法分别核算确定免税、减税项目的销售额或者销售数量。

九、纳税人开采或者生产同一应税产品同时符合两项或者两项以上减征资源税优惠政策的,除另有规定外,只能选择其中一项执行。

十、纳税人应当在矿产品的开采地或者海盐的生产地缴纳资源税。

十一、海上开采的原油和天然气资源税由海洋石油税务管理机构征收管理。

十二、本公告自 2020 年 9 月 1 日起施行。《财政部 国家税务总局关于实施煤炭资源税改革的通知》（财税〔2014〕72 号）、《财政部　国家税务总局关于调整原油、天然气资源税有关政策的通知》（财税〔2014〕73 号）、《财政部　国家税务总局关于实施稀土、钨、钼资源税从价计征改革的通知》（财税〔2015〕52 号）、《财政部　国家税务总局关于全面推进资源税改革的通知》（财税〔2016〕53 号）、《财政部　国家税务总局关于资源税改革具体政策问题的通知》（财税〔2016〕54 号）同时废止。

国家税务总局关于
资源税征收管理若干问题的公告

2020 年 8 月 28 日　　国家税务总局公告 2020 年第 14 号

> **注释：**《资源税纳税申报表》自 2021 年 6 月 1 日起废止。参见：《国家税务总局关于简并税费申报有关事项的公告》（国家税务总局公告 2021 年第 9 号）。

为规范资源税征收管理，根据《中华人民共和国资源税法》《中华人民共和国税收征收管理法》及其实施细则、《财政部　税务总局关于资源税有关问题执行口径的公告》（2020 年第 34 号）等相关规定，现就有关事项公告如下：

一、纳税人以外购原矿与自采原矿混合为原矿销售，或者以外购选矿产品与自产选矿产品混合为选矿产品销售的，在计算应税产品销售额或者销售数量时，直接扣减外购原矿或者外购选矿产品的购进金额或者购进数量。

纳税人以外购原矿与自采原矿混合洗选加工为选矿产品销售的，在计算应税产品销售额或者销售数量时，按照下列方法进行扣减：

准予扣减的外购应税产品购进金额（数量）＝外购原矿购进金额（数量）×（本地区原矿适用税率÷本地区选矿产品适用税率）

不能按照上述方法计算扣减的，按照主管税务机关确定的其他合理方法进行扣减。

二、纳税人申报资源税时，应当填报《资源税纳税申报表》（见附件）。

三、纳税人享受资源税优惠政策，实行"自行判别、申报享受、有关资料留存备查"的办理方式，另有规定的除外。纳税人对资源税优惠事项留存材料的真实性和合法性承担法律责任。

四、本公告自2020年9月1日起施行。《国家税务总局关于发布修订后的〈资源税若干问题的规定〉的公告》（2011年第63号），《国家税务总局关于发布〈中外合作及海上自营油气田资源税纳税申报表〉的公告》（2012年第3号），《国家税务总局 国家能源局关于落实煤炭资源税优惠政策若干事项的公告》（2015年第21号，国家税务总局公告2018年第31号修改），《国家税务总局关于发布修订后的〈资源税纳税申报表〉的公告》（2016年第38号）附件2、附件3、附件4，《国家税务总局 自然资源部关于落实资源税改革优惠政策若干事项的公告》（2017年第2号，国家税务总局公告2018年第31号修改），《国家税务总局关于发布〈资源税征收管理规程〉的公告》（2018年第13号），《国家税务总局关于增值税小规模纳税人地方税种和相关附加减征政策有关征管问题的公告》（2019年第5号）发布的资源税纳税申报表同时废止。

特此公告。

附件：资源税纳税申报表（略）

财政部 税务总局关于延长部分税收优惠政策执行期限的公告

2021年3月15日 财政部 税务总局公告2021年第6号

为进一步支持小微企业、科技创新和相关社会事业发展，现将有关税收政策公告如下：

一、《财政部 税务总局关于设备 器具扣除有关企业所得税政策的通知》（财税〔2018〕54号）等16个文件规定的税收优惠政策凡已经到期的，执行期限延长至2023年12月31日，详见附件1。

二、《财政部 税务总局关于延续供热企业增值税 房产税 城镇土地使用税优惠政策的通知》（财税〔2019〕38号）规定的税收优惠政策，执行期限延长至2023年供暖期结束。

三、《财政部 税务总局关于易地扶贫搬迁税收优惠政策的通知》（财税〔2018〕135号）、《财政部 税务总局关于福建平潭综合实验区个人所得税优惠政策的通知》（财税〔2014〕24号）规定的税收优惠政策，执行期限延长至2025年12月31日。

四、《财政部 国家税务总局关于保险公司准备金支出企业所得税税前扣除有关政策问题的通知》（财税〔2016〕114号）等6个文件规定的准备金企业所得税税前扣除政策到期后继续执行，详见附件2。

五、本公告发布之日前，已征的相关税款，可抵减纳税人以后月份应缴纳税款或予以退还。

特此公告。

附件：1. 财税〔2018〕54号等16个文件
   2. 财税〔2016〕114号等6个文件

附件1

财税〔2018〕54号等16个文件

序号	文件名称	备注
1	《财政部 税务总局关于设备 器具扣除有关企业所得税政策的通知》（财税〔2018〕54号）	
2	《财政部 税务总局 科技部关于提高研究开发费用税前加计扣除比例的通知》（财税〔2018〕99号）	
3	《财政部 税务总局关于金融机构小微企业贷款利息收入免征增值税政策的通知》（财税〔2018〕91号）	

续表

序号	文件名称	备注
4	《财政部 税务总局关于延续动漫产业增值税政策的通知》（财税〔2018〕38号）	
5	《财政部 税务总局关于保险保障基金有关税收政策问题的通知》（财税〔2018〕41号）	
6	《财政部 税务总局关于中国邮政储蓄银行三农金融事业部涉农贷款增值税政策的通知》（财税〔2018〕97号）	
7	《财政部 税务总局关于公共租赁住房税收优惠政策的公告》（财政部 税务总局公告2019年第61号）	
8	《财政部 税务总局关于继续实行农村饮水安全工程税收优惠政策的公告》（财政部 税务总局公告2019年第67号）	
9	《财政部 税务总局关于延续免征国产抗艾滋病病毒药品增值税政策的公告》（财政部 税务总局公告2019年第73号）	
10	《财政部 商务部 税务总局关于继续执行研发机构采购设备增值税政策的公告》（财政部 商务部 税务总局公告2019年第91号）	
11	《财政部 税务总局关于民用航空发动机、新支线飞机和大型客机税收政策的公告》（财政部 税务总局公告2019年第88号）	
12	《财政部 税务总局关于明确养老机构免征增值税等政策的通知》（财税〔2019〕20号）	
13	《财政部 税务总局关于支持小微企业融资有关税收政策的通知》（财税〔2017〕77号）	
14	《财政部 税务总局 证监会关于支持原油等货物期货市场对外开放税收政策的通知》（财税〔2018〕21号）	
15	《财政部 税务总局关于对页岩气减征资源税的通知》（财税〔2018〕26号）	税收优惠政策于2021年3月31日到期后，执行期限延长至2023年12月31日
16	《财政部 税务总局 工业和信息化部关于对挂车减征车辆购置税的公告》（财政部 税务总局 工业和信息化部公告2018年第69号）	税收优惠政策于2021年6月30日到期后，执行期限延长至2023年12月31日

附件 2

财税〔2016〕114 号等 6 个文件

序号	文件名称
1	《财政部 国家税务总局关于保险公司准备金支出企业所得税税前扣除有关政策问题的通知》（财税〔2016〕114 号）
2	《财政部 税务总局关于中小企业融资（信用）担保机构有关准备金企业所得税税前扣除政策的通知》（财税〔2017〕22 号）
3	《财政部 税务总局关于证券行业准备金支出企业所得税税前扣除有关政策问题的通知》（财税〔2017〕23 号）
4	《财政部 税务总局关于上海国际能源交易中心有关风险准备金和期货投资者保障基金支出企业所得税税前扣除政策问题的通知》（财税〔2019〕32 号）
5	《财政部 税务总局关于金融企业涉农贷款和中小企业贷款损失准备金税前扣除有关政策的公告》（财政部 税务总局公告 2019 年第 85 号）
6	《财政部 税务总局关于金融企业贷款损失准备金企业所得税税前扣除有关政策的公告》（财政部 税务总局公告 2019 年第 86 号）

环境保护税

中华人民共和国水污染防治法

1984年5月11日　中华人民共和国主席令第十二号

（1984年5月11日第六届全国人民代表大会常务委员会第五次会议通过。根据1996年5月15日第八届全国人民代表大会常务委员会第十九次会议《关于修改〈中华人民共和国水污染防治法〉的决定》第一次修正。2008年2月28日第十届全国人民代表大会常务委员会第三十二次会议修订。根据2017年6月27日第十二届全国人民代表大会常务委员会第二十八次会议《关于修改〈中华人民共和国水污染防治法〉的决定》第二次修正。）

目　录

第一章　总则

第二章　水污染防治的标准和规划

第三章　水污染防治的监督管理

第四章　水污染防治措施

　第一节　一般规定

　第二节　工业水污染防治

　第三节　城镇水污染防治

　第四节　农业和农村水污染防治

　第五节　船舶水污染防治

第五章　饮用水水源和其他特殊水体保护

第六章　水污染事故处置

第七章　法律责任

第八章　附则

第一章　总则

第一条　为了保护和改善环境，防治水污染，保护水生态，保障饮用水安全，维护公众健康，推进生态文明建设，促进经济社会可持续发展，制定本法。

第二条　本法适用于中华人民共和国领域内的江河、湖泊、运河、渠道、水库等地表水体以及地下水体的污染防治。

海洋污染防治适用《中华人民共和国海洋环境保护法》。

第三条　水污染防治应当坚持预防为主、防治结合、综合治理的原则，优先保护饮用水水源，严格控制工业污染、城镇生活污染，防治农业面源污染，积极推进生态治理工程建设，预防、控制和减少水环境污染和生态破坏。

第四条　县级以上人民政府应当将水环境保护工作纳入国民经济和社会发展规划。

地方各级人民政府对本行政区域的水环境质量负责，应当及时采取措施防治水污染。

第五条　省、市、县、乡建立河长制，分级分段组织领导本行政区域内江河、湖泊的水资源保护、水域岸线管理、水污染防治、水环境治理等工作。

第六条　国家实行水环境保护目标责任制和考核评价制度，将水环境保护目标完成情况作为对地方人民政府及其负责人考核评价的内容。

第七条　国家鼓励、支持水污染防治的科学技术研究和先进适用技术的推广应用，加强水环境保护的宣传教育。

第八条　国家通过财政转移支付等方式，建立健全对位于饮用水水源保护区区域和江河、湖泊、水库上游地区的水环境生态保护补偿机制。

第九条　县级以上人民政府环境保护主管部门对水污染防治实施统一监督管理。

交通主管部门的海事管理机构对船舶污染水域的防治实施监督管理。

县级以上人民政府水行政、国土资源、卫生、建设、农业、渔业等部门以及重要江河、湖泊的流域水资源保护机构，在各自的职责范围内，对有关水污染防治实施监督管理。

第十条 排放水污染物，不得超过国家或者地方规定的水污染物排放标准和重点水污染物排放总量控制指标。

第十一条 任何单位和个人都有义务保护水环境，并有权对污染损害水环境的行为进行检举。

县级以上人民政府及其有关主管部门对在水污染防治工作中做出显著成绩的单位和个人给予表彰和奖励。

第二章 水污染防治的标准和规划

第十二条 国务院环境保护主管部门制定国家水环境质量标准。

省、自治区、直辖市人民政府可以对国家水环境质量标准中未作规定的项目，制定地方标准，并报国务院环境保护主管部门备案。

第十三条 国务院环境保护主管部门会同国务院水行政主管部门和有关省、自治区、直辖市人民政府，可以根据国家确定的重要江河、湖泊流域水体的使用功能以及有关地区的经济、技术条件，确定该重要江河、湖泊流域的省界水体适用的水环境质量标准，报国务院批准后施行。

第十四条 国务院环境保护主管部门根据国家水环境质量标准和国家经济、技术条件，制定国家水污染物排放标准。

省、自治区、直辖市人民政府对国家水污染物排放标准中未作规定的项目，可以制定地方水污染物排放标准；对国家水污染物排放标准中已作规定的项目，可以制定严于国家水污染物排放标准的地方水污染物排放标准。地方水污染物排放标准须报国务院环境保护主管部门备案。

向已有地方水污染物排放标准的水体排放污染物的，应当执行地方水污染物排放标准。

第十五条 国务院环境保护主管部门和省、自治区、直辖市人民政府，应当根据水污染防治的要求和国家或者地方的经济、技术条件，适时修订水环境质量标准和水污染物排放标准。

第十六条 防治水污染应当按流域或者按区域进行统一规划。国家确定的重要江河、湖泊的流域水污染防治规划，由国务院环境保护主管部门会同国务院经济综合宏观调控、水行政等部门和有关省、自治区、直辖市人民政府编制，报国务院批准。

前款规定外的其他跨省、自治区、直辖市江河、湖泊的流域水污染防治规划，根据国家确定的重要江河、湖泊的流域水污染防治规划和本地实际情况，由有关省、自治区、直辖市人民政府环境保护主管部门会同同级水行政等部门和有关市、县人民政府编制，经有关省、自治区、直辖市人民政府审核，报国务院批准。

省、自治区、直辖市内跨县江河、湖泊的流域水污染防治规划，根据国家确定的重要江河、湖泊的流域水污染防治规划和本地实际情况，由省、自治区、直辖市人民政府环境保护主管部门会同同级水行政等部门编制，报省、自治区、直辖市人民政府批准，并报国务院备案。

经批准的水污染防治规划是防治水污染的基本依据，规划的修订须经原批准机关批准。

县级以上地方人民政府应当根据依法批准的江河、湖泊的流域水污染防治规划，组织制定本行政区域的水污染防治规划。

第十七条 有关市、县级人民政府应当按照水污染防治规划确定的水环境质量改善目标的要求，制定限期达标规划，采取措施按期达标。

有关市、县级人民政府应当将限期达标规划报上一级人民政府备案，并向社会公开。

第十八条 市、县级人民政府每年在向本级人民代表大会或者其常务委员会报告环境状况和环境保护目标完成情况时，应当报告水环境质量限期达标规划执行情况，并向社会公开。

第三章 水污染防治的监督管理

第十九条 新建、改建、扩建直接或者间接向水体排放污染物的建设项目和其他水上设施，应当依法进行环境影响评价。

建设单位在江河、湖泊新建、改建、扩建排污口的，应当取得水行政主管部门或者流域管理机构同意；涉及通航、渔业水域的，环境保护主管部门在审批环境影响评价文件时，应当征求交通、渔业主管部门的意见。

建设项目的水污染防治设施，应当与主体工程同时设计、同时施工、同时投入使用。水污染防治设施应当符合经批准或者备案的环境影响评价文件的要求。

第二十条 国家对重点水污染物排放实施总量控制制度。

重点水污染物排放总量控制指标,由国务院环境保护主管部门在征求国务院有关部门和各省、自治区、直辖市人民政府意见后,会同国务院经济综合宏观调控部门报国务院批准并下达实施。

省、自治区、直辖市人民政府应当按照国务院的规定削减和控制本行政区域的重点水污染物排放总量。具体办法由国务院环境保护主管部门会同国务院有关部门规定。

省、自治区、直辖市人民政府可以根据本行政区域水环境质量状况和水污染防治工作的需要,对国家重点水污染物之外的其他水污染物排放实行总量控制。

对超过重点水污染物排放总量控制指标或者未完成水环境质量改善目标的地区,省级以上人民政府环境保护主管部门应当会同有关部门约谈该地区人民政府的主要负责人,并暂停审批新增重点水污染物排放总量的建设项目的环境影响评价文件。约谈情况应当向社会公开。

第二十一条 直接或者间接向水体排放工业废水和医疗污水以及其他按照规定应当取得排污许可证方可排放的废水、污水的企业事业单位和其他生产经营者,应当取得排污许可证;城镇污水集中处理设施的运营单位,也应当取得排污许可证。排污许可证应当明确排放水污染物的种类、浓度、总量和排放去向等要求。排污许可的具体办法由国务院规定。

禁止企业事业单位和其他生产经营者无排污许可证或者违反排污许可证的规定向水体排放前款规定的废水、污水。

第二十二条 向水体排放污染物的企业事业单位和其他生产经营者,应当按照法律、行政法规和国务院环境保护主管部门的规定设置排污口;在江河、湖泊设置排污口的,还应当遵守国务院水行政主管部门的规定。

第二十三条 实行排污许可管理的企业事业单位和其他生产经营者应当按照国家有关规定和监测规范,对所排放的水污染物自行监测,并保存原始监测记录。重点排污单位还应当安装水污染物排放自动监测设备,与环境保护主管部门的监控设备联网,并保证监测设备正常运行。具体办法由国务院环境保护主管部门规定。

应当安装水污染物排放自动监测设备的重点排污单位名录，由设区的市级以上地方人民政府环境保护主管部门根据本行政区域的环境容量、重点水污染物排放总量控制指标的要求以及排污单位排放水污染物的种类、数量和浓度等因素，商同级有关部门确定。

第二十四条　实行排污许可管理的企业事业单位和其他生产经营者应当对监测数据的真实性和准确性负责。

环境保护主管部门发现重点排污单位的水污染物排放自动监测设备传输数据异常，应当及时进行调查。

第二十五条　国家建立水环境质量监测和水污染物排放监测制度。国务院环境保护主管部门负责制定水环境监测规范，统一发布国家水环境状况信息，会同国务院水行政等部门组织监测网络，统一规划国家水环境质量监测站（点）的设置，建立监测数据共享机制，加强对水环境监测的管理。

第二十六条　国家确定的重要江河、湖泊流域的水资源保护工作机构负责监测其所在流域的省界水体的水环境质量状况，并将监测结果及时报国务院环境保护主管部门和国务院水行政主管部门；有经国务院批准成立的流域水资源保护领导机构的，应当将监测结果及时报告流域水资源保护领导机构。

第二十七条　国务院有关部门和县级以上地方人民政府开发、利用和调节、调度水资源时，应当统筹兼顾，维持江河的合理流量和湖泊、水库以及地下水体的合理水位，保障基本生态用水，维护水体的生态功能。

第二十八条　国务院环境保护主管部门应当会同国务院水行政等部门和有关省、自治区、直辖市人民政府，建立重要江河、湖泊的流域水环境保护联合协调机制，实行统一规划、统一标准、统一监测、统一的防治措施。

第二十九条　国务院环境保护主管部门和省、自治区、直辖市人民政府环境保护主管部门应当会同同级有关部门根据流域生态环境功能需要，明确流域生态环境保护要求，组织开展流域环境资源承载能力监测、评价，实施流域环境资源承载能力预警。

县级以上地方人民政府应当根据流域生态环境功能需要，组织开展江河、湖泊、湿地保护与修复，因地制宜建设人工湿地、水源涵养林、沿河沿湖植被缓冲带和隔离带等生态环境治理与保护工程，整治黑臭水体，提高流域环境资源承载能力。

从事开发建设活动，应当采取有效措施，维护流域生态环境功能，严守生态保护红线。

第三十条 环境保护主管部门和其他依照本法规定行使监督管理权的部门，有权对管辖范围内的排污单位进行现场检查，被检查的单位应当如实反映情况，提供必要的资料。检查机关有义务为被检查的单位保守在检查中获取的商业秘密。

第三十一条 跨行政区域的水污染纠纷，由有关地方人民政府协商解决，或者由其共同的上级人民政府协调解决。

第四章　水污染防治措施

第一节　一般规定

第三十二条 国务院环境保护主管部门应当会同国务院卫生主管部门，根据对公众健康和生态环境的危害和影响程度，公布有毒有害水污染物名录，实行风险管理。

排放前款规定名录中所列有毒有害水污染物的企业事业单位和其他生产经营者，应当对排污口和周边环境进行监测，评估环境风险，排查环境安全隐患，并公开有毒有害水污染物信息，采取有效措施防范环境风险。

第三十三条 禁止向水体排放油类、酸液、碱液或者剧毒废液。

禁止在水体清洗装贮过油类或者有毒污染物的车辆和容器。

第三十四条 禁止向水体排放、倾倒放射性固体废物或者含有高放射性和中放射性物质的废水。

向水体排放含低放射性物质的废水，应当符合国家有关放射性污染防治的规定和标准。

第三十五条 向水体排放含热废水，应当采取措施，保证水体的水温符合水环境质量标准。

第三十六条 含病原体的污水应当经过消毒处理；符合国家有关标准后，方可排放。

第三十七条 禁止向水体排放、倾倒工业废渣、城镇垃圾和其他废弃物。

禁止将含有汞、镉、砷、铬、铅、氰化物、黄磷等的可溶性剧毒废渣向水体排放、倾倒或者直接埋入地下。

存放可溶性剧毒废渣的场所，应当采取防水、防渗漏、防流失的措施。

第三十八条 禁止在江河、湖泊、运河、渠道、水库最高水位线以下的滩地和岸坡堆放、存贮固体废弃物和其他污染物。

第三十九条 禁止利用渗井、渗坑、裂隙、溶洞，私设暗管，篡改、伪造监测数据，或者不正常运行水污染防治设施等逃避监管的方式排放水污染物。

第四十条 化学品生产企业以及工业集聚区、矿山开采区、尾矿库、危险废物处置场、垃圾填埋场等的运营、管理单位，应当采取防渗漏等措施，并建设地下水水质监测井进行监测，防止地下水污染。

加油站等的地下油罐应当使用双层罐或者采取建造防渗池等其他有效措施，并进行防渗漏监测，防止地下水污染。

禁止利用无防渗漏措施的沟渠、坑塘等输送或者存贮含有毒污染物的废水、含病原体的污水和其他废弃物。

第四十一条 多层地下水的含水层水质差异大的，应当分层开采；对已受污染的潜水和承压水，不得混合开采。

第四十二条 兴建地下工程设施或者进行地下勘探、采矿等活动，应当采取防护性措施，防止地下水污染。

报废矿井、钻井或者取水井等，应当实施封井或者回填。

第四十三条 人工回灌补给地下水，不得恶化地下水质。

第二节 工业水污染防治

第四十四条 国务院有关部门和县级以上地方人民政府应当合理规划工业布局，要求造成水污染的企业进行技术改造，采取综合防治措施，提高水的重复利用率，减少废水和污染物排放量。

第四十五条 排放工业废水的企业应当采取有效措施，收集和处理产生的全部废水，防止污染环境。含有毒有害水污染物的工业废水应当分类收集和处理，不得稀释排放。

工业集聚区应当配套建设相应的污水集中处理设施，安装自动监测设备，与环境保护主管部门的监控设备联网，并保证监测设备正常运行。

向污水集中处理设施排放工业废水的，应当按照国家有关规定进行预处理，达到集中处理设施处理工艺要求后方可排放。

第四十六条 国家对严重污染水环境的落后工艺和设备实行淘汰制度。

国务院经济综合宏观调控部门会同国务院有关部门，公布限期禁止采用的严重污染水环境的工艺名录和限期禁止生产、销售、进口、使用的严重污染水环境的设备名录。

生产者、销售者、进口者或者使用者应当在规定的期限内停止生产、销售、进口或者使用列入前款规定的设备名录中的设备。工艺的采用者应当在规定的期限内停止采用列入前款规定的工艺名录中的工艺。

依照本条第二款、第三款规定被淘汰的设备，不得转让给他人使用。

第四十七条 国家禁止新建不符合国家产业政策的小型造纸、制革、印染、染料、炼焦、炼硫、炼砷、炼汞、炼油、电镀、农药、石棉、水泥、玻璃、钢铁、火电以及其他严重污染水环境的生产项目。

第四十八条 企业应当采用原材料利用效率高、污染物排放量少的清洁工艺，并加强管理，减少水污染物的产生。

第三节　城镇水污染防治

第四十九条 城镇污水应当集中处理。

县级以上地方人民政府应当通过财政预算和其他渠道筹集资金，统筹安排建设城镇污水集中处理设施及配套管网，提高本行政区域城镇污水的收集率和处理率。

国务院建设主管部门应当会同国务院经济综合宏观调控、环境保护主管部门，根据城乡规划和水污染防治规划，组织编制全国城镇污水处理设施建设规划。县级以上地方人民政府组织建设、经济综合宏观调控、环境保护、水行政等部门编制本行政区域的城镇污水处理设施建设规划。县级以上地方人民政府建设主管部门应当按照城镇污水处理设施建设规划，组织建设城镇污水集中处理设施及配套管网，并加强对城镇污水集中处理设施运营的监督管理。

城镇污水集中处理设施的运营单位按照国家规定向排污者提供污水处理的有偿服务，收取污水处理费用，保证污水集中处理设施的正常运行。收取的污水处理费用应当用于城镇污水集中处理设施的建设运行和污泥处理处置，不得挪作他用。

城镇污水集中处理设施的污水处理收费、管理以及使用的具体办法，由国务院规定。

第五十条　向城镇污水集中处理设施排放水污染物，应当符合国家或者地方规定的水污染物排放标准。

城镇污水集中处理设施的运营单位，应当对城镇污水集中处理设施的出水水质负责。

环境保护主管部门应当对城镇污水集中处理设施的出水水质和水量进行监督检查。

第五十一条　城镇污水集中处理设施的运营单位或者污泥处理处置单位应当安全处理处置污泥，保证处理处置后的污泥符合国家标准，并对污泥的去向等进行记录。

第四节　农业和农村水污染防治

第五十二条　国家支持农村污水、垃圾处理设施的建设，推进农村污水、垃圾集中处理。

地方各级人民政府应当统筹规划建设农村污水、垃圾处理设施，并保障其正常运行。

第五十三条　制定化肥、农药等产品的质量标准和使用标准，应当适应水环境保护要求。

第五十四条　使用农药，应当符合国家有关农药安全使用的规定和标准。

运输、存贮农药和处置过期失效农药，应当加强管理，防止造成水污染。

第五十五条　县级以上地方人民政府农业主管部门和其他有关部门，应当采取措施，指导农业生产者科学、合理地施用化肥和农药，推广测土配方施肥技术和高效低毒低残留农药，控制化肥和农药的过量使用，防止造成水污染。

第五十六条　国家支持畜禽养殖场、养殖小区建设畜禽粪便、废水的综合利用或者无害化处理设施。

畜禽养殖场、养殖小区应当保证其畜禽粪便、废水的综合利用或者无害化处理设施正常运转，保证污水达标排放，防止污染水环境。

畜禽散养密集区所在地县、乡级人民政府应当组织对畜禽粪便污水进行分户收集、集中处理利用。

第五十七条　从事水产养殖应当保护水域生态环境，科学确定养殖密度，合理投饵和使用药物，防止污染水环境。

第五十八条　农田灌溉用水应当符合相应的水质标准，防止污染土壤、地下水和农产品。

禁止向农田灌溉渠道排放工业废水或者医疗污水。向农田灌溉渠道排放城镇污水以及未综合利用的畜禽养殖废水、农产品加工废水的，应当保证其下游最近的灌溉取水点的水质符合农田灌溉水质标准。

第五节　船舶水污染防治

第五十九条　船舶排放含油污水、生活污水，应当符合船舶污染物排放标准。从事海洋航运的船舶进入内河和港口的，应当遵守内河的船舶污染物排放标准。

船舶的残油、废油应当回收，禁止排入水体。

禁止向水体倾倒船舶垃圾。

船舶装载运输油类或者有毒货物，应当采取防止溢流和渗漏的措施，防止货物落水造成水污染。

进入中华人民共和国内河的国际航线船舶排放压载水的，应当采用压载水处理装置或者采取其他等效措施，对压载水进行灭活等处理。禁止排放不符合规定的船舶压载水。

第六十条　船舶应当按照国家有关规定配置相应的防污设备和器材，并持有合法有效的防止水域环境污染的证书与文书。

船舶进行涉及污染物排放的作业，应当严格遵守操作规程，并在相应的记录簿上如实记载。

第六十一条　港口、码头、装卸站和船舶修造厂所在地市、县级人民政府应当统筹规划建设船舶污染物、废弃物的接收、转运及处理处置设施。

港口、码头、装卸站和船舶修造厂应当备有足够的船舶污染物、废弃物的接收设施。从事船舶污染物、废弃物接收作业，或者从事装载油类、污染危害性货物船舱清洗作业的单位，应当具备与其运营规模相适应的接收处理能力。

第六十二条　船舶及有关作业单位从事有污染风险的作业活动，应当按照有关法律法规和标准，采取有效措施，防止造成水污染。海事管理机构、渔业主管部门应当加强对船舶及有关作业活动的监督管理。

船舶进行散装液体污染危害性货物的过驳作业，应当编制作业方案，采取有效的安全和污染防治措施，并报作业地海事管理机构批准。

禁止采取冲滩方式进行船舶拆解作业。

第五章　饮用水水源和其他特殊水体保护

第六十三条　国家建立饮用水水源保护区制度。饮用水水源保护区分为一级保护区和二级保护区；必要时，可以在饮用水水源保护区外围划定一定的区域作为准保护区。

饮用水水源保护区的划定，由有关市、县人民政府提出划定方案，报省、自治区、直辖市人民政府批准；跨市、县饮用水水源保护区的划定，由有关市、县人民政府协商提出划定方案，报省、自治区、直辖市人民政府批准；协商不成的，由省、自治区、直辖市人民政府环境保护主管部门会同同级水行政、国土资源、卫生、建设等部门提出划定方案，征求同级有关部门的意见后，报省、自治区、直辖市人民政府批准。

跨省、自治区、直辖市的饮用水水源保护区，由有关省、自治区、直辖市人民政府商有关流域管理机构划定；协商不成的，由国务院环境保护主管部门会同同级水行政、国土资源、卫生、建设等部门提出划定方案，征求国务院有关部门的意见后，报国务院批准。

国务院和省、自治区、直辖市人民政府可以根据保护饮用水水源的实际需要，调整饮用水水源保护区的范围，确保饮用水安全。有关地方人民政府应当在饮用水水源保护区的边界设立明确的地理界标和明显的警示标志。

第六十四条　在饮用水水源保护区内，禁止设置排污口。

第六十五条　禁止在饮用水水源一级保护区内新建、改建、扩建与供水设施和保护水源无关的建设项目；已建成的与供水设施和保护水源无关的建设项目，由县级以上人民政府责令拆除或者关闭。

禁止在饮用水水源一级保护区内从事网箱养殖、旅游、游泳、垂钓或者其他可能污染饮用水水体的活动。

第六十六条　禁止在饮用水水源二级保护区内新建、改建、扩建排放污染物的建设项目；已建成的排放污染物的建设项目，由县级以上人民政府责令拆除或者关闭。

在饮用水水源二级保护区内从事网箱养殖、旅游等活动的，应当按照规定采取措施，防止污染饮用水水体。

第六十七条　禁止在饮用水水源准保护区内新建、扩建对水体污染严重的建设项目；改建建设项目，不得增加排污量。

第六十八条　县级以上地方人民政府应当根据保护饮用水水源的实际需要，在准保护区内采取工程措施或者建造湿地、水源涵养林等生态保护措施，防止水污染物直接排入饮用水水体，确保饮用水安全。

第六十九条　县级以上地方人民政府应当组织环境保护等部门，对饮用水水源保护区、地下水型饮用水源的补给区及供水单位周边区域的环境状况和污染风险进行调查评估，筛查可能存在的污染风险因素，并采取相应的风险防范措施。

饮用水水源受到污染可能威胁供水安全的，环境保护主管部门应当责令有关企业事业单位和其他生产经营者采取停止排放水污染物等措施，并通报饮用水供水单位和供水、卫生、水行政等部门；跨行政区域的，还应当通报相关地方人民政府。

第七十条　单一水源供水城市的人民政府应当建设应急水源或者备用水源，有条件的地区可以开展区域联网供水。

县级以上地方人民政府应当合理安排、布局农村饮用水水源，有条件的地区可以采取城镇供水管网延伸或者建设跨村、跨乡镇联片集中供水工程等方式，发展规模集中供水。

第七十一条　饮用水供水单位应当做好取水口和出水口的水质检测工

作。发现取水口水质不符合饮用水水源水质标准或者出水口水质不符合饮用水卫生标准的，应当及时采取相应措施，并向所在地市、县级人民政府供水主管部门报告。供水主管部门接到报告后，应当通报环境保护、卫生、水行政等部门。

饮用水供水单位应当对供水水质负责，确保供水设施安全可靠运行，保证供水水质符合国家有关标准。

第七十二条 县级以上地方人民政府应当组织有关部门监测、评估本行政区域内饮用水水源、供水单位供水和用户水龙头出水的水质等饮用水安全状况。

县级以上地方人民政府有关部门应当至少每季度向社会公开一次饮用水安全状况信息。

第七十三条 国务院和省、自治区、直辖市人民政府根据水环境保护的需要，可以规定在饮用水水源保护区内，采取禁止或者限制使用含磷洗涤剂、化肥、农药以及限制种植养殖等措施。

第七十四条 县级以上人民政府可以对风景名胜区水体、重要渔业水体和其他具有特殊经济文化价值的水体划定保护区，并采取措施，保证保护区的水质符合规定用途的水环境质量标准。

第七十五条 在风景名胜区水体、重要渔业水体和其他具有特殊经济文化价值的水体的保护区内，不得新建排污口。在保护区附近新建排污口，应当保证保护区水体不受污染。

第六章 水污染事故处置

第七十六条 各级人民政府及其有关部门，可能发生水污染事故的企业事业单位，应当依照《中华人民共和国突发事件应对法》的规定，做好突发水污染事故的应急准备、应急处置和事后恢复等工作。

第七十七条 可能发生水污染事故的企业事业单位，应当制定有关水污染事故的应急方案，做好应急准备，并定期进行演练。

生产、储存危险化学品的企业事业单位，应当采取措施，防止在处理安全生产事故过程中产生的可能严重污染水体的消防废水、废液直接排入水体。

第七十八条 企业事业单位发生事故或者其他突发性事件,造成或者可能造成水污染事故的,应当立即启动本单位的应急方案,采取隔离等应急措施,防止水污染物进入水体,并向事故发生地的县级以上地方人民政府或者环境保护主管部门报告。环境保护主管部门接到报告后,应当及时向本级人民政府报告,并抄送有关部门。

造成渔业污染事故或者渔业船舶造成水污染事故的,应当向事故发生地的渔业主管部门报告,接受调查处理。其他船舶造成水污染事故的,应当向事故发生地的海事管理机构报告,接受调查处理;给渔业造成损害的,海事管理机构应当通知渔业主管部门参与调查处理。

第七十九条 市、县级人民政府应当组织编制饮用水安全突发事件应急预案。

饮用水供水单位应当根据所在地饮用水安全突发事件应急预案,制定相应的突发事件应急方案,报所在地市、县级人民政府备案,并定期进行演练。

饮用水水源发生水污染事故,或者发生其他可能影响饮用水安全的突发性事件,饮用水供水单位应当采取应急处理措施,向所在地市、县级人民政府报告,并向社会公开。有关人民政府应当根据情况及时启动应急预案,采取有效措施,保障供水安全。

第七章 法律责任

第八十条 环境保护主管部门或者其他依照本法规定行使监督管理权的部门,不依法作出行政许可或者办理批准文件的,发现违法行为或者接到对违法行为的举报后不予查处的,或者有其他未依照本法规定履行职责的行为的,对直接负责的主管人员和其他直接责任人员依法给予处分。

第八十一条 以拖延、围堵、滞留执法人员等方式拒绝、阻挠环境保护主管部门或者其他依照本法规定行使监督管理权的部门的监督检查,或者在接受监督检查时弄虚作假的,由县级以上人民政府环境保护主管部门或者其他依照本法规定行使监督管理权的部门责令改正,处二万元以上二十万元以下的罚款。

第八十二条 违反本法规定,有下列行为之一的,由县级以上人民政府环境保护主管部门责令限期改正，处二万元以上二十万元以下的罚款；逾期不改正的，责令停产整治：

（一）未按照规定对所排放的水污染物自行监测，或者未保存原始监测记录的；

（二）未按照规定安装水污染物排放自动监测设备，未按照规定与环境保护主管部门的监控设备联网，或者未保证监测设备正常运行的；

（三）未按照规定对有毒有害水污染物的排污口和周边环境进行监测，或者未公开有毒有害水污染物信息的。

第八十三条　违反本法规定，有下列行为之一的，由县级以上人民政府环境保护主管部门责令改正或者责令限制生产、停产整治，并处十万元以上一百万元以下的罚款；情节严重的，报经有批准权的人民政府批准，责令停业、关闭：

（一）未依法取得排污许可证排放水污染物的；

（二）超过水污染物排放标准或者超过重点水污染物排放总量控制指标排放水污染物的；

（三）利用渗井、渗坑、裂隙、溶洞，私设暗管，篡改、伪造监测数据，或者不正常运行水污染防治设施等逃避监管的方式排放水污染物的；

（四）未按照规定进行预处理，向污水集中处理设施排放不符合处理工艺要求的工业废水的。

第八十四条　在饮用水水源保护区内设置排污口的，由县级以上地方人民政府责令限期拆除，处十万元以上五十万元以下的罚款；逾期不拆除的，强制拆除，所需费用由违法者承担，处五十万元以上一百万元以下的罚款，并可以责令停产整治。

除前款规定外，违反法律、行政法规和国务院环境保护主管部门的规定设置排污口的，由县级以上地方人民政府环境保护主管部门责令限期拆除，处二万元以上十万元以下的罚款；逾期不拆除的，强制拆除，所需费用由违法者承担，处十万元以上五十万元以下的罚款；情节严重的，可以责令停产整治。

未经水行政主管部门或者流域管理机构同意，在江河、湖泊新建、改建、扩建排污口的，由县级以上人民政府水行政主管部门或者流域管理机构依据职权，依照前款规定采取措施、给予处罚。

第八十五条 有下列行为之一的，由县级以上地方人民政府环境保护主管部门责令停止违法行为，限期采取治理措施，消除污染，处以罚款；逾期不采取治理措施的，环境保护主管部门可以指定有治理能力的单位代为治理，所需费用由违法者承担：

（一）向水体排放油类、酸液、碱液的；

（二）向水体排放剧毒废液，或者将含有汞、镉、砷、铬、铅、氰化物、黄磷等的可溶性剧毒废渣向水体排放、倾倒或者直接埋入地下的；

（三）在水体清洗装贮过油类、有毒污染物的车辆或者容器的；

（四）向水体排放、倾倒工业废渣、城镇垃圾或者其他废弃物，或者在江河、湖泊、运河、渠道、水库最高水位线以下的滩地、岸坡堆放、存贮固体废弃物或者其他污染物的；

（五）向水体排放、倾倒放射性固体废物或者含有高放射性、中放射性物质的废水的；

（六）违反国家有关规定或者标准，向水体排放含低放射性物质的废水、热废水或者含病原体的污水的；

（七）未采取防渗漏等措施，或者未建设地下水水质监测井进行监测的；

（八）加油站等的地下油罐未使用双层罐或者采取建造防渗池等其他有效措施，或者未进行防渗漏监测的；

（九）未按照规定采取防护性措施，或者利用无防渗漏措施的沟渠、坑塘等输送或者存贮含有毒污染物的废水、含病原体的污水或者其他废弃物的。

有前款第三项、第四项、第六项、第七项、第八项行为之一的，处二万元以上二十万元以下的罚款。有前款第一项、第二项、第五项、第九项行为之一的，处十万元以上一百万元以下的罚款；情节严重的，报经有批准权的人民政府批准，责令停业、关闭。

第八十六条 违反本法规定，生产、销售、进口或者使用列入禁止生产、销售、进口、使用的严重污染水环境的设备名录中的设备，或者采用列入禁止采用的严重污染水环境的工艺名录中的工艺的，由县级以上人民政府经济综合宏观调控部门责令改正，处五万元以上二十万元以下的罚款；情节严重的，由县级以上人民政府经济综合宏观调控部门提出意见，报请本级人民政府责令停业、关闭。

第八十七条　违反本法规定，建设不符合国家产业政策的小型造纸、制革、印染、染料、炼焦、炼硫、炼砷、炼汞、炼油、电镀、农药、石棉、水泥、玻璃、钢铁、火电以及其他严重污染水环境的生产项目的，由所在地的市、县人民政府责令关闭。

第八十八条　城镇污水集中处理设施的运营单位或者污泥处理处置单位，处理处置后的污泥不符合国家标准，或者对污泥去向等未进行记录的，由城镇排水主管部门责令限期采取治理措施，给予警告；造成严重后果的，处十万元以上二十万元以下的罚款；逾期不采取治理措施的，城镇排水主管部门可以指定有治理能力的单位代为治理，所需费用由违法者承担。

第八十九条　船舶未配置相应的防污染设备和器材，或者未持有合法有效的防止水域环境污染的证书与文书的，由海事管理机构、渔业主管部门按照职责分工责令限期改正，处二千元以上二万元以下的罚款；逾期不改正的，责令船舶临时停航。

船舶进行涉及污染物排放的作业，未遵守操作规程或者未在相应的记录簿上如实记载的，由海事管理机构、渔业主管部门按照职责分工责令改正，处二千元以上二万元以下的罚款。

第九十条　违反本法规定，有下列行为之一的，由海事管理机构、渔业主管部门按照职责分工责令停止违法行为，处一万元以上十万元以下的罚款；造成水污染的，责令限期采取治理措施，消除污染，处二万元以上二十万元以下的罚款；逾期不采取治理措施的，海事管理机构、渔业主管部门按照职责分工可以指定有治理能力的单位代为治理，所需费用由船舶承担：

（一）向水体倾倒船舶垃圾或者排放船舶的残油、废油的；

（二）未经作业地海事管理机构批准，船舶进行散装液体污染危害性货物的过驳作业的；

（三）船舶及有关作业单位从事有污染风险的作业活动，未按照规定采取污染防治措施的；

（四）以冲滩方式进行船舶拆解的；

（五）进入中华人民共和国内河的国际航线船舶，排放不符合规定的船舶压载水的。

第九十一条　有下列行为之一的，由县级以上地方人民政府环境保护主管部门责令停止违法行为，处十万元以上五十万元以下的罚款；并报经有批准权的人民政府批准，责令拆除或者关闭：

（一）在饮用水水源一级保护区内新建、改建、扩建与供水设施和保护水源无关的建设项目的；

（二）在饮用水水源二级保护区内新建、改建、扩建排放污染物的建设项目的；

（三）在饮用水水源准保护区内新建、扩建对水体污染严重的建设项目，或者改建建设项目增加排污量的。

在饮用水水源一级保护区内从事网箱养殖或者组织进行旅游、垂钓或者其他可能污染饮用水水体的活动的，由县级以上地方人民政府环境保护主管部门责令停止违法行为，处二万元以上十万元以下的罚款。个人在饮用水水源一级保护区内游泳、垂钓或者从事其他可能污染饮用水水体的活动的，由县级以上地方人民政府环境保护主管部门责令停止违法行为，可以处五百元以下的罚款。

第九十二条　饮用水供水单位供水水质不符合国家规定标准的，由所在地市、县级人民政府供水主管部门责令改正，处二万元以上二十万元以下的罚款；情节严重的，报经有批准权的人民政府批准，可以责令停业整顿；对直接负责的主管人员和其他直接责任人员依法给予处分。

第九十三条　企业事业单位有下列行为之一的，由县级以上人民政府环境保护主管部门责令改正；情节严重的，处二万元以上十万元以下的罚款：

（一）不按照规定制定水污染事故的应急方案的；

（二）水污染事故发生后，未及时启动水污染事故的应急方案，采取有关应急措施的。

第九十四条　企业事业单位违反本法规定，造成水污染事故的，除依法承担赔偿责任外，由县级以上人民政府环境保护主管部门依照本条第二款的规定处以罚款，责令限期采取治理措施，消除污染；未按照要求采取治措施或者不具备治理能力的，由环境保护主管部门指定有治理能力的单位代为治理，所需费用由违法者承担；对造成重大或者特大水污染事故的，还可以报经有批准权的人民政府批准，责令关闭；对直接负责的主管人员和其他直接责任人员可以处上一年度从本单位取得的收入百分之五十以下的罚款；有《中华人民共和国环境保护法》第六十三条规定的违法排放水污染物等行为之一，尚不构成犯罪的，由公安机关对直接负责的主管人员和其他直接责任人员处十日以上十五日以下的拘留；情节较轻的，处五日以上十日以下的拘留。

对造成一般或者较大水污染事故的，按照水污染事故造成的直接损失的百分之二十计算罚款；对造成重大或者特大水污染事故的，按照水污染事故造成的直接损失的百分之三十计算罚款。

造成渔业污染事故或者渔业船舶造成水污染事故的，由渔业主管部门进行处罚；其他船舶造成水污染事故的，由海事管理机构进行处罚。

第九十五条 企业事业单位和其他生产经营者违法排放水污染物，受到罚款处罚，被责令改正的，依法作出处罚决定的行政机关应当组织复查，发现其继续违法排放水污染物或者拒绝、阻挠复查的，依照《中华人民共和国环境保护法》的规定按日连续处罚。

第九十六条 因水污染受到损害的当事人，有权要求排污方排除危害和赔偿损失。

由于不可抗力造成水污染损害的，排污方不承担赔偿责任；法律另有规定的除外。

水污染损害是由受害人故意造成的，排污方不承担赔偿责任。水污染损害是由受害人重大过失造成的，可以减轻排污方的赔偿责任。

水污染损害是由第三人造成的，排污方承担赔偿责任后，有权向第三人追偿。

第九十七条 因水污染引起的损害赔偿责任和赔偿金额的纠纷，可以根据当事人的请求，由环境保护主管部门或者海事管理机构、渔业主管部门按照职责分工调解处理；调解不成的，当事人可以向人民法院提起诉讼。当事人也可以直接向人民法院提起诉讼。

第九十八条 因水污染引起的损害赔偿诉讼,由排污方就法律规定的免责事由及其行为与损害结果之间不存在因果关系承担举证责任。

第九十九条 因水污染受到损害的当事人人数众多的,可以依法由当事人推选代表人进行共同诉讼。

环境保护主管部门和有关社会团体可以依法支持因水污染受到损害的当事人向人民法院提起诉讼。

国家鼓励法律服务机构和律师为水污染损害诉讼中的受害人提供法律援助。

第一百条 因水污染引起的损害赔偿责任和赔偿金额的纠纷,当事人可以委托环境监测机构提供监测数据。环境监测机构应当接受委托,如实提供有关监测数据。

第一百零一条 违反本法规定,构成犯罪的,依法追究刑事责任。

第八章 附则

第一百零二条 本法中下列用语的含义:

(一)水污染,是指水体因某种物质的介入,而导致其化学、物理、生物或者放射性等方面特性的改变,从而影响水的有效利用,危害人体健康或者破坏生态环境,造成水质恶化的现象。

(二)水污染物,是指直接或者间接向水体排放的,能导致水体污染的物质。

(三)有毒污染物,是指那些直接或者间接被生物摄入体内后,可能导致该生物或者其后代发病、行为反常、遗传异变、生理机能失常、机体变形或者死亡的污染物。

(四)污泥,是指污水处理过程中产生的半固态或者固态物质。

(五)渔业水体,是指划定的鱼虾类的产卵场、索饵场、越冬场、洄游通道和鱼虾贝藻类的养殖场的水体。

第一百零三条 本法自 2008 年 6 月 1 日起施行。

中华人民共和国大气污染防治法

1987 年 9 月 5 日　中华人民共和国主席令第五十七号

（1987 年 9 月 5 日第六届全国人民代表大会常务委员会第二十二次会议通过。根据 1995 年 8 月 29 日第八届全国人民代表大会常务委员会第十五次会议《关于修改〈中华人民共和国大气污染防治法〉的决定》第一次修正。2000 年 4 月 29 日第九届全国人民代表大会常务委员会第十五次会议第一次修订，2015 年 8 月 29 日第十二届全国人民代表大会常务委员会第十六次会议第二次修订。根据 2018 年 10 月 26 日第十三届全国人民代表大会常务委员会第六次会议《关于修改〈中华人民共和国野生动物保护法〉等十五部法律的决定》第二次修正。）

目　录

第一章　总则

第二章　大气污染防治标准和限期达标规划

第三章　大气污染防治的监督管理

第四章　大气污染防治措施

　第一节　燃煤和其他能源污染防治

　第二节　工业污染防治

　第三节　机动车船等污染防治

　第四节　扬尘污染防治

　第五节　农业和其他污染防治

第五章　重点区域大气污染联合防治

第六章　重污染天气应对

第七章　法律责任

第八章　附则

第一章 总则

第一条 为保护和改善环境,防治大气污染,保障公众健康,推进生态文明建设,促进经济社会可持续发展,制定本法。

第二条 防治大气污染,应当以改善大气环境质量为目标,坚持源头治理,规划先行,转变经济发展方式,优化产业结构和布局,调整能源结构。

防治大气污染,应当加强对燃煤、工业、机动车船、扬尘、农业等大气污染的综合防治,推行区域大气污染联合防治,对颗粒物、二氧化硫、氮氧化物、挥发性有机物、氨等大气污染物和温室气体实施协同控制。

第三条 县级以上人民政府应当将大气污染防治工作纳入国民经济和社会发展规划,加大对大气污染防治的财政投入。

地方各级人民政府应当对本行政区域的大气环境质量负责,制定规划,采取措施,控制或者逐步削减大气污染物的排放量,使大气环境质量达到规定标准并逐步改善。

第四条 国务院生态环境主管部门会同国务院有关部门,按照国务院的规定,对省、自治区、直辖市大气环境质量改善目标、大气污染防治重点任务完成情况进行考核。省、自治区、直辖市人民政府制定考核办法,对本行政区域内地方大气环境质量改善目标、大气污染防治重点任务完成情况实施考核。考核结果应当向社会公开。

第五条 县级以上人民政府生态环境主管部门对大气污染防治实施统一监督管理。

县级以上人民政府其他有关部门在各自职责范围内对大气污染防治实施监督管理。

第六条 国家鼓励和支持大气污染防治科学技术研究,开展对大气污染来源及其变化趋势的分析,推广先进适用的大气污染防治技术和装备,促进科技成果转化,发挥科学技术在大气污染防治中的支撑作用。

第七条 企业事业单位和其他生产经营者应当采取有效措施,防止、减少大气污染,对所造成的损害依法承担责任。

公民应当增强大气环境保护意识,采取低碳、节俭的生活方式,自觉履行大气环境保护义务。

第二章 大气污染防治标准和限期达标规划

第八条 国务院生态环境主管部门或者省、自治区、直辖市人民政府制定大气环境质量标准，应当以保障公众健康和保护生态环境为宗旨，与经济社会发展相适应，做到科学合理。

第九条 国务院生态环境主管部门或者省、自治区、直辖市人民政府制定大气污染物排放标准，应当以大气环境质量标准和国家经济、技术条件为依据。

第十条 制定大气环境质量标准、大气污染物排放标准，应当组织专家进行审查和论证，并征求有关部门、行业协会、企业事业单位和公众等方面的意见。

第十一条 省级以上人民政府生态环境主管部门应当在其网站上公布大气环境质量标准、大气污染物排放标准，供公众免费查阅、下载。

第十二条 大气环境质量标准、大气污染物排放标准的执行情况应当定期进行评估，根据评估结果对标准适时进行修订。

第十三条 制定燃煤、石油焦、生物质燃料、涂料等含挥发性有机物的产品、烟花爆竹以及锅炉等产品的质量标准，应当明确大气环境保护要求。

制定燃油质量标准，应当符合国家大气污染物控制要求，并与国家机动车船、非道路移动机械大气污染物排放标准相互衔接，同步实施。

前款所称非道路移动机械，是指装配有发动机的移动机械和可运输工业设备。

第十四条 未达到国家大气环境质量标准城市的人民政府应当及时编制大气环境质量限期达标规划，采取措施，按照国务院或者省级人民政府规定的期限达到大气环境质量标准。

编制城市大气环境质量限期达标规划，应当征求有关行业协会、企业事业单位、专家和公众等方面的意见。

第十五条 城市大气环境质量限期达标规划应当向社会公开。直辖市和设区的市的大气环境质量限期达标规划应当报国务院生态环境主管部门备案。

第十六条 城市人民政府每年在向本级人民代表大会或者其常务委员会

报告环境状况和环境保护目标完成情况时，应当报告大气环境质量限期达标规划执行情况，并向社会公开。

第十七条　城市大气环境质量限期达标规划应当根据大气污染防治的要求和经济、技术条件适时进行评估、修订。

第三章　大气污染防治的监督管理

第十八条　企业事业单位和其他生产经营者建设对大气环境有影响的项目，应当依法进行环境影响评价、公开环境影响评价文件；向大气排放污染物的，应当符合大气污染物排放标准，遵守重点大气污染物排放总量控制要求。

第十九条　排放工业废气或者本法第七十八条规定名录中所列有毒有害大气污染物的企业事业单位、集中供热设施的燃煤热源生产运营单位以及其他依法实行排污许可管理的单位，应当取得排污许可证。排污许可的具体办法和实施步骤由国务院规定。

第二十条　企业事业单位和其他生产经营者向大气排放污染物的，应当依照法律法规和国务院生态环境主管部门的规定设置大气污染物排放口。

禁止通过偷排、篡改或者伪造监测数据、以逃避现场检查为目的的临时停产、非紧急情况下开启应急排放通道、不正常运行大气污染防治设施等逃避监管的方式排放大气污染物。

第二十一条　国家对重点大气污染物排放实行总量控制。

重点大气污染物排放总量控制目标，由国务院生态环境主管部门在征求国务院有关部门和各省、自治区、直辖市人民政府意见后，会同国务院经济综合主管部门报国务院批准并下达实施。

省、自治区、直辖市人民政府应当按照国务院下达的总量控制目标，控制或者削减本行政区域的重点大气污染物排放总量。

确定总量控制目标和分解总量控制指标的具体办法，由国务院生态环境主管部门会同国务院有关部门规定。省、自治区、直辖市人民政府可以根据本行政区域大气污染防治的需要，对国家重点大气污染物之外的其他大气污染物排放实行总量控制。

国家逐步推行重点大气污染物排污权交易。

第二十二条　对超过国家重点大气污染物排放总量控制指标或者未完成国家下达的大气环境质量改善目标的地区，省级以上人民政府生态环境主管部门应当会同有关部门约谈该地区人民政府的主要负责人，并暂停审批该地区新增重点大气污染物排放总量的建设项目环境影响评价文件。约谈情况应当向社会公开。

第二十三条　国务院生态环境主管部门负责制定大气环境质量和大气污染源的监测和评价规范，组织建设与管理全国大气环境质量和大气污染源监测网，组织开展大气环境质量和大气污染源监测，统一发布全国大气环境质量状况信息。

县级以上地方人民政府生态环境主管部门负责组织建设与管理本行政区域大气环境质量和大气污染源监测网，开展大气环境质量和大气污染源监测，统一发布本行政区域大气环境质量状况信息。

第二十四条　企业事业单位和其他生产经营者应当按照国家有关规定和监测规范，对其排放的工业废气和本法第七十八条规定名录中所列有毒有害大气污染物进行监测，并保存原始监测记录。其中，重点排污单位应当安装、使用大气污染物排放自动监测设备，与生态环境主管部门的监控设备联网，保证监测设备正常运行并依法公开排放信息。监测的具体办法和重点排污单位的条件由国务院生态环境主管部门规定。

重点排污单位名录由设区的市级以上地方人民政府生态环境主管部门按照国务院生态环境主管部门的规定，根据本行政区域的大气环境承载力、重点大气污染物排放总量控制指标的要求以及排污单位排放大气污染物的种类、数量和浓度等因素，商有关部门确定，并向社会公布。

第二十五条　重点排污单位应当对自动监测数据的真实性和准确性负责。生态环境主管部门发现重点排污单位的大气污染物排放自动监测设备传输数据异常，应当及时进行调查。

第二十六条　禁止侵占、损毁或者擅自移动、改变大气环境质量监测设施和大气污染物排放自动监测设备。

第二十七条　国家对严重污染大气环境的工艺、设备和产品实行淘汰制度。

国务院经济综合主管部门会同国务院有关部门确定严重污染大气环境的

工艺、设备和产品淘汰期限,并纳入国家综合性产业政策目录。

生产者、进口者、销售者或者使用者应当在规定期限内停止生产、进口、销售或者使用列入前款规定目录中的设备和产品。工艺的采用者应当在规定期限内停止采用列入前款规定目录中的工艺。

被淘汰的设备和产品,不得转让给他人使用。

第二十八条　国务院生态环境主管部门会同有关部门,建立和完善大气污染损害评估制度。

第二十九条　生态环境主管部门及其环境执法机构和其他负有大气环境保护监督管理职责的部门,有权通过现场检查监测、自动监测、遥感监测、远红外摄像等方式,对排放大气污染物的企业事业单位和其他生产经营者进行监督检查。被检查者应当如实反映情况,提供必要的资料。实施检查的部门、机构及其工作人员应当为被检查者保守商业秘密。

第三十条　企业事业单位和其他生产经营者违反法律法规规定排放大气污染物,造成或者可能造成严重大气污染,或者有关证据可能灭失或者被隐匿的,县级以上人民政府生态环境主管部门和其他负有大气环境保护监督管理职责的部门,可以对有关设施、设备、物品采取查封、扣押等行政强制措施。

第三十一条　生态环境主管部门和其他负有大气环境保护监督管理职责的部门应当公布举报电话、电子邮箱等,方便公众举报。

生态环境主管部门和其他负有大气环境保护监督管理职责的部门接到举报的,应当及时处理并对举报人的相关信息予以保密;对实名举报的,应当反馈处理结果等情况,查证属实的,处理结果依法向社会公开,并对举报人给予奖励。

举报人举报所在单位的,该单位不得以解除、变更劳动合同或者其他方式对举报人进行打击报复。

第四章　大气污染防治措施

第一节　燃煤和其他能源污染防治

第三十二条　国务院有关部门和地方各级人民政府应当采取措施,调整能源结构，推广清洁能源的生产和使用；优化煤炭使用方式，推广煤炭清洁高效利用，逐步降低煤炭在一次能源消费中的比重，减少煤炭生产、使用、转化过程中的大气污染物排放。

第三十三条　国家推行煤炭洗选加工，降低煤炭的硫分和灰分，限制高硫分、高灰分煤炭的开采。新建煤矿应当同步建设配套的煤炭洗选设施，使煤炭的硫分、灰分含量达到规定标准；已建成的煤矿除所采煤炭属于低硫分、低灰分或者根据已达标排放的燃煤电厂要求不需要洗选的以外，应当限期建成配套的煤炭洗选设施。

禁止开采含放射性和砷等有毒有害物质超过规定标准的煤炭。

第三十四条　国家采取有利于煤炭清洁高效利用的经济、技术政策和措施，鼓励和支持洁净煤技术的开发和推广。

国家鼓励煤矿企业等采用合理、可行的技术措施，对煤层气进行开采利用，对煤矸石进行综合利用。从事煤层气开采利用的，煤层气排放应当符合有关标准规范。

第三十五条　国家禁止进口、销售和燃用不符合质量标准的煤炭，鼓励燃用优质煤炭。

单位存放煤炭、煤矸石、煤渣、煤灰等物料，应当采取防燃措施，防止大气污染。

第三十六条　地方各级人民政府应当采取措施，加强民用散煤的管理，禁止销售不符合民用散煤质量标准的煤炭，鼓励居民燃用优质煤炭和洁净型煤，推广节能环保型炉灶。

第三十七条　石油炼制企业应当按照燃油质量标准生产燃油。

禁止进口、销售和燃用不符合质量标准的石油焦。

第三十八条　城市人民政府可以划定并公布高污染燃料禁燃区，并根据大气环境质量改善要求，逐步扩大高污染燃料禁燃区范围。高污染燃料的目录由国务院生态环境主管部门确定。

在禁燃区内，禁止销售、燃用高污染燃料；禁止新建、扩建燃用高污染燃料的设施，已建成的，应当在城市人民政府规定的期限内改用天然气、页岩气、液化石油气、电或者其他清洁能源。

第三十九条　城市建设应当统筹规划，在燃煤供热地区，推进热电联产和集中供热。在集中供热管网覆盖地区，禁止新建、扩建分散燃煤供热锅炉；已建成的不能达标排放的燃煤供热锅炉，应当在城市人民政府规定的期限内拆除。

第四十条　县级以上人民政府市场监督管理部门应当会同生态环境主管部门对锅炉生产、进口、销售和使用环节执行环境保护标准或者要求的情况进行监督检查；不符合环境保护标准或者要求的，不得生产、进口、销售和使用。

第四十一条　燃煤电厂和其他燃煤单位应当采用清洁生产工艺，配套建设除尘、脱硫、脱硝等装置，或者采取技术改造等其他控制大气污染物排放的措施。

国家鼓励燃煤单位采用先进的除尘、脱硫、脱硝、脱汞等大气污染物协同控制的技术和装置，减少大气污染物的排放。

第四十二条　电力调度应当优先安排清洁能源发电上网。

第二节　工业污染防治

第四十三条　钢铁、建材、有色金属、石油、化工等企业生产过程中排放粉尘、硫化物和氮氧化物的，应当采用清洁生产工艺，配套建设除尘、脱硫、脱硝等装置，或者采取技术改造等其他控制大气污染物排放的措施。

第四十四条　生产、进口、销售和使用含挥发性有机物的原材料和产品的，其挥发性有机物含量应当符合质量标准或者要求。

国家鼓励生产、进口、销售和使用低毒、低挥发性有机溶剂。

第四十五条　产生含挥发性有机物废气的生产和服务活动，应当在密闭空间或者设备中进行，并按照规定安装、使用污染防治设施；无法密闭的，应当采取措施减少废气排放。

第四十六条　工业涂装企业应当使用低挥发性有机物含量的涂料，并建立台账，记录生产原料、辅料的使用量、废弃量、去向以及挥发性有机物含量。台账保存期限不得少于三年。

第四十七条　石油、化工以及其他生产和使用有机溶剂的企业，应当采取措施对管道、设备进行日常维护、维修，减少物料泄漏，对泄漏的物料应当及时收集处理。

储油储气库、加油加气站、原油成品油码头、原油成品油运输船舶和油罐车、气罐车等，应当按照国家有关规定安装油气回收装置并保持正常使用。

第四十八条 钢铁、建材、有色金属、石油、化工、制药、矿产开采等企业，应当加强精细化管理，采取集中收集处理等措施，严格控制粉尘和气态污染物的排放。

工业生产企业应当采取密闭、围挡、遮盖、清扫、洒水等措施，减少内部物料的堆存、传输、装卸等环节产生的粉尘和气态污染物的排放。

第四十九条 工业生产、垃圾填埋或者其他活动产生的可燃性气体应当回收利用，不具备回收利用条件的，应当进行污染防治处理。

可燃性气体回收利用装置不能正常作业的，应当及时修复或者更新。在回收利用装置不能正常作业期间确需排放可燃性气体的，应当将排放的可燃性气体充分燃烧或者采取其他控制大气污染物排放的措施，并向当地生态环境主管部门报告，按照要求限期修复或者更新。

第三节　机动车船等污染防治

第五十条 国家倡导低碳、环保出行，根据城市规划合理控制燃油机动车保有量，大力发展城市公共交通，提高公共交通出行比例。

国家采取财政、税收、政府采购等措施推广应用节能环保型和新能源机动车船、非道路移动机械，限制高油耗、高排放机动车船、非道路移动机械的发展，减少化石能源的消耗。

省、自治区、直辖市人民政府可以在条件具备的地区，提前执行国家机动车大气污染物排放标准中相应阶段排放限值，并报国务院生态环境主管部门备案。

城市人民政府应当加强并改善城市交通管理，优化道路设置，保障人行道和非机动车道的连续、畅通。

第五十一条 机动车船、非道路移动机械不得超过标准排放大气污染物。

禁止生产、进口或者销售大气污染物排放超过标准的机动车船、非道路移动机械。

第五十二条 机动车、非道路移动机械生产企业应当对新生产的机动车和非道路移动机械进行排放检验。经检验合格的，方可出厂销售。检验信息应当向社会公开。

省级以上人民政府生态环境主管部门可以通过现场检查、抽样检测等方式，加强对新生产、销售机动车和非道路移动机械大气污染物排放状况的监督检查。工业、市场监督管理等有关部门予以配合。

第五十三条 在用机动车应当按照国家或者地方的有关规定，由机动车排放检验机构定期对其进行排放检验。经检验合格的，方可上道路行驶。未经检验合格的，公安机关交通管理部门不得核发安全技术检验合格标志。

县级以上地方人民政府生态环境主管部门可以在机动车集中停放地、维修地对在用机动车的大气污染物排放状况进行监督抽测；在不影响正常通行的情况下，可以通过遥感监测等技术手段对在道路上行驶的机动车的大气污染物排放状况进行监督抽测，公安机关交通管理部门予以配合。

第五十四条 机动车排放检验机构应当依法通过计量认证，使用经依法检定合格的机动车排放检验设备，按照国务院生态环境主管部门制定的规范，对机动车进行排放检验，并与生态环境主管部门联网，实现检验数据实时共享。机动车排放检验机构及其负责人对检验数据的真实性和准确性负责。

生态环境主管部门和认证认可监督管理部门应当对机动车排放检验机构的排放检验情况进行监督检查。

第五十五条 机动车生产、进口企业应当向社会公布其生产、进口机动车车型的排放检验信息、污染控制技术信息和有关维修技术信息。

机动车维修单位应当按照防治大气污染的要求和国家有关技术规范对在用机动车进行维修，使其达到规定的排放标准。交通运输、生态环境主管部门应当依法加强监督管理。

禁止机动车所有人以临时更换机动车污染控制装置等弄虚作假的方式通过机动车排放检验。禁止机动车维修单位提供该类维修服务。禁止破坏机动车车载排放诊断系统。

第五十六条 生态环境主管部门应当会同交通运输、住房城乡建设、农业行政、水行政等有关部门对非道路移动机械的大气污染物排放状况进行监督检查，排放不合格的，不得使用。

第五十七条 国家倡导环保驾驶，鼓励燃油机动车驾驶人在不影响道路通行且需停车三分钟以上的情况下熄灭发动机，减少大气污染物的排放。

第五十八条 国家建立机动车和非道路移动机械环境保护召回制度。

生产、进口企业获知机动车、非道路移动机械排放大气污染物超过标准，属于设计、生产缺陷或者不符合规定的环境保护耐久性要求的，应当召回；未召回的，由国务院市场监督管理部门会同国务院生态环境主管部门责令其召回。

第五十九条 在用重型柴油车、非道路移动机械未安装污染控制装置或者污染控制装置不符合要求，不能达标排放的，应当加装或者更换符合要求的污染控制装置。

第六十条 在用机动车排放大气污染物超过标准的，应当进行维修；经维修或者采用污染控制技术后，大气污染物排放仍不符合国家在用机动车排放标准的，应当强制报废。其所有人应当将机动车交售给报废机动车回收拆解企业，由报废机动车回收拆解企业按照国家有关规定进行登记、拆解、销毁等处理。

国家鼓励和支持高排放机动车船、非道路移动机械提前报废。

第六十一条 城市人民政府可以根据大气环境质量状况，划定并公布禁止使用高排放非道路移动机械的区域。

第六十二条 船舶检验机构对船舶发动机及有关设备进行排放检验。经检验符合国家排放标准的，船舶方可运营。

第六十三条 内河和江海直达船舶应当使用符合标准的普通柴油。远洋船舶靠港后应当使用符合大气污染物控制要求的船舶用燃油。

新建码头应当规划、设计和建设岸基供电设施；已建成的码头应当逐步实施岸基供电设施改造。船舶靠港后应当优先使用岸电。

第六十四条 国务院交通运输主管部门可以在沿海海域划定船舶大气污染物排放控制区，进入排放控制区的船舶应当符合船舶相关排放要求。

第六十五条 禁止生产、进口、销售不符合标准的机动车船、非道路移动机械用燃料；禁止向汽车和摩托车销售普通柴油以及其他非机动车用燃料；禁止向非道路移动机械、内河和江海直达船舶销售渣油和重油。

第六十六条　发动机油、氮氧化物还原剂、燃料和润滑油添加剂以及其他添加剂的有害物质含量和其他大气环境保护指标，应当符合有关标准的要求，不得损害机动车船污染控制装置效果和耐久性，不得增加新的大气污染物排放。

第六十七条　国家积极推进民用航空器的大气污染防治，鼓励在设计、生产、使用过程中采取有效措施减少大气污染物排放。

民用航空器应当符合国家规定的适航标准中的有关发动机排出物要求。

第四节　扬尘污染防治

第六十八条　地方各级人民政府应当加强对建设施工和运输的管理，保持道路清洁，控制料堆和渣土堆放，扩大绿地、水面、湿地和地面铺装面积，防治扬尘污染。

住房城乡建设、市容环境卫生、交通运输、国土资源等有关部门，应当根据本级人民政府确定的职责，做好扬尘污染防治工作。

第六十九条　建设单位应当将防治扬尘污染的费用列入工程造价，并在施工承包合同中明确施工单位扬尘污染防治责任。施工单位应当制定具体的施工扬尘污染防治实施方案。

从事房屋建筑、市政基础设施建设、河道整治以及建筑物拆除等施工单位，应当向负责监督管理扬尘污染防治的主管部门备案。

施工单位应当在施工工地设置硬质围挡，并采取覆盖、分段作业、择时施工、洒水抑尘、冲洗地面和车辆等有效防尘降尘措施。建筑土方、工程渣土、建筑垃圾应当及时清运；在场地内堆存的，应当采用密闭式防尘网遮盖。工程渣土、建筑垃圾应当进行资源化处理。

施工单位应当在施工工地公示扬尘污染防治措施、负责人、扬尘监督管理主管部门等信息。

暂时不能开工的建设用地，建设单位应当对裸露地面进行覆盖；超过三个月的，应当进行绿化、铺装或者遮盖。

第七十条　运输煤炭、垃圾、渣土、砂石、土方、灰浆等散装、流体物料的车辆应当采取密闭或者其他措施防止物料遗撒造成扬尘污染，并按照规定路线行驶。

装卸物料应当采取密闭或者喷淋等方式防治扬尘污染。

城市人民政府应当加强道路、广场、停车场和其他公共场所的清扫保洁管理，推行清洁动力机械化清扫等低尘作业方式，防治扬尘污染。

第七十一条 市政河道以及河道沿线、公共用地的裸露地面以及其他城镇裸露地面，有关部门应当按照规划组织实施绿化或者透水铺装。

第七十二条 贮存煤炭、煤矸石、煤渣、煤灰、水泥、石灰、石膏、砂土等易产生扬尘的物料应当密闭；不能密闭的，应当设置不低于堆放物高度的严密围挡，并采取有效覆盖措施防治扬尘污染。

码头、矿山、填埋场和消纳场应当实施分区作业，并采取有效措施防治扬尘污染。

第五节 农业和其他污染防治

第七十三条 地方各级人民政府应当推动转变农业生产方式，发展农业循环经济，加大对废弃物综合处理的支持力度，加强对农业生产经营活动排放大气污染物的控制。

第七十四条 农业生产经营者应当改进施肥方式，科学合理施用化肥并按照国家有关规定使用农药，减少氨、挥发性有机物等大气污染物的排放。

禁止在人口集中地区对树木、花草喷洒剧毒、高毒农药。

第七十五条 畜禽养殖场、养殖小区应当及时对污水、畜禽粪便和尸体等进行收集、贮存、清运和无害化处理，防止排放恶臭气体。

第七十六条 各级人民政府及其农业行政等有关部门应当鼓励和支持采用先进适用技术，对秸秆、落叶等进行肥料化、饲料化、能源化、工业原料化、食用菌基料化等综合利用，加大对秸秆还田、收集一体化农业机械的财政补贴力度。

县级人民政府应当组织建立秸秆收集、贮存、运输和综合利用服务体系，采用财政补贴等措施支持农村集体经济组织、农民专业合作经济组织、企业等开展秸秆收集、贮存、运输和综合利用服务。

第七十七条 省、自治区、直辖市人民政府应当划定区域，禁止露天焚烧秸秆、落叶等产生烟尘污染的物质。

第七十八条 国务院生态环境主管部门应当会同国务院卫生行政部门，

根据大气污染物对公众健康和生态环境的危害和影响程度，公布有毒有害大气污染物名录，实行风险管理。

排放前款规定名录中所列有毒有害大气污染物的企业事业单位，应当按照国家有关规定建设环境风险预警体系，对排放口和周边环境进行定期监测，评估环境风险，排查环境安全隐患，并采取有效措施防范环境风险。

第七十九条　向大气排放持久性有机污染物的企业事业单位和其他生产经营者以及废弃物焚烧设施的运营单位，应当按照国家有关规定，采取有利于减少持久性有机污染物排放的技术方法和工艺，配备有效的净化装置，实现达标排放。

第八十条　企业事业单位和其他生产经营者在生产经营活动中产生恶臭气体的，应当科学选址，设置合理的防护距离，并安装净化装置或者采取其他措施，防止排放恶臭气体。

第八十一条　排放油烟的餐饮服务业经营者应当安装油烟净化设施并保持正常使用，或者采取其他油烟净化措施，使油烟达标排放，并防止对附近居民的正常生活环境造成污染。

禁止在居民住宅楼、未配套设立专用烟道的商住综合楼以及商住综合楼内与居住层相邻的商业楼层内新建、改建、扩建产生油烟、异味、废气的餐饮服务项目。

任何单位和个人不得在当地人民政府禁止的区域内露天烧烤食品或者为露天烧烤食品提供场地。

第八十二条　禁止在人口集中地区和其他依法需要特殊保护的区域内焚烧沥青、油毡、橡胶、塑料、皮革、垃圾以及其他产生有毒有害烟尘和恶臭气体的物质。

禁止生产、销售和燃放不符合质量标准的烟花爆竹。任何单位和个人不得在城市人民政府禁止的时段和区域内燃放烟花爆竹。

第八十三条　国家鼓励和倡导文明、绿色祭祀。

火葬场应当设置除尘等污染防治设施并保持正常使用，防止影响周边环境。

第八十四条　从事服装干洗和机动车维修等服务活动的经营者，应当按照国家有关标准或者要求设置异味和废气处理装置等污染防治设施并保持正常使用，防止影响周边环境。

第八十五条　国家鼓励、支持消耗臭氧层物质替代品的生产和使用，逐步减少直至停止消耗臭氧层物质的生产和使用。

国家对消耗臭氧层物质的生产、使用、进出口实行总量控制和配额管理。具体办法由国务院规定。

第五章　重点区域大气污染联合防治

第八十六条　国家建立重点区域大气污染联防联控机制，统筹协调重点区域内大气污染防治工作。国务院生态环境主管部门根据主体功能区划、区域大气环境质量状况和大气污染传输扩散规律，划定国家大气污染防治重点区域，报国务院批准。

重点区域内有关省、自治区、直辖市人民政府应当确定牵头的地方人民政府，定期召开联席会议，按照统一规划、统一标准、统一监测、统一的防治措施的要求，开展大气污染联合防治，落实大气污染防治目标责任。国务院生态环境主管部门应当加强指导、督促。

省、自治区、直辖市可以参照第一款规定划定本行政区域的大气污染防治重点区域。

第八十七条　国务院生态环境主管部门会同国务院有关部门、国家大气污染防治重点区域内有关省、自治区、直辖市人民政府，根据重点区域经济社会发展和大气环境承载力，制定重点区域大气污染联合防治行动计划，明确控制目标，优化区域经济布局，统筹交通管理，发展清洁能源，提出重点防治任务和措施，促进重点区域大气环境质量改善。

第八十八条　国务院经济综合主管部门会同国务院生态环境主管部门，结合国家大气污染防治重点区域产业发展实际和大气环境质量状况，进一步提高环境保护、能耗、安全、质量等要求。

重点区域内有关省、自治区、直辖市人民政府应当实施更严格的机动车大气污染物排放标准，统一在用机动车检验方法和排放限值，并配套供应合格的车用燃油。

第八十九条　编制可能对国家大气污染防治重点区域的大气环境造成严重污染的有关工业园区、开发区、区域产业和发展等规划，应当依法进行环境影响评价。规划编制机关应当与重点区域内有关省、自治区、直辖市人民政府或者有关部门会商。

重点区域内有关省、自治区、直辖市建设可能对相邻省、自治区、直辖市大气环境质量产生重大影响的项目，应当及时通报有关信息，进行会商。

会商意见及其采纳情况作为环境影响评价文件审查或者审批的重要依据。

第九十条 国家大气污染防治重点区域内新建、改建、扩建用煤项目的，应当实行煤炭的等量或者减量替代。

第九十一条 国务院生态环境主管部门应当组织建立国家大气污染防治重点区域的大气环境质量监测、大气污染源监测等相关信息共享机制，利用监测、模拟以及卫星、航测、遥感等新技术分析重点区域内大气污染来源及其变化趋势，并向社会公开。

第九十二条 国务院生态环境主管部门和国家大气污染防治重点区域内有关省、自治区、直辖市人民政府可以组织有关部门开展联合执法、跨区域执法、交叉执法。

第六章　重污染天气应对

第九十三条 国家建立重污染天气监测预警体系。

国务院生态环境主管部门会同国务院气象主管机构等有关部门、国家大气污染防治重点区域内有关省、自治区、直辖市人民政府，建立重点区域重污染天气监测预警机制，统一预警分级标准。可能发生区域重污染天气的，应当及时向重点区域内有关省、自治区、直辖市人民政府通报。

省、自治区、直辖市、设区的市人民政府生态环境主管部门会同气象主管机构等有关部门建立本行政区域重污染天气监测预警机制。

第九十四条 县级以上地方人民政府应当将重污染天气应对纳入突发事件应急管理体系。

省、自治区、直辖市、设区的市人民政府以及可能发生重污染天气的县级人民政府，应当制定重污染天气应急预案，向上一级人民政府生态环境主管部门备案，并向社会公布。

第九十五条 省、自治区、直辖市、设区的市人民政府生态环境主管部门应当会同气象主管机构建立会商机制，进行大气环境质量预报。可能发生重污染天气的，应当及时向本级人民政府报告。省、自治区、直辖市、设区的市人民政府依据重污染天气预报信息，进行综合研判，确定预警等级并及时发出预警。预警等级根据情况变化及时调整。任何单位和个人不得擅自向社会发布重污染天气预报预警信息。

预警信息发布后，人民政府及其有关部门应当通过电视、广播、网络、短信等途径告知公众采取健康防护措施，指导公众出行和调整其他相关社会活动。

第九十六条　县级以上地方人民政府应当依据重污染天气的预警等级，及时启动应急预案，根据应急需要可以采取责令有关企业停产或者限产、限制部分机动车行驶、禁止燃放烟花爆竹、停止工地土石方作业和建筑物拆除施工、停止露天烧烤、停止幼儿园和学校组织的户外活动、组织开展人工影响天气作业等应急措施。

应急响应结束后，人民政府应当及时开展应急预案实施情况的评估，适时修改完善应急预案。

第九十七条　发生造成大气污染的突发环境事件，人民政府及其有关部门和相关企业事业单位，应当依照《中华人民共和国突发事件应对法》、《中华人民共和国环境保护法》的规定，做好应急处置工作。生态环境主管部门应当及时对突发环境事件产生的大气污染物进行监测，并向社会公布监测信息。

第七章　法律责任

第九十八条　违反本法规定，以拒绝进入现场等方式拒不接受生态环境主管部门及其环境执法机构或者其他负有大气环境保护监督管理职责的部门的监督检查，或者在接受监督检查时弄虚作假的，由县级以上人民政府生态环境主管部门或者其他负有大气环境保护监督管理职责的部门责令改正，处二万元以上二十万元以下的罚款；构成违反治安管理行为的，由公安机关依法予以处罚。

第九十九条　违反本法规定，有下列行为之一的，由县级以上人民政府生态环境主管部门责令改正或者限制生产、停产整治，并处十万元以上一百万元以下的罚款；情节严重的，报经有批准权的人民政府批准，责令停业、关闭：

（一）未依法取得排污许可证排放大气污染物的；

（二）超过大气污染物排放标准或者超过重点大气污染物排放总量控制指标排放大气污染物的；

（三）通过逃避监管的方式排放大气污染物的。

第一百条　违反本法规定，有下列行为之一的，由县级以上人民政府生态环境主管部门责令改正，处二万元以上二十万元以下的罚款；拒不改正的，责令停产整治：

（一）侵占、损毁或者擅自移动、改变大气环境质量监测设施或者大气污染物排放自动监测设备的；

（二）未按照规定对所排放的工业废气和有毒有害大气污染物进行监测并保存原始监测记录的；

（三）未按照规定安装、使用大气污染物排放自动监测设备或者未按照规定与生态环境主管部门的监控设备联网，并保证监测设备正常运行的；

（四）重点排污单位不公开或者不如实公开自动监测数据的；

（五）未按照规定设置大气污染物排放口的。

第一百零一条　违反本法规定，生产、进口、销售或者使用国家综合性产业政策目录中禁止的设备和产品，采用国家综合性产业政策目录中禁止的工艺，或者将淘汰的设备和产品转让给他人使用的，由县级以上人民政府经济综合主管部门、海关按照职责责令改正，没收违法所得，并处货值金额一倍以上三倍以下的罚款；拒不改正的，报经有批准权的人民政府批准，责令停业、关闭。进口行为构成走私的，由海关依法予以处罚。

第一百零二条　违反本法规定，煤矿未按照规定建设配套煤炭洗选设施的，由县级以上人民政府能源主管部门责令改正，处十万元以上一百万元以下的罚款；拒不改正的，报经有批准权的人民政府批准，责令停业、关闭。

违反本法规定，开采含放射性和砷等有毒有害物质超过规定标准的煤炭的，由县级以上人民政府按照国务院规定的权限责令停业、关闭。

第一百零三条　违反本法规定，有下列行为之一的，由县级以上地方人民政府市场监督管理部门责令改正，没收原材料、产品和违法所得，并处货值金额一倍以上三倍以下的罚款：

（一）销售不符合质量标准的煤炭、石油焦的；

（二）生产、销售挥发性有机物含量不符合质量标准或者要求的原材料和产品的；

（三）生产、销售不符合标准的机动车船和非道路移动机械用燃料、发动机油、氮氧化物还原剂、燃料和润滑油添加剂以及其他添加剂的；

（四）在禁燃区内销售高污染燃料的。

第一百零四条 违反本法规定，有下列行为之一的，由海关责令改正，没收原材料、产品和违法所得，并处货值金额一倍以上三倍以下的罚款；构成走私的，由海关依法予以处罚：

（一）进口不符合质量标准的煤炭、石油焦的；

（二）进口挥发性有机物含量不符合质量标准或者要求的原材料和产品的；

（三）进口不符合标准的机动车船和非道路移动机械用燃料、发动机油、氮氧化物还原剂、燃料和润滑油添加剂以及其他添加剂的。

第一百零五条 违反本法规定，单位燃用不符合质量标准的煤炭、石油焦的，由县级以上人民政府生态环境主管部门责令改正，处货值金额一倍以上三倍以下的罚款。

第一百零六条 违反本法规定，使用不符合标准或者要求的船舶用燃油的，由海事管理机构、渔业主管部门按照职责处一万元以上十万元以下的罚款。

第一百零七条 违反本法规定，在禁燃区内新建、扩建燃用高污染燃料的设施，或者未按照规定停止燃用高污染燃料，或者在城市集中供热管网覆盖地区新建、扩建分散燃煤供热锅炉，或者未按照规定拆除已建成的不能达标排放的燃煤供热锅炉的，由县级以上地方人民政府生态环境主管部门没收燃用高污染燃料的设施，组织拆除燃煤供热锅炉，并处二万元以上二十万元以下的罚款。

违反本法规定，生产、进口、销售或者使用不符合规定标准或者要求的锅炉，由县级以上人民政府市场监督管理、生态环境主管部门责令改正，没收违法所得，并处二万元以上二十万元以下的罚款。

第一百零八条 违反本法规定，有下列行为之一的，由县级以上人民政府生态环境主管部门责令改正，处二万元以上二十万元以下的罚款；拒不改正的，责令停产整治：

（一）产生含挥发性有机物废气的生产和服务活动，未在密闭空间或者设备中进行，未按照规定安装、使用污染防治设施，或者未采取减少废气排放措施的；

（二）工业涂装企业未使用低挥发性有机物含量涂料或者未建立、保存台账的；

（三）石油、化工以及其他生产和使用有机溶剂的企业，未采取措施对管道、设备进行日常维护、维修，减少物料泄漏或者对泄漏的物料未及时收集处理的；

（四）储油储气库、加油加气站和油罐车、气罐车等，未按照国家有关规定安装并正常使用油气回收装置的；

（五）钢铁、建材、有色金属、石油、化工、制药、矿产开采等企业，未采取集中收集处理、密闭、围挡、遮盖、清扫、洒水等措施，控制、减少粉尘和气态污染物排放的；

（六）工业生产、垃圾填埋或者其他活动中产生的可燃性气体未回收利用，不具备回收利用条件未进行防治污染处理，或者可燃性气体回收利用装置不能正常作业，未及时修复或者更新的。

第一百零九条 违反本法规定，生产超过污染物排放标准的机动车、非道路移动机械的，由省级以上人民政府生态环境主管部门责令改正，没收违法所得，并处货值金额一倍以上三倍以下的罚款，没收销毁无法达到污染物排放标准的机动车、非道路移动机械；拒不改正的，责令停产整治，并由国务院机动车生产主管部门责令停止生产该车型。

违反本法规定，机动车、非道路移动机械生产企业对发动机、污染控制装置弄虚作假、以次充好，冒充排放检验合格产品出厂销售的，由省级以上人民政府生态环境主管部门责令停产整治，没收违法所得，并处货值金额一倍以上三倍以下的罚款，没收销毁无法达到污染物排放标准的机动车、非道路移动机械，并由国务院机动车生产主管部门责令停止生产该车型。

第一百一十条 违反本法规定，进口、销售超过污染物排放标准的机动车、非道路移动机械的，由县级以上人民政府市场监督管理部门、海关按照职责没收违法所得，并处货值金额一倍以上三倍以下的罚款，没收销毁无法达到污染物排放标准的机动车、非道路移动机械；进口行为构成走私的，由海关依法予以处罚。

违反本法规定，销售的机动车、非道路移动机械不符合污染物排放标准的，销售者应当负责修理、更换、退货；给购买者造成损失的，销售者应当赔偿损失。

第一百一十一条 违反本法规定，机动车生产、进口企业未按照规定向社会公布其生产、进口机动车车型的排放检验信息或者污染控制技术信息的，由省级以上人民政府生态环境主管部门责令改正，处五万元以上五十万元以下的罚款。

违反本法规定，机动车生产、进口企业未按照规定向社会公布其生产、进口机动车车型的有关维修技术信息的，由省级以上人民政府交通运输主管部门责令改正，处五万元以上五十万元以下的罚款。

第一百一十二条 违反本法规定，伪造机动车、非道路移动机械排放检验结果或者出具虚假排放检验报告的，由县级以上人民政府生态环境主管部门没收违法所得，并处十万元以上五十万元以下的罚款；情节严重的，由负责资质认定的部门取消其检验资格。

违反本法规定，伪造船舶排放检验结果或者出具虚假排放检验报告的，由海事管理机构依法予以处罚。

违反本法规定，以临时更换机动车污染控制装置等弄虚作假的方式通过机动车排放检验或者破坏机动车车载排放诊断系统的，由县级以上人民政府生态环境主管部门责令改正，对机动车所有人处五千元的罚款；对机动车维修单位处每辆机动车五千元的罚款。

第一百一十三条 违反本法规定，机动车驾驶人驾驶排放检验不合格的机动车上道路行驶的，由公安机关交通管理部门依法予以处罚。

第一百一十四条 违反本法规定，使用排放不合格的非道路移动机械，或者在用重型柴油车、非道路移动机械未按照规定加装、更换污染控制装置的，由县级以上人民政府生态环境等主管部门按照职责责令改正，处五千元的罚款。

违反本法规定，在禁止使用高排放非道路移动机械的区域使用高排放非道路移动机械的，由城市人民政府生态环境等主管部门依法予以处罚。

第一百一十五条 违反本法规定，施工单位有下列行为之一的，由县级以上人民政府住房城乡建设等主管部门按照职责责令改正，处一万元以上十万元以下的罚款；拒不改正的，责令停工整治：

（一）施工工地未设置硬质围挡，或者未采取覆盖、分段作业、择时施工、洒水抑尘、冲洗地面和车辆等有效防尘降尘措施的；

（二）建筑土方、工程渣土、建筑垃圾未及时清运，或者未采用密闭式防尘网遮盖的。

违反本法规定，建设单位未对暂时不能开工的建设用地的裸露地面进行覆盖，或者未对超过三个月不能开工的建设用地的裸露地面进行绿化、铺装或者遮盖的，由县级以上人民政府住房城乡建设等主管部门依照前款规定予以处罚。

第一百一十六条 违反本法规定，运输煤炭、垃圾、渣土、砂石、土方、灰浆等散装、流体物料的车辆，未采取密闭或者其他措施防止物料遗撒的，由县级以上地方人民政府确定的监督管理部门责令改正，处二千元以上二万元以下的罚款；拒不改正的，车辆不得上道路行驶。

第一百一十七条 违反本法规定，有下列行为之一的，由县级以上人民政府生态环境等主管部门按照职责责令改正，处一万元以上十万元以下的罚款；拒不改正的，责令停工整治或者停业整治：

（一）未密闭煤炭、煤矸石、煤渣、煤灰、水泥、石灰、石膏、砂土等易产生扬尘的物料的；

（二）对不能密闭的易产生扬尘的物料，未设置不低于堆放物高度的严密围挡，或者未采取有效覆盖措施防治扬尘污染的；

（三）装卸物料未采取密闭或者喷淋等方式控制扬尘排放的；

（四）存放煤炭、煤矸石、煤渣、煤灰等物料，未采取防燃措施的；

（五）码头、矿山、填埋场和消纳场未采取有效措施防治扬尘污染的；

（六）排放有毒有害大气污染物名录中所列有毒有害大气污染物的企业事业单位，未按照规定建设环境风险预警体系或者对排放口和周边环境进行定期监测、排查环境安全隐患并采取有效措施防范环境风险的；

（七）向大气排放持久性有机污染物的企业事业单位和其他生产经营者以及废弃物焚烧设施的运营单位，未按照国家有关规定采取有利于减少持久性有机污染物排放的技术方法和工艺，配备净化装置的；

（八）未采取措施防止排放恶臭气体的。

第一百一十八条　违反本法规定，排放油烟的餐饮服务业经营者未安装油烟净化设施、不正常使用油烟净化设施或者未采取其他油烟净化措施，超过排放标准排放油烟的，由县级以上地方人民政府确定的监督管理部门责令改正，处五千元以上五万元以下的罚款；拒不改正的，责令停业整治。

违反本法规定，在居民住宅楼、未配套设立专用烟道的商住综合楼、商住综合楼内与居住层相邻的商业楼层内新建、改建、扩建产生油烟、异味、废气的餐饮服务项目的，由县级以上地方人民政府确定的监督管理部门责令改正；拒不改正的，予以关闭，并处一万元以上十万元以下的罚款。

违反本法规定，在当地人民政府禁止的时段和区域内露天烧烤食品或者为露天烧烤食品提供场地的，由县级以上地方人民政府确定的监督管理部门责令改正，没收烧烤工具和违法所得，并处五百元以上二万元以下的罚款。

第一百一十九条　违反本法规定，在人口集中地区对树木、花草喷洒剧毒、高毒农药，或者露天焚烧秸秆、落叶等产生烟尘污染的物质的，由县级以上地方人民政府确定的监督管理部门责令改正，并可以处五百元以上二千元以下的罚款。

违反本法规定，在人口集中地区和其他依法需要特殊保护的区域内，焚烧沥青、油毡、橡胶、塑料、皮革、垃圾以及其他产生有毒有害烟尘和恶臭气体的物质的，由县级人民政府确定的监督管理部门责令改正，对单位处一万元以上十万元以下的罚款，对个人处五百元以上二千元以下的罚款。

违反本法规定，在城市人民政府禁止的时段和区域内燃放烟花爆竹的，由县级以上地方人民政府确定的监督管理部门依法予以处罚。

第一百二十条　违反本法规定，从事服装干洗和机动车维修等服务活动，未设置异味和废气处理装置等污染防治设施并保持正常使用，影响周边环境的，由县级以上地方人民政府生态环境主管部门责令改正，处二千元以上二万元以下的罚款；拒不改正的，责令停业整治。

第一百二十一条 违反本法规定，擅自向社会发布重污染天气预报预警信息，构成违反治安管理行为的，由公安机关依法予以处罚。

违反本法规定，拒不执行停止工地土石方作业或者建筑物拆除施工等重污染天气应急措施的，由县级以上地方人民政府确定的监督管理部门处一万元以上十万元以下的罚款。

第一百二十二条 违反本法规定，造成大气污染事故的，由县级以上人民政府生态环境主管部门依照本条第二款的规定处以罚款；对直接负责的主管人员和其他直接责任人员可以处上一年度从本企业事业单位取得收入百分之五十以下的罚款。

对造成一般或者较大大气污染事故的，按照污染事故造成直接损失的一倍以上三倍以下计算罚款；对造成重大或者特大大气污染事故的，按照污染事故造成的直接损失的三倍以上五倍以下计算罚款。

第一百二十三条 违反本法规定，企业事业单位和其他生产经营者有下列行为之一，受到罚款处罚，被责令改正，拒不改正的，依法作出处罚决定的行政机关可以自责令改正之日的次日起，按照原处罚数额按日连续处罚：

（一）未依法取得排污许可证排放大气污染物的；

（二）超过大气污染物排放标准或者超过重点大气污染物排放总量控制指标排放大气污染物的；

（三）通过逃避监管的方式排放大气污染物的；

（四）建筑施工或者贮存易产生扬尘的物料未采取有效措施防治扬尘污染的。

第一百二十四条 违反本法规定，对举报人以解除、变更劳动合同或者其他方式打击报复的，应当依照有关法律的规定承担责任。

第一百二十五条 排放大气污染物造成损害的，应当依法承担侵权责任。

第一百二十六条 地方各级人民政府、县级以上人民政府生态环境主管部门和其他负有大气环境保护监督管理职责的部门及其工作人员滥用职权、玩忽职守、徇私舞弊、弄虚作假的，依法给予处分。

第一百二十七条 违反本法规定，构成犯罪的，依法追究刑事责任。

第八章　附则

第一百二十八条　海洋工程的大气污染防治,依照《中华人民共和国海洋环境保护法》的有关规定执行。

第一百二十九条　本法自 2016 年 1 月 1 日起施行。

中华人民共和国环境保护法

1989 年 12 月 26 日　中华人民共和国主席令第二十二号

（1989 年 12 月 26 日第七届全国人民代表大会常务委员会第十一次会议通过。2014 年 4 月 24 日第十二届全国人民代表大会常务委员会第八次会议修订。）

目　录

第一章　总则

第二章　监督管理

第三章　保护和改善环境

第四章　防治污染和其他公害

第五章　信息公开和公众参与

第六章　法律责任

第七章　附则

第一章　总则

第一条　为保护和改善环境,防治污染和其他公害,保障公众健康,推进生态文明建设,促进经济社会可持续发展,制定本法。

第二条　本法所称环境,是指影响人类生存和发展的各种天然的和经过人工改造的自然因素的总体,包括大气、水、海洋、土地、矿藏、森林、草原、湿地、野生生物、自然遗迹、人文遗迹、自然保护区、风景名胜区、城市和乡村等。

第三条 本法适用于中华人民共和国领域和中华人民共和国管辖的其他海域。

第四条 保护环境是国家的基本国策。

国家采取有利于节约和循环利用资源、保护和改善环境、促进人与自然和谐的经济、技术政策和措施，使经济社会发展与环境保护相协调。

第五条 环境保护坚持保护优先、预防为主、综合治理、公众参与、损害担责的原则。

第六条 一切单位和个人都有保护环境的义务。

地方各级人民政府应当对本行政区域的环境质量负责。

企业事业单位和其他生产经营者应当防止、减少环境污染和生态破坏，对所造成的损害依法承担责任。

公民应当增强环境保护意识，采取低碳、节俭的生活方式，自觉履行环境保护义务。

第七条 国家支持环境保护科学技术研究、开发和应用，鼓励环境保护产业发展，促进环境保护信息化建设，提高环境保护科学技术水平。

第八条 各级人民政府应当加大保护和改善环境、防治污染和其他公害的财政投入，提高财政资金的使用效益。

第九条 各级人民政府应当加强环境保护宣传和普及工作，鼓励基层群众性自治组织、社会组织、环境保护志愿者开展环境保护法律法规和环境保护知识的宣传，营造保护环境的良好风气。

教育行政部门、学校应当将环境保护知识纳入学校教育内容，培养学生的环境保护意识。

新闻媒体应当开展环境保护法律法规和环境保护知识的宣传，对环境违法行为进行舆论监督。

第十条 国务院环境保护主管部门，对全国环境保护工作实施统一监督管理；县级以上地方人民政府环境保护主管部门，对本行政区域环境保护工作实施统一监督管理。

县级以上人民政府有关部门和军队环境保护部门，依照有关法律的规定对资源保护和污染防治等环境保护工作实施监督管理。

第十一条 对保护和改善环境有显著成绩的单位和个人，由人民政府给予奖励。

第十二条 每年6月5日为环境日。

第二章　监督管理

第十三条 县级以上人民政府应当将环境保护工作纳入国民经济和社会发展规划。

国务院环境保护主管部门会同有关部门，根据国民经济和社会发展规划编制国家环境保护规划，报国务院批准并公布实施。

县级以上地方人民政府环境保护主管部门会同有关部门，根据国家环境保护规划的要求，编制本行政区域的环境保护规划，报同级人民政府批准并公布实施。

环境保护规划的内容应当包括生态保护和污染防治的目标、任务、保障措施等，并与主体功能区规划、土地利用总体规划和城乡规划等相衔接。

第十四条 国务院有关部门和省、自治区、直辖市人民政府组织制定经济、技术政策，应当充分考虑对环境的影响，听取有关方面和专家的意见。

第十五条 国务院环境保护主管部门制定国家环境质量标准。

省、自治区、直辖市人民政府对国家环境质量标准中未作规定的项目，可以制定地方环境质量标准；对国家环境质量标准中已作规定的项目，可以制定严于国家环境质量标准的地方环境质量标准。地方环境质量标准应当报国务院环境保护主管部门备案。

国家鼓励开展环境基准研究。

第十六条 国务院环境保护主管部门根据国家环境质量标准和国家经济、技术条件，制定国家污染物排放标准。

省、自治区、直辖市人民政府对国家污染物排放标准中未作规定的项目，可以制定地方污染物排放标准；对国家污染物排放标准中已作规定的项目，可以制定严于国家污染物排放标准的地方污染物排放标准。地方污染物排放标准应当报国务院环境保护主管部门备案。

第十七条 国家建立、健全环境监测制度。国务院环境保护主管部门制定监测规范，会同有关部门组织监测网络，统一规划国家环境质量监测站（点）的设置，建立监测数据共享机制，加强对环境监测的管理。

有关行业、专业等各类环境质量监测站（点）的设置应当符合法律法规规定和监测规范的要求。

监测机构应当使用符合国家标准的监测设备，遵守监测规范。监测机构及其负责人对监测数据的真实性和准确性负责。

第十八条 省级以上人民政府应当组织有关部门或者委托专业机构，对环境状况进行调查、评价，建立环境资源承载能力监测预警机制。

第十九条 编制有关开发利用规划，建设对环境有影响的项目，应当依法进行环境影响评价。

未依法进行环境影响评价的开发利用规划，不得组织实施；未依法进行环境影响评价的建设项目，不得开工建设。

第二十条 国家建立跨行政区域的重点区域、流域环境污染和生态破坏联合防治协调机制，实行统一规划、统一标准、统一监测、统一的防治措施。

前款规定以外的跨行政区域的环境污染和生态破坏的防治，由上级人民政府协调解决，或者由有关地方人民政府协商解决。

第二十一条 国家采取财政、税收、价格、政府采购等方面的政策和措施，鼓励和支持环境保护技术装备、资源综合利用和环境服务等环境保护产业的发展。

第二十二条 企业事业单位和其他生产经营者，在污染物排放符合法定要求的基础上，进一步减少污染物排放的，人民政府应当依法采取财政、税收、价格、政府采购等方面的政策和措施予以鼓励和支持。

第二十三条 企业事业单位和其他生产经营者，为改善环境，依照有关规定转产、搬迁、关闭的，人民政府应当予以支持。

第二十四条 县级以上人民政府环境保护主管部门及其委托的环境监察机构和其他负有环境保护监督管理职责的部门，有权对排放污染物的企业事业单位和其他生产经营者进行现场检查。被检查者应当如实反映情况，提供必要的资料。实施现场检查的部门、机构及其工作人员应当为被检查者保守商业秘密。

第二十五条 企业事业单位和其他生产经营者违反法律法规规定排放污

染物，造成或者可能造成严重污染的，县级以上人民政府环境保护主管部门和其他负有环境保护监督管理职责的部门，可以查封、扣押造成污染物排放的设施、设备。

第二十六条　国家实行环境保护目标责任制和考核评价制度。县级以上人民政府应当将环境保护目标完成情况纳入对本级人民政府负有环境保护监督管理职责的部门及其负责人和下级人民政府及其负责人的考核内容，作为对其考核评价的重要依据。考核结果应当向社会公开。

第二十七条　县级以上人民政府应当每年向本级人民代表大会或者人民代表大会常务委员会报告环境状况和环境保护目标完成情况，对发生的重大环境事件应当及时向本级人民代表大会常务委员会报告，依法接受监督。

第三章　保护和改善环境

第二十八条　地方各级人民政府应当根据环境保护目标和治理任务，采取有效措施，改善环境质量。

未达到国家环境质量标准的重点区域、流域的有关地方人民政府，应当制定限期达标规划，并采取措施按期达标。

第二十九条　国家在重点生态功能区、生态环境敏感区和脆弱区等区域划定生态保护红线，实行严格保护。

各级人民政府对具有代表性的各种类型的自然生态系统区域，珍稀、濒危的野生动植物自然分布区域，重要的水源涵养区域，具有重大科学文化价值的地质构造、著名溶洞和化石分布区、冰川、火山、温泉等自然遗迹，以及人文遗迹、古树名木，应当采取措施予以保护，严禁破坏。

第三十条　开发利用自然资源，应当合理开发，保护生物多样性，保障生态安全，依法制定有关生态保护和恢复治理方案并予以实施。

引进外来物种以及研究、开发和利用生物技术，应当采取措施，防止对生物多样性的破坏。

第三十一条　国家建立、健全生态保护补偿制度。

国家加大对生态保护地区的财政转移支付力度。有关地方人民政府应当落实生态保护补偿资金，确保其用于生态保护补偿。

国家指导受益地区和生态保护地区人民政府通过协商或者按照市场规则

进行生态保护补偿。

第三十二条 国家加强对大气、水、土壤等的保护，建立和完善相应的调查、监测、评估和修复制度。

第三十三条 各级人民政府应当加强对农业环境的保护，促进农业环境保护新技术的使用，加强对农业污染源的监测预警，统筹有关部门采取措施，防治土壤污染和土地沙化、盐渍化、贫瘠化、石漠化、地面沉降以及防治植被破坏、水土流失、水体富营养化、水源枯竭、种源灭绝等生态失调现象，推广植物病虫害的综合防治。

县级、乡级人民政府应当提高农村环境保护公共服务水平，推动农村环境综合整治。

第三十四条 国务院和沿海地方各级人民政府应当加强对海洋环境的保护。向海洋排放污染物、倾倒废弃物，进行海岸工程和海洋工程建设，应当符合法律法规规定和有关标准，防止和减少对海洋环境的污染损害。

第三十五条 城乡建设应当结合当地自然环境的特点，保护植被、水域和自然景观，加强城市园林、绿地和风景名胜区的建设与管理。

第三十六条 国家鼓励和引导公民、法人和其他组织使用有利于保护环境的产品和再生产品，减少废弃物的产生。

国家机关和使用财政资金的其他组织应当优先采购和使用节能、节水、节材等有利于保护环境的产品、设备和设施。

第三十七条 地方各级人民政府应当采取措施，组织对生活废弃物的分类处置、回收利用。

第三十八条 公民应当遵守环境保护法律法规，配合实施环境保护措施，按照规定对生活废弃物进行分类放置，减少日常生活对环境造成的损害。

第三十九条 国家建立、健全环境与健康监测、调查和风险评估制度；鼓励和组织开展环境质量对公众健康影响的研究，采取措施预防和控制与环境污染有关的疾病。

第四章 防治污染和其他公害

第四十条 国家促进清洁生产和资源循环利用。

国务院有关部门和地方各级人民政府应当采取措施，推广清洁能源的生产和使用。

企业应当优先使用清洁能源，采用资源利用率高、污染物排放量少的工艺、设备以及废弃物综合利用技术和污染物无害化处理技术，减少污染物的产生。

第四十一条 建设项目中防治污染的设施，应当与主体工程同时设计、同时施工、同时投产使用。防治污染的设施应当符合经批准的环境影响评价文件的要求，不得擅自拆除或者闲置。

第四十二条 排放污染物的企业事业单位和其他生产经营者，应当采取措施，防治在生产建设或者其他活动中产生的废气、废水、废渣、医疗废物、粉尘、恶臭气体、放射性物质以及噪声、振动、光辐射、电磁辐射等对环境的污染和危害。

排放污染物的企业事业单位，应当建立环境保护责任制度，明确单位负责人和相关人员的责任。

重点排污单位应当按照国家有关规定和监测规范安装使用监测设备，保证监测设备正常运行，保存原始监测记录。

严禁通过暗管、渗井、渗坑、灌注或者篡改、伪造监测数据，或者不正常运行防治污染设施等逃避监管的方式违法排放污染物。

第四十三条 排放污染物的企业事业单位和其他生产经营者，应当按照国家有关规定缴纳排污费。排污费应当全部专项用于环境污染防治，任何单位和个人不得截留、挤占或者挪作他用。

依照法律规定征收环境保护税的，不再征收排污费。

第四十四条 国家实行重点污染物排放总量控制制度。重点污染物排放总量控制指标由国务院下达，省、自治区、直辖市人民政府分解落实。企业事业单位在执行国家和地方污染物排放标准的同时，应当遵守分解落实到本单位的重点污染物排放总量控制指标。

对超过国家重点污染物排放总量控制指标或者未完成国家确定的环境质量目标的地区，省级以上人民政府环境保护主管部门应当暂停审批其新增重点污染物排放总量的建设项目环境影响评价文件。

第四十五条 国家依照法律规定实行排污许可管理制度。

实行排污许可管理的企业事业单位和其他生产经营者应当按照排污许可证的要求排放污染物；未取得排污许可证的，不得排放污染物。

第四十六条 国家对严重污染环境的工艺、设备和产品实行淘汰制度。任何单位和个人不得生产、销售或者转移、使用严重污染环境的工艺、设备和产品。

禁止引进不符合我国环境保护规定的技术、设备、材料和产品。

第四十七条 各级人民政府及其有关部门和企业事业单位，应当依照《中华人民共和国突发事件应对法》的规定，做好突发环境事件的风险控制、应急准备、应急处置和事后恢复等工作。

县级以上人民政府应当建立环境污染公共监测预警机制，组织制定预警方案；环境受到污染，可能影响公众健康和环境安全时，依法及时公布预警信息，启动应急措施。

企业事业单位应当按照国家有关规定制定突发环境事件应急预案，报环境保护主管部门和有关部门备案。在发生或者可能发生突发环境事件时，企业事业单位应当立即采取措施处理，及时通报可能受到危害的单位和居民，并向环境保护主管部门和有关部门报告。

突发环境事件应急处置工作结束后，有关人民政府应当立即组织评估事件造成的环境影响和损失，并及时将评估结果向社会公布。

第四十八条 生产、储存、运输、销售、使用、处置化学物品和含有放射性物质的物品，应当遵守国家有关规定，防止污染环境。

第四十九条 各级人民政府及其农业等有关部门和机构应当指导农业生产经营者科学种植和养殖，科学合理施用农药、化肥等农业投入品，科学处置农用薄膜、农作物秸秆等农业废弃物，防止农业面源污染。

禁止将不符合农用标准和环境保护标准的固体废物、废水施入农田。施用农药、化肥等农业投入品及进行灌溉，应当采取措施，防止重金属和其他有毒有害物质污染环境。

畜禽养殖场、养殖小区、定点屠宰企业等的选址、建设和管理应当符合有关法律法规规定。从事畜禽养殖和屠宰的单位和个人应当采取措施，对畜禽粪便、尸体和污水等废弃物进行科学处置，防止污染环境。

县级人民政府负责组织农村生活废弃物的处置工作。

第五十条　各级人民政府应当在财政预算中安排资金，支持农村饮用水水源地保护、生活污水和其他废弃物处理、畜禽养殖和屠宰污染防治、土壤污染防治和农村工矿污染治理等环境保护工作。

第五十一条　各级人民政府应当统筹城乡建设污水处理设施及配套管网，固体废物的收集、运输和处置等环境卫生设施，危险废物集中处置设施、场所以及其他环境保护公共设施，并保障其正常运行。

第五十二条　国家鼓励投保环境污染责任保险。

第五章　信息公开和公众参与

第五十三条　公民、法人和其他组织依法享有获取环境信息、参与和监督环境保护的权利。

各级人民政府环境保护主管部门和其他负有环境保护监督管理职责的部门，应当依法公开环境信息、完善公众参与程序，为公民、法人和其他组织参与和监督环境保护提供便利。

第五十四条　国务院环境保护主管部门统一发布国家环境质量、重点污染源监测信息及其他重大环境信息。省级以上人民政府环境保护主管部门定期发布环境状况公报。

县级以上人民政府环境保护主管部门和其他负有环境保护监督管理职责的部门，应当依法公开环境质量、环境监测、突发环境事件以及环境行政许可、行政处罚、排污费的征收和使用情况等信息。

县级以上地方人民政府环境保护主管部门和其他负有环境保护监督管理职责的部门，应当将企业事业单位和其他生产经营者的环境违法信息记入社会诚信档案，及时向社会公布违法者名单。

第五十五条　重点排污单位应当如实向社会公开其主要污染物的名称、排放方式、排放浓度和总量、超标排放情况，以及防治污染设施的建设和运行情况，接受社会监督。

第五十六条　对依法应当编制环境影响报告书的建设项目，建设单位应当在编制时向可能受影响的公众说明情况，充分征求意见。

负责审批建设项目环境影响评价文件的部门在收到建设项目环境影响报告书后，除涉及国家秘密和商业秘密的事项外，应当全文公开；发现建设项目未充分征求公众意见的，应当责成建设单位征求公众意见。

第五十七条 公民、法人和其他组织发现任何单位和个人有污染环境和破坏生态行为的，有权向环境保护主管部门或者其他负有环境保护监督管理职责的部门举报。

公民、法人和其他组织发现地方各级人民政府、县级以上人民政府环境保护主管部门和其他负有环境保护监督管理职责的部门不依法履行职责的，有权向其上级机关或者监察机关举报。

接受举报的机关应当对举报人的相关信息予以保密，保护举报人的合法权益。

第五十八条 对污染环境、破坏生态，损害社会公共利益的行为，符合下列条件的社会组织可以向人民法院提起诉讼：

（一）依法在设区的市级以上人民政府民政部门登记；

（二）专门从事环境保护公益活动连续五年以上且无违法记录。

符合前款规定的社会组织向人民法院提起诉讼，人民法院应当依法受理。

提起诉讼的社会组织不得通过诉讼牟取经济利益。

第六章 法律责任

第五十九条 企业事业单位和其他生产经营者违法排放污染物，受到罚款处罚，被责令改正，拒不改正的，依法作出处罚决定的行政机关可以自责令改正之日的次日起，按照原处罚数额按日连续处罚。

前款规定的罚款处罚，依照有关法律法规按照防治污染设施的运行成本、违法行为造成的直接损失或者违法所得等因素确定的规定执行。

地方性法规可以根据环境保护的实际需要，增加第一款规定的按日连续处罚的违法行为的种类。

第六十条 企业事业单位和其他生产经营者超过污染物排放标准或者超过重点污染物排放总量控制指标排放污染物的，县级以上人民政府环境保护主管部门可以责令其采取限制生产、停产整治等措施；情节严重的，报经有批准权的人民政府批准，责令停业、关闭。

第六十一条　建设单位未依法提交建设项目环境影响评价文件或者环境影响评价文件未经批准，擅自开工建设的，由负有环境保护监督管理职责的部门责令停止建设，处以罚款，并可以责令恢复原状。

第六十二条　违反本法规定，重点排污单位不公开或者不如实公开环境信息的，由县级以上地方人民政府环境保护主管部门责令公开，处以罚款，并予以公告。

第六十三条　企业事业单位和其他生产经营者有下列行为之一，尚不构成犯罪的，除依照有关法律法规规定予以处罚外，由县级以上人民政府环境保护主管部门或者其他有关部门将案件移送公安机关，对其直接负责的主管人员和其他直接责任人员，处十日以上十五日以下拘留；情节较轻的，处五日以上十日以下拘留：

（一）建设项目未依法进行环境影响评价，被责令停止建设，拒不执行的；

（二）违反法律规定，未取得排污许可证排放污染物，被责令停止排污，拒不执行的；

（三）通过暗管、渗井、渗坑、灌注或者篡改、伪造监测数据，或者不正常运行防治污染设施等逃避监管的方式违法排放污染物的；

（四）生产、使用国家明令禁止生产、使用的农药，被责令改正，拒不改正的。

第六十四条　因污染环境和破坏生态造成损害的，应当依照《中华人民共和国侵权责任法》的有关规定承担侵权责任。

第六十五条　环境影响评价机构、环境监测机构以及从事环境监测设备和防治污染设施维护、运营的机构，在有关环境服务活动中弄虚作假，对造成的环境污染和生态破坏负有责任的，除依照有关法律法规规定予以处罚外，还应当与造成环境污染和生态破坏的其他责任者承担连带责任。

第六十六条　提起环境损害赔偿诉讼的时效期间为三年，从当事人知道或者应当知道其受到损害时起计算。

第六十七条 上级人民政府及其环境保护主管部门应当加强对下级人民政府及其有关部门环境保护工作的监督。发现有关工作人员有违法行为,依法应当给予处分的,应当向其任免机关或者监察机关提出处分建议。

依法应当给予行政处罚,而有关环境保护主管部门不给予行政处罚的,上级人民政府环境保护主管部门可以直接作出行政处罚的决定。

第六十八条 地方各级人民政府、县级以上人民政府环境保护主管部门和其他负有环境保护监督管理职责的部门有下列行为之一的,对直接负责的主管人员和其他直接责任人员给予记过、记大过或者降级处分;造成严重后果的,给予撤职或者开除处分,其主要负责人应当引咎辞职:

(一)不符合行政许可条件准予行政许可的;

(二)对环境违法行为进行包庇的;

(三)依法应当作出责令停业、关闭的决定而未作出的;

(四)对超标排放污染物、采用逃避监管的方式排放污染物、造成环境事故以及不落实生态保护措施造成生态破坏等行为,发现或者接到举报未及时查处的;

(五)违反本法规定,查封、扣押企业事业单位和其他生产经营者的设施、设备的;

(六)篡改、伪造或者指使篡改、伪造监测数据的;

(七)应当依法公开环境信息而未公开的;

(八)将征收的排污费截留、挤占或者挪作他用的;

(九)法律法规规定的其他违法行为。

第六十九条 违反本法规定,构成犯罪的,依法追究刑事责任。

第七章 附则

第七十条 本法自 2015 年 1 月 1 日起施行。

中华人民共和国固体废物污染环境防治法

1995 年 10 月 30 日　中华人民共和国主席令第五十八号

（1995 年 10 月 30 日第八届全国人民代表大会常务委员会第十六次会议通过。2004 年 12 月 29 日第十届全国人民代表大会常务委员会第十三次会议第一次修订。根据 2013 年 6 月 29 日第十二届全国人民代表大会常务委员会第三次会议《关于修改〈中华人民共和国文物保护法〉等十二部法律的决定》第一次修正，根据 2015 年 4 月 24 日第十二届全国人民代表大会常务委员会第十四次会议《关于修改〈中华人民共和国港口法〉等七部法律的决定》第二次修正，根据 2016 年 11 月 7 日第十二届全国人民代表大会常务委员会第二十四次会议《关于修改〈中华人民共和国对外贸易法〉等十二部法律的决定》第三次修正。2020 年 4 月 29 日第十三届全国人民代表大会常务委员会第十七次会议第二次修订。）

目　录

第一章　总则
第二章　监督管理
第三章　工业固体废物
第四章　生活垃圾
第五章　建筑垃圾、农业固体废物等
第六章　危险废物
第七章　保障措施
第八章　法律责任
第九章　附则

第一章　总则

第一条　为了保护和改善生态环境，防治固体废物污染环境，保障公众健康，维护生态安全，推进生态文明建设，促进经济社会可持续发展，制定本法。

第二条　固体废物污染环境的防治适用本法。

固体废物污染海洋环境的防治和放射性固体废物污染环境的防治不适用本法。

第三条　国家推行绿色发展方式，促进清洁生产和循环经济发展。

国家倡导简约适度、绿色低碳的生活方式，引导公众积极参与固体废物污染环境防治。

第四条　固体废物污染环境防治坚持减量化、资源化和无害化的原则。

任何单位和个人都应当采取措施，减少固体废物的产生量，促进固体废物的综合利用，降低固体废物的危害性。

第五条　固体废物污染环境防治坚持污染担责的原则。

产生、收集、贮存、运输、利用、处置固体废物的单位和个人，应当采取措施，防止或者减少固体废物对环境的污染，对所造成的环境污染依法承担责任。

第六条　国家推行生活垃圾分类制度。

生活垃圾分类坚持政府推动、全民参与、城乡统筹、因地制宜、简便易行的原则。

第七条　地方各级人民政府对本行政区域固体废物污染环境防治负责。

国家实行固体废物污染环境防治目标责任制和考核评价制度，将固体废物污染环境防治目标完成情况纳入考核评价的内容。

第八条　各级人民政府应当加强对固体废物污染环境防治工作的领导，组织、协调、督促有关部门依法履行固体废物污染环境防治监督管理职责。

省、自治区、直辖市之间可以协商建立跨行政区域固体废物污染环境的联防联控机制，统筹规划制定、设施建设、固体废物转移等工作。

第九条　国务院生态环境主管部门对全国固体废物污染环境防治工作实施统一监督管理。国务院发展改革、工业和信息化、自然资源、住房城乡建设、交通运输、农业农村、商务、卫生健康、海关等主管部门在各自职责范围内负责固体废物污染环境防治的监督管理工作。

地方人民政府生态环境主管部门对本行政区域固体废物污染环境防治工作实施统一监督管理。地方人民政府发展改革、工业和信息化、自然资源、住房城乡建设、交通运输、农业农村、商务、卫生健康等主管部门在各自职责范围内负责固体废物污染环境防治的监督管理工作。

第十条 国家鼓励、支持固体废物污染环境防治的科学研究、技术开发、先进技术推广和科学普及，加强固体废物污染环境防治科技支撑。

第十一条 国家机关、社会团体、企业事业单位、基层群众性自治组织和新闻媒体应当加强固体废物污染环境防治宣传教育和科学普及，增强公众固体废物污染环境防治意识。

学校应当开展生活垃圾分类以及其他固体废物污染环境防治知识普及和教育。

第十二条 各级人民政府对在固体废物污染环境防治工作以及相关的综合利用活动中做出显著成绩的单位和个人，按照国家有关规定给予表彰、奖励。

第二章 监督管理

第十三条 县级以上人民政府应当将固体废物污染环境防治工作纳入国民经济和社会发展规划、生态环境保护规划，并采取有效措施减少固体废物的产生量、促进固体废物的综合利用、降低固体废物的危害性，最大限度降低固体废物填埋量。

第十四条 国务院生态环境主管部门应当会同国务院有关部门根据国家环境质量标准和国家经济、技术条件，制定固体废物鉴别标准、鉴别程序和国家固体废物污染环境防治技术标准。

第十五条 国务院标准化主管部门应当会同国务院发展改革、工业和信息化、生态环境、农业农村等主管部门，制定固体废物综合利用标准。

综合利用固体废物应当遵守生态环境法律法规，符合固体废物污染环境防治技术标准。使用固体废物综合利用产物应当符合国家规定的用途、标准。

第十六条 国务院生态环境主管部门应当会同国务院有关部门建立全国

危险废物等固体废物污染环境防治信息平台，推进固体废物收集、转移、处置等全过程监控和信息化追溯。

第十七条 建设产生、贮存、利用、处置固体废物的项目，应当依法进行环境影响评价，并遵守国家有关建设项目环境保护管理的规定。

第十八条 建设项目的环境影响评价文件确定需要配套建设的固体废物污染环境防治设施，应当与主体工程同时设计、同时施工、同时投入使用。建设项目的初步设计，应当按照环境保护设计规范的要求，将固体废物污染环境防治内容纳入环境影响评价文件，落实防治固体废物污染环境和破坏生态的措施以及固体废物污染环境防治设施投资概算。

建设单位应当依照有关法律法规的规定，对配套建设的固体废物污染环境防治设施进行验收，编制验收报告，并向社会公开。

第十九条 收集、贮存、运输、利用、处置固体废物的单位和其他生产经营者，应当加强对相关设施、设备和场所的管理和维护，保证其正常运行和使用。

第二十条 产生、收集、贮存、运输、利用、处置固体废物的单位和其他生产经营者，应当采取防扬散、防流失、防渗漏或者其他防止污染环境的措施，不得擅自倾倒、堆放、丢弃、遗撒固体废物。

禁止任何单位或者个人向江河、湖泊、运河、渠道、水库及其最高水位线以下的滩地和岸坡以及法律法规规定的其他地点倾倒、堆放、贮存固体废物。

第二十一条 在生态保护红线区域、永久基本农田集中区域和其他需要特别保护的区域内，禁止建设工业固体废物、危险废物集中贮存、利用、处置的设施、场所和生活垃圾填埋场。

第二十二条 转移固体废物出省、自治区、直辖市行政区域贮存、处置的，应当向固体废物移出地的省、自治区、直辖市人民政府生态环境主管部门提出申请。移出地的省、自治区、直辖市人民政府生态环境主管部门应当及时商经接受地的省、自治区、直辖市人民政府生态环境主管部门同意后，在规定期限内批准转移该固体废物出省、自治区、直辖市行政区域。未经批准的，不得转移。

转移固体废物出省、自治区、直辖市行政区域利用的，应当报固体废物移出地的省、自治区、直辖市人民政府生态环境主管部门备案。移出地的省、自治区、直辖市人民政府生态环境主管部门应当将备案信息通报接受地的省、自治区、直辖市人民政府生态环境主管部门。

第二十三条 禁止中华人民共和国境外的固体废物进境倾倒、堆放、处置。

第二十四条 国家逐步实现固体废物零进口，由国务院生态环境主管部门会同国务院商务、发展改革、海关等主管部门组织实施。

第二十五条 海关发现进口货物疑似固体废物的，可以委托专业机构开展属性鉴别，并根据鉴别结论依法管理。

第二十六条 生态环境主管部门及其环境执法机构和其他负有固体废物污染环境防治监督管理职责的部门，在各自职责范围内有权对从事产生、收集、贮存、运输、利用、处置固体废物等活动的单位和其他生产经营者进行现场检查。被检查者应当如实反映情况，并提供必要的资料。

实施现场检查，可以采取现场监测、采集样品、查阅或者复制与固体废物污染环境防治相关的资料等措施。检查人员进行现场检查，应当出示证件。对现场检查中知悉的商业秘密应当保密。

第二十七条 有下列情形之一，生态环境主管部门和其他负有固体废物污染环境防治监督管理职责的部门，可以对违法收集、贮存、运输、利用、处置的固体废物及设施、设备、场所、工具、物品予以查封、扣押：

（一）可能造成证据灭失、被隐匿或者非法转移的；

（二）造成或者可能造成严重环境污染的。

第二十八条 生态环境主管部门应当会同有关部门建立产生、收集、贮存、运输、利用、处置固体废物的单位和其他生产经营者信用记录制度，将相关信用记录纳入全国信用信息共享平台。

第二十九条 设区的市级人民政府生态环境主管部门应当会同住房城乡建设、农业农村、卫生健康等主管部门，定期向社会发布固体废物的种类、产生量、处置能力、利用处置状况等信息。

产生、收集、贮存、运输、利用、处置固体废物的单位，应当依法及时公开固体废物污染环境防治信息，主动接受社会监督。

利用、处置固体废物的单位，应当依法向公众开放设施、场所，提高公众环境保护意识和参与程度。

第三十条　县级以上人民政府应当将工业固体废物、生活垃圾、危险废物等固体废物污染环境防治情况纳入环境状况和环境保护目标完成情况年度报告，向本级人民代表大会或者人民代表大会常务委员会报告。

第三十一条　任何单位和个人都有权对造成固体废物污染环境的单位和个人进行举报。

生态环境主管部门和其他负有固体废物污染环境防治监督管理职责的部门应当将固体废物污染环境防治举报方式向社会公布，方便公众举报。

接到举报的部门应当及时处理并对举报人的相关信息予以保密；对实名举报并查证属实的，给予奖励。

举报人举报所在单位的，该单位不得以解除、变更劳动合同或者其他方式对举报人进行打击报复。

第三章　工业固体废物

第三十二条　国务院生态环境主管部门应当会同国务院发展改革、工业和信息化等主管部门对工业固体废物对公众健康、生态环境的危害和影响程度等作出界定，制定防治工业固体废物污染环境的技术政策，组织推广先进的防治工业固体废物污染环境的生产工艺和设备。

第三十三条　国务院工业和信息化主管部门应当会同国务院有关部门组织研究开发、推广减少工业固体废物产生量和降低工业固体废物危害性的生产工艺和设备，公布限期淘汰产生严重污染环境的工业固体废物的落后生产工艺、设备的名录。

生产者、销售者、进口者、使用者应当在国务院工业和信息化主管部门会同国务院有关部门规定的期限内分别停止生产、销售、进口或者使用列入前款规定名录中的设备。生产工艺的采用者应当在国务院工业和信息化主管部门会同国务院有关部门规定的期限内停止采用列入前款规定名录中的工艺。

列入限期淘汰名录被淘汰的设备，不得转让给他人使用。

第三十四条　国务院工业和信息化主管部门应当会同国务院发展改革、生态环境等主管部门，定期发布工业固体废物综合利用技术、工艺、设备和产品导向目录，组织开展工业固体废物资源综合利用评价，推动工业固体废物综合利用。

第三十五条 县级以上地方人民政府应当制定工业固体废物污染环境防治工作规划，组织建设工业固体废物集中处置等设施，推动工业固体废物污染环境防治工作。

第三十六条 产生工业固体废物的单位应当建立健全工业固体废物产生、收集、贮存、运输、利用、处置全过程的污染环境防治责任制度，建立工业固体废物管理台账，如实记录产生工业固体废物的种类、数量、流向、贮存、利用、处置等信息，实现工业固体废物可追溯、可查询，并采取防治工业固体废物污染环境的措施。

禁止向生活垃圾收集设施中投放工业固体废物。

第三十七条 产生工业固体废物的单位委托他人运输、利用、处置工业固体废物的，应当对受托方的主体资格和技术能力进行核实，依法签订书面合同，在合同中约定污染防治要求。

受托方运输、利用、处置工业固体废物，应当依照有关法律法规的规定和合同约定履行污染防治要求，并将运输、利用、处置情况告知产生工业固体废物的单位。

产生工业固体废物的单位违反本条第一款规定的，除依照有关法律法规的规定予以处罚外，还应当与造成环境污染和生态破坏的受托方承担连带责任。

第三十八条 产生工业固体废物的单位应当依法实施清洁生产审核，合理选择和利用原材料、能源和其他资源，采用先进的生产工艺和设备，减少工业固体废物的产生量，降低工业固体废物的危害性。

第三十九条 产生工业固体废物的单位应当取得排污许可证。排污许可的具体办法和实施步骤由国务院规定。

产生工业固体废物的单位应当向所在地生态环境主管部门提供工业固体废物的种类、数量、流向、贮存、利用、处置等有关资料，以及减少工业固体废物产生、促进综合利用的具体措施，并执行排污许可管理制度的相关规定。

第四十条 产生工业固体废物的单位应当根据经济、技术条件对工业固体废物加以利用；对暂时不利用或者不能利用的，应当按照国务院生态环境等主管部门的规定建设贮存设施、场所，安全分类存放，或者采取无害化处置措施。贮存工业固体废物应当采取符合国家环境保护标准的防护措施。

建设工业固体废物贮存、处置的设施、场所，应当符合国家环境保护标准。

第四十一条 产生工业固体废物的单位终止的，应当在终止前对工业固体废物的贮存、处置的设施、场所采取污染防治措施，并对未处置的工业固体废物作出妥善处置，防止污染环境。

产生工业固体废物的单位发生变更的，变更后的单位应当按照国家有关环境保护的规定对未处置的工业固体废物及其贮存、处置的设施、场所进行安全处置或者采取有效措施保证该设施、场所安全运行。变更前当事人对工业固体废物及其贮存、处置的设施、场所的污染防治责任另有约定的，从其约定；但是，不得免除当事人的污染防治义务。

对 2005 年 4 月 1 日前已经终止的单位未处置的工业固体废物及其贮存、处置的设施、场所进行安全处置的费用，由有关人民政府承担；但是，该单位享有的土地使用权依法转让的，应当由土地使用权受让人承担处置费用。当事人另有约定的，从其约定；但是，不得免除当事人的污染防治义务。

第四十二条 矿山企业应当采取科学的开采方法和选矿工艺，减少尾矿、煤矸石、废石等矿业固体废物的产生量和贮存量。

国家鼓励采取先进工艺对尾矿、煤矸石、废石等矿业固体废物进行综合利用。

尾矿、煤矸石、废石等矿业固体废物贮存设施停止使用后，矿山企业应当按照国家有关环境保护等规定进行封场，防止造成环境污染和生态破坏。

第四章 生活垃圾

第四十三条 县级以上地方人民政府应当加快建立分类投放、分类收集、分类运输、分类处理的生活垃圾管理系统，实现生活垃圾分类制度有效覆盖。

县级以上地方人民政府应当建立生活垃圾分类工作协调机制，加强和统筹生活垃圾分类管理能力建设。

各级人民政府及其有关部门应当组织开展生活垃圾分类宣传,教育引导公众养成生活垃圾分类习惯,督促和指导生活垃圾分类工作。

第四十四条　县级以上地方人民政府应当有计划地改进燃料结构,发展清洁能源,减少燃料废渣等固体废物的产生量。

县级以上地方人民政府有关部门应当加强产品生产和流通过程管理,避免过度包装,组织净菜上市,减少生活垃圾的产生量。

第四十五条　县级以上人民政府应当统筹安排建设城乡生活垃圾收集、运输、处理设施,确定设施厂址,提高生活垃圾的综合利用和无害化处置水平,促进生活垃圾收集、处理的产业化发展,逐步建立和完善生活垃圾污染环境防治的社会服务体系。

县级以上地方人民政府有关部门应当统筹规划,合理安排回收、分拣、打包网点,促进生活垃圾的回收利用工作。

第四十六条　地方各级人民政府应当加强农村生活垃圾污染环境的防治,保护和改善农村人居环境。

国家鼓励农村生活垃圾源头减量。城乡结合部、人口密集的农村地区和其他有条件的地方,应当建立城乡一体的生活垃圾管理系统;其他农村地区应当积极探索生活垃圾管理模式,因地制宜,就近就地利用或者妥善处理生活垃圾。

第四十七条　设区的市级以上人民政府环境卫生主管部门应当制定生活垃圾清扫、收集、贮存、运输和处理设施、场所建设运行规范,发布生活垃圾分类指导目录,加强监督管理。

第四十八条　县级以上地方人民政府环境卫生等主管部门应当组织对城乡生活垃圾进行清扫、收集、运输和处理,可以通过招标等方式选择具备条件的单位从事生活垃圾的清扫、收集、运输和处理。

第四十九条　产生生活垃圾的单位、家庭和个人应当依法履行生活垃圾源头减量和分类投放义务,承担生活垃圾产生者责任。

任何单位和个人都应当依法在指定的地点分类投放生活垃圾。禁止随意倾倒、抛撒、堆放或者焚烧生活垃圾。

机关、事业单位等应当在生活垃圾分类工作中起示范带头作用。

已经分类投放的生活垃圾,应当按照规定分类收集、分类运输、分类处理。

第五十条 清扫、收集、运输、处理城乡生活垃圾，应当遵守国家有关环境保护和环境卫生管理的规定，防止污染环境。

从生活垃圾中分类并集中收集的有害垃圾，属于危险废物的，应当按照危险废物管理。

第五十一条 从事公共交通运输的经营单位，应当及时清扫、收集运输过程中产生的生活垃圾。

第五十二条 农贸市场、农产品批发市场等应当加强环境卫生管理，保持环境卫生清洁，对所产生的垃圾及时清扫、分类收集、妥善处理。

第五十三条 从事城市新区开发、旧区改建和住宅小区开发建设、村镇建设的单位，以及机场、码头、车站、公园、商场、体育场馆等公共设施、场所的经营管理单位，应当按照国家有关环境卫生的规定，配套建设生活垃圾收集设施。

县级以上地方人民政府应当统筹生活垃圾公共转运、处理设施与前款规定的收集设施的有效衔接，并加强生活垃圾分类收运体系和再生资源回收体系在规划、建设、运营等方面的融合。

第五十四条 从生活垃圾中回收的物质应当按照国家规定的用途、标准使用，不得用于生产可能危害人体健康的产品。

第五十五条 建设生活垃圾处理设施、场所，应当符合国务院生态环境主管部门和国务院住房城乡建设主管部门规定的环境保护和环境卫生标准。

鼓励相邻地区统筹生活垃圾处理设施建设，促进生活垃圾处理设施跨行政区域共建共享。

禁止擅自关闭、闲置或者拆除生活垃圾处理设施、场所；确有必要关闭、闲置或者拆除的，应当经所在地的市、县级人民政府环境卫生主管部门商所在地生态环境主管部门同意后核准，并采取防止污染环境的措施。

第五十六条 生活垃圾处理单位应当按照国家有关规定，安装使用监测设备，实时监测污染物的排放情况，将污染排放数据实时公开。监测设备应当与所在地生态环境主管部门的监控设备联网。

第五十七条 县级以上地方人民政府环境卫生主管部门负责组织开展厨余垃圾资源化、无害化处理工作。

产生、收集厨余垃圾的单位和其他生产经营者，应当将厨余垃圾交由具备相应资质条件的单位进行无害化处理。

禁止畜禽养殖场、养殖小区利用未经无害化处理的厨余垃圾饲喂畜禽。

第五十八条 县级以上地方人民政府应当按照产生者付费原则，建立生活垃圾处理收费制度。

县级以上地方人民政府制定生活垃圾处理收费标准，应当根据本地实际，结合生活垃圾分类情况，体现分类计价、计量收费等差别化管理，并充分征求公众意见。生活垃圾处理收费标准应当向社会公布。

生活垃圾处理费应当专项用于生活垃圾的收集、运输和处理等，不得挪作他用。

第五十九条 省、自治区、直辖市和设区的市、自治州可以结合实际，制定本地方生活垃圾具体管理办法。

第五章　建筑垃圾、农业固体废物等

第六十条 县级以上地方人民政府应当加强建筑垃圾污染环境的防治，建立建筑垃圾分类处理制度。

县级以上地方人民政府应当制定包括源头减量、分类处理、消纳设施和场所布局及建设等在内的建筑垃圾污染环境防治工作规划。

第六十一条 国家鼓励采用先进技术、工艺、设备和管理措施，推进建筑垃圾源头减量，建立建筑垃圾回收利用体系。

县级以上地方人民政府应当推动建筑垃圾综合利用产品应用。

第六十二条 县级以上地方人民政府环境卫生主管部门负责建筑垃圾污染环境防治工作，建立建筑垃圾全过程管理制度，规范建筑垃圾产生、收集、贮存、运输、利用、处置行为，推进综合利用，加强建筑垃圾处置设施、场所建设，保障处置安全，防止污染环境。

第六十三条 工程施工单位应当编制建筑垃圾处理方案，采取污染防治措施，并报县级以上地方人民政府环境卫生主管部门备案。

工程施工单位应当及时清运工程施工过程中产生的建筑垃圾等固体废物，并按照环境卫生主管部门的规定进行利用或者处置。

工程施工单位不得擅自倾倒、抛撒或者堆放工程施工过程中产生的建筑垃圾。

第六十四条 县级以上人民政府农业农村主管部门负责指导农业固体废物回收利用体系建设,鼓励和引导有关单位和其他生产经营者依法收集、贮存、运输、利用、处置农业固体废物,加强监督管理,防止污染环境。

第六十五条 产生秸秆、废弃农用薄膜、农药包装废弃物等农业固体废物的单位和其他生产经营者,应当采取回收利用和其他防止污染环境的措施。

从事畜禽规模养殖应当及时收集、贮存、利用或者处置养殖过程中产生的畜禽粪污等固体废物,避免造成环境污染。

禁止在人口集中地区、机场周围、交通干线附近以及当地人民政府划定的其他区域露天焚烧秸秆。

国家鼓励研究开发、生产、销售、使用在环境中可降解且无害的农用薄膜。

第六十六条 国家建立电器电子、铅蓄电池、车用动力电池等产品的生产者责任延伸制度。

电器电子、铅蓄电池、车用动力电池等产品的生产者应当按照规定以自建或者委托等方式建立与产品销售量相匹配的废旧产品回收体系,并向社会公开,实现有效回收和利用。

国家鼓励产品的生产者开展生态设计,促进资源回收利用。

第六十七条 国家对废弃电器电子产品等实行多渠道回收和集中处理制度。

禁止将废弃机动车船等交由不符合规定条件的企业或者个人回收、拆解。

拆解、利用、处置废弃电器电子产品、废弃机动车船等,应当遵守有关法律法规的规定,采取防止污染环境的措施。

第六十八条 产品和包装物的设计、制造,应当遵守国家有关清洁生产的规定。国务院标准化主管部门应当根据国家经济和技术条件、固体废物污染环境防治状况以及产品的技术要求,组织制定有关标准,防止过度包装造成环境污染。

生产经营者应当遵守限制商品过度包装的强制性标准,避免过度包装。

县级以上地方人民政府市场监督管理部门和有关部门应当按照各自职责，加强对过度包装的监督管理。

生产、销售、进口依法被列入强制回收目录的产品和包装物的企业，应当按照国家有关规定对该产品和包装物进行回收。

电子商务、快递、外卖等行业应当优先采用可重复使用、易回收利用的包装物，优化物品包装，减少包装物的使用，并积极回收利用包装物。县级以上地方人民政府商务、邮政等主管部门应当加强监督管理。

国家鼓励和引导消费者使用绿色包装和减量包装。

第六十九条 国家依法禁止、限制生产、销售和使用不可降解塑料袋等一次性塑料制品。

商品零售场所开办单位、电子商务平台企业和快递企业、外卖企业应当按照国家有关规定向商务、邮政等主管部门报告塑料袋等一次性塑料制品的使用、回收情况。

国家鼓励和引导减少使用、积极回收塑料袋等一次性塑料制品，推广应用可循环、易回收、可降解的替代产品。

第七十条 旅游、住宿等行业应当按照国家有关规定推行不主动提供一次性用品。

机关、企业事业单位等的办公场所应当使用有利于保护环境的产品、设备和设施，减少使用一次性办公用品。

第七十一条 城镇污水处理设施维护运营单位或者污泥处理单位应当安全处理污泥，保证处理后的污泥符合国家有关标准，对污泥的流向、用途、用量等进行跟踪、记录，并报告城镇排水主管部门、生态环境主管部门。

县级以上人民政府城镇排水主管部门应当将污泥处理设施纳入城镇排水与污水处理规划，推动同步建设污泥处理设施与污水处理设施，鼓励协同处理，污水处理费征收标准和补偿范围应当覆盖污泥处理成本和污水处理设施正常运营成本。

第七十二条 禁止擅自倾倒、堆放、丢弃、遗撒城镇污水处理设施产生的污泥和处理后的污泥。

禁止重金属或者其他有毒有害物质含量超标的污泥进入农用地。

从事水体清淤疏浚应当按照国家有关规定处理清淤疏浚过程中产生的底

泥，防止污染环境。

第七十三条 各级各类实验室及其设立单位应当加强对实验室产生的固体废物的管理，依法收集、贮存、运输、利用、处置实验室固体废物。实验室固体废物属于危险废物的，应当按照危险废物管理。

第六章 危险废物

第七十四条 危险废物污染环境的防治，适用本章规定；本章未作规定的，适用本法其他有关规定。

第七十五条 国务院生态环境主管部门应当会同国务院有关部门制定国家危险废物名录，规定统一的危险废物鉴别标准、鉴别方法、识别标志和鉴别单位管理要求。国家危险废物名录应当动态调整。

国务院生态环境主管部门根据危险废物的危害特性和产生数量，科学评估其环境风险，实施分级分类管理，建立信息化监管体系，并通过信息化手段管理、共享危险废物转移数据和信息。

第七十六条 省、自治区、直辖市人民政府应当组织有关部门编制危险废物集中处置设施、场所的建设规划，科学评估危险废物处置需求，合理布局危险废物集中处置设施、场所，确保本行政区域的危险废物得到妥善处置。

编制危险废物集中处置设施、场所的建设规划，应当征求有关行业协会、企业事业单位、专家和公众等方面的意见。

相邻省、自治区、直辖市之间可以开展区域合作，统筹建设区域性危险废物集中处置设施、场所。

第七十七条 对危险废物的容器和包装物以及收集、贮存、运输、利用、处置危险废物的设施、场所，应当按照规定设置危险废物识别标志。

第七十八条 产生危险废物的单位，应当按照国家有关规定制定危险废物管理计划；建立危险废物管理台账，如实记录有关信息，并通过国家危险废物信息管理系统向所在地生态环境主管部门申报危险废物的种类、产生量、流向、贮存、处置等有关资料。

前款所称危险废物管理计划应当包括减少危险废物产生量和降低危险废物危害性的措施以及危险废物贮存、利用、处置措施。危险废物管理计划应当报产生危险废物的单位所在地生态环境主管部门备案。

产生危险废物的单位已经取得排污许可证的，执行排污许可管理制度的规定。

第七十九条　产生危险废物的单位，应当按照国家有关规定和环境保护标准要求贮存、利用、处置危险废物，不得擅自倾倒、堆放。

第八十条　从事收集、贮存、利用、处置危险废物经营活动的单位，应当按照国家有关规定申请取得许可证。许可证的具体管理办法由国务院制定。

禁止无许可证或者未按照许可证规定从事危险废物收集、贮存、利用、处置的经营活动。

禁止将危险废物提供或者委托给无许可证的单位或者其他生产经营者从事收集、贮存、利用、处置活动。

第八十一条　收集、贮存危险废物，应当按照危险废物特性分类进行。禁止混合收集、贮存、运输、处置性质不相容而未经安全性处置的危险废物。

贮存危险废物应当采取符合国家环境保护标准的防护措施。禁止将危险废物混入非危险废物中贮存。

从事收集、贮存、利用、处置危险废物经营活动的单位，贮存危险废物不得超过一年；确需延长期限的，应当报经颁发许可证的生态环境主管部门批准；法律、行政法规另有规定的除外。

第八十二条　转移危险废物的，应当按照国家有关规定填写、运行危险废物电子或者纸质转移联单。

跨省、自治区、直辖市转移危险废物的，应当向危险废物移出地省、自治区、直辖市人民政府生态环境主管部门申请。移出地省、自治区、直辖市人民政府生态环境主管部门应当及时商经接受地省、自治区、直辖市人民政府生态环境主管部门同意后，在规定期限内批准转移该危险废物，并将批准信息通报相关省、自治区、直辖市人民政府生态环境主管部门和交通运输主管部门。未经批准的，不得转移。

危险废物转移管理应当全程管控、提高效率，具体办法由国务院生态环境主管部门会同国务院交通运输主管部门和公安部门制定。

第八十三条　运输危险废物，应当采取防止污染环境的措施，并遵守国家有关危险货物运输管理的规定。

禁止将危险废物与旅客在同一运输工具上载运。

第八十四条 收集、贮存、运输、利用、处置危险废物的场所、设施、设备和容器、包装物及其他物品转作他用时，应当按照国家有关规定经过消除污染处理，方可使用。

第八十五条 产生、收集、贮存、运输、利用、处置危险废物的单位，应当依法制定意外事故的防范措施和应急预案，并向所在地生态环境主管部门和其他负有固体废物污染环境防治监督管理职责的部门备案；生态环境主管部门和其他负有固体废物污染环境防治监督管理职责的部门应当进行检查。

第八十六条 因发生事故或者其他突发性事件，造成危险废物严重污染环境的单位，应当立即采取有效措施消除或者减轻对环境的污染危害，及时通报可能受到污染危害的单位和居民，并向所在地生态环境主管部门和有关部门报告，接受调查处理。

第八十七条 在发生或者有证据证明可能发生危险废物严重污染环境、威胁居民生命财产安全时，生态环境主管部门或者其他负有固体废物污染环境防治监督管理职责的部门应当立即向本级人民政府和上一级人民政府有关部门报告，由人民政府采取防止或者减轻危害的有效措施。有关人民政府可以根据需要责令停止导致或者可能导致环境污染事故的作业。

第八十八条 重点危险废物集中处置设施、场所退役前，运营单位应当按照国家有关规定对设施、场所采取污染防治措施。退役的费用应当预提，列入投资概算或者生产成本，专门用于重点危险废物集中处置设施、场所的退役。具体提取和管理办法，由国务院财政部门、价格主管部门会同国务院生态环境主管部门规定。

第八十九条 禁止经中华人民共和国过境转移危险废物。

第九十条 医疗废物按照国家危险废物名录管理。县级以上地方人民政府应当加强医疗废物集中处置能力建设。

县级以上人民政府卫生健康、生态环境等主管部门应当在各自职责范围内加强对医疗废物收集、贮存、运输、处置的监督管理，防止危害公众健康、污染环境。

医疗卫生机构应当依法分类收集本单位产生的医疗废物，交由医疗废物集中处置单位处置。医疗废物集中处置单位应当及时收集、运输和处置医疗废物。

医疗卫生机构和医疗废物集中处置单位，应当采取有效措施，防止医疗废物流失、泄漏、渗漏、扩散。

第九十一条　重大传染病疫情等突发事件发生时，县级以上人民政府应当统筹协调医疗废物等危险废物收集、贮存、运输、处置等工作，保障所需的车辆、场地、处置设施和防护物资。卫生健康、生态环境、环境卫生、交通运输等主管部门应当协同配合，依法履行应急处置职责。

第七章　保障措施

第九十二条　国务院有关部门、县级以上地方人民政府及其有关部门在编制国土空间规划和相关专项规划时，应当统筹生活垃圾、建筑垃圾、危险废物等固体废物转运、集中处置等设施建设需求，保障转运、集中处置等设施用地。

第九十三条　国家采取有利于固体废物污染环境防治的经济、技术政策和措施，鼓励、支持有关方面采取有利于固体废物污染环境防治的措施，加强对从事固体废物污染环境防治工作人员的培训和指导，促进固体废物污染环境防治产业专业化、规模化发展。

第九十四条　国家鼓励和支持科研单位、固体废物产生单位、固体废物利用单位、固体废物处置单位等联合攻关，研究开发固体废物综合利用、集中处置等的新技术，推动固体废物污染环境防治技术进步。

第九十五条　各级人民政府应当加强固体废物污染环境的防治，按照事权划分的原则安排必要的资金用于下列事项：

（一）固体废物污染环境防治的科学研究、技术开发；

（二）生活垃圾分类；

（三）固体废物集中处置设施建设；

（四）重大传染病疫情等突发事件产生的医疗废物等危险废物应急处置；

（五）涉及固体废物污染环境防治的其他事项。

使用资金应当加强绩效管理和审计监督，确保资金使用效益。

第九十六条　国家鼓励和支持社会力量参与固体废物污染环境防治工

作，并按照国家有关规定给予政策扶持。

第九十七条 国家发展绿色金融，鼓励金融机构加大对固体废物污染环境防治项目的信贷投放。

第九十八条 从事固体废物综合利用等固体废物污染环境防治工作的，依照法律、行政法规的规定，享受税收优惠。

国家鼓励并提倡社会各界为防治固体废物污染环境捐赠财产，并依照法律、行政法规的规定，给予税收优惠。

第九十九条 收集、贮存、运输、利用、处置危险废物的单位，应当按照国家有关规定，投保环境污染责任保险。

第一百条 国家鼓励单位和个人购买、使用综合利用产品和可重复使用产品。

县级以上人民政府及其有关部门在政府采购过程中，应当优先采购综合利用产品和可重复使用产品。

第八章 法律责任

第一百零一条 生态环境主管部门或者其他负有固体废物污染环境防治监督管理职责的部门违反本法规定，有下列行为之一，由本级人民政府或者上级人民政府有关部门责令改正，对直接负责的主管人员和其他直接责任人员依法给予处分：

（一）未依法作出行政许可或者办理批准文件的；

（二）对违法行为进行包庇的；

（三）未依法查封、扣押的；

（四）发现违法行为或者接到对违法行为的举报后未予查处的；

（五）有其他滥用职权、玩忽职守、徇私舞弊等违法行为的。

依照本法规定应当作出行政处罚决定而未作出的，上级主管部门可以直接作出行政处罚决定。

第一百零二条 违反本法规定，有下列行为之一，由生态环境主管部门责令改正，处以罚款，没收违法所得；情节严重的，报经有批准权的人民政府批准，可以责令停业或者关闭：

（一）产生、收集、贮存、运输、利用、处置固体废物的单位未依法及时公开固体废物污染环境防治信息的；

（二）生活垃圾处理单位未按照国家有关规定安装使用监测设备、实时监测污染物的排放情况并公开污染排放数据的；

（三）将列入限期淘汰名录被淘汰的设备转让给他人使用的；

（四）在生态保护红线区域、永久基本农田集中区域和其他需要特别保护的区域内，建设工业固体废物、危险废物集中贮存、利用、处置的设施、场所和生活垃圾填埋场的；

（五）转移固体废物出省、自治区、直辖市行政区域贮存、处置未经批准的；

（六）转移固体废物出省、自治区、直辖市行政区域利用未报备案的；

（七）擅自倾倒、堆放、丢弃、遗撒工业固体废物，或者未采取相应防范措施，造成工业固体废物扬散、流失、渗漏或者其他环境污染的；

（八）产生工业固体废物的单位未建立固体废物管理台账并如实记录的；

（九）产生工业固体废物的单位违反本法规定委托他人运输、利用、处置工业固体废物的；

（十）贮存工业固体废物未采取符合国家环境保护标准的防护措施的；

（十一）单位和其他生产经营者违反固体废物管理其他要求，污染环境、破坏生态的。

有前款第一项、第八项行为之一，处五万元以上二十万元以下的罚款；有前款第二项、第三项、第四项、第五项、第六项、第九项、第十项、第十一项行为之一，处十万元以上一百万元以下的罚款；有前款第七项行为，处所需处置费用一倍以上三倍以下的罚款，所需处置费用不足十万元的，按十万元计算。对前款第十一项行为的处罚，有关法律、行政法规另有规定的，适用其规定。

第一百零三条 违反本法规定，以拖延、围堵、滞留执法人员等方式拒绝、阻挠监督检查，或者在接受监督检查时弄虚作假的，由生态环境主管部门或者其他负有固体废物污染环境防治监督管理职责的部门责令改正，处五万元以上二十万元以下的罚款；对直接负责的主管人员和其他直接责任人员，处二万元以上十万元以下的罚款。

第一百零四条 违反本法规定，未依法取得排污许可证产生工业固体废物的，由生态环境主管部门责令改正或者限制生产、停产整治，处十万元以上一百万元以下的罚款；情节严重的，报经有批准权的人民政府批准，责令停业或者关闭。

第一百零五条 违反本法规定，生产经营者未遵守限制商品过度包装的强制性标准的，由县级以上地方人民政府市场监督管理部门或者有关部门责令改正；拒不改正的，处二千元以上二万元以下的罚款；情节严重的，处二万元以上十万元以下的罚款。

第一百零六条 违反本法规定，未遵守国家有关禁止、限制使用不可降解塑料袋等一次性塑料制品的规定，或者未按照国家有关规定报告塑料袋等一次性塑料制品的使用情况的，由县级以上地方人民政府商务、邮政等主管部门责令改正，处一万元以上十万元以下的罚款。

第一百零七条 从事畜禽规模养殖未及时收集、贮存、利用或者处置养殖过程中产生的畜禽粪污等固体废物的，由生态环境主管部门责令改正，可以处十万元以下的罚款；情节严重的，报经有批准权的人民政府批准，责令停业或者关闭。

第一百零八条 违反本法规定，城镇污水处理设施维护运营单位或者污泥处理单位对污泥流向、用途、用量等未进行跟踪、记录，或者处理后的污泥不符合国家有关标准的，由城镇排水主管部门责令改正，给予警告；造成严重后果的，处十万元以上二十万元以下的罚款；拒不改正的，城镇排水主管部门可以指定有治理能力的单位代为治理，所需费用由违法者承担。

违反本法规定，擅自倾倒、堆放、丢弃、遗撒城镇污水处理设施产生的污泥和处理后的污泥的，由城镇排水主管部门责令改正，处二十万元以上二百万元以下的罚款，对直接负责的主管人员和其他直接责任人员处二万元以上十万元以下的罚款；造成严重后果的，处二百万元以上五百万元以下的罚款，对直接负责的主管人员和其他直接责任人员处五万元以上五十万元以下的罚款；拒不改正的，城镇排水主管部门可以指定有治理能力的单位代为治理，所需费用由违法者承担。

第一百零九条 违反本法规定，生产、销售、进口或者使用淘汰的设备，或者采用淘汰的生产工艺的，由县级以上地方人民政府指定的部门责令改正，处十万元以上一百万元以下的罚款，没收违法所得；情节严重的，由县级以上地方人民政府指定的部门提出意见，报经有批准权的人民政府批准，责令停业或者关闭。

第一百一十条 尾矿、煤矸石、废石等矿业固体废物贮存设施停止使用后，未按照国家有关环境保护规定进行封场的，由生态环境主管部门责令改正，处二十万元以上一百万元以下的罚款。

第一百一十一条 违反本法规定，有下列行为之一，由县级以上地方人民政府环境卫生主管部门责令改正，处以罚款，没收违法所得：

（一）随意倾倒、抛撒、堆放或者焚烧生活垃圾的；

（二）擅自关闭、闲置或者拆除生活垃圾处理设施、场所的；

（三）工程施工单位未编制建筑垃圾处理方案报备案，或者未及时清运施工过程中产生的固体废物的；

（四）工程施工单位擅自倾倒、抛撒或者堆放工程施工过程中产生的建筑垃圾，或者未按照规定对施工过程中产生的固体废物进行利用或者处置的；

（五）产生、收集厨余垃圾的单位和其他生产经营者未将厨余垃圾交由具备相应资质条件的单位进行无害化处理的；

（六）畜禽养殖场、养殖小区利用未经无害化处理的厨余垃圾饲喂畜禽的；

（七）在运输过程中沿途丢弃、遗撒生活垃圾的。

单位有前款第一项、第七项行为之一，处五万元以上五十万元以下的罚款；单位有前款第二项、第三项、第四项、第五项、第六项行为之一，处十万元以上一百万元以下的罚款；个人有前款第一项、第五项、第七项行为之一，处一百元以上五百元以下的罚款。

违反本法规定，未在指定的地点分类投放生活垃圾的，由县级以上地方人民政府环境卫生主管部门责令改正；情节严重的，对单位处五万元以上五十万元以下的罚款，对个人依法处以罚款。

第一百一十二条 违反本法规定，有下列行为之一，由生态环境主管部门责令改正，处以罚款，没收违法所得；情节严重的，报经有批准权的人民政府批准，可以责令停业或者关闭：

（一）未按照规定设置危险废物识别标志的；

（二）未按照国家有关规定制定危险废物管理计划或者申报危险废物有关资料的；

（三）擅自倾倒、堆放危险废物的；

（四）将危险废物提供或者委托给无许可证的单位或者其他生产经营者从事经营活动的；

（五）未按照国家有关规定填写、运行危险废物转移联单或者未经批准擅自转移危险废物的；

（六）未按照国家环境保护标准贮存、利用、处置危险废物或者将危险废物混入非危险废物中贮存的；

（七）未经安全性处置，混合收集、贮存、运输、处置具有不相容性质的危险废物的；

（八）将危险废物与旅客在同一运输工具上载运的；

（九）未经消除污染处理，将收集、贮存、运输、处置危险废物的场所、设施、设备和容器、包装物及其他物品转作他用的；

（十）未采取相应防范措施，造成危险废物扬散、流失、渗漏或者其他环境污染的；

（十一）在运输过程中沿途丢弃、遗撒危险废物的；

（十二）未制定危险废物意外事故防范措施和应急预案的；

（十三）未按照国家有关规定建立危险废物管理台账并如实记录的。

有前款第一项、第二项、第五项、第六项、第七项、第八项、第九项、第十二项、第十三项行为之一，处十万元以上一百万元以下的罚款；有前款第三项、第四项、第十项、第十一项行为之一，处所需处置费用三倍以上五倍以下的罚款，所需处置费用不足二十万元的，按二十万元计算。

第一百一十三条 违反本法规定，危险废物产生者未按照规定处置其产生的危险废物被责令改正后拒不改正的，由生态环境主管部门组织代为处置，处置费用由危险废物产生者承担；拒不承担代为处置费用的，处代为处置费用一倍以上三倍以下的罚款。

第一百一十四条 无许可证从事收集、贮存、利用、处置危险废物经营活动的，由生态环境主管部门责令改正，处一百万元以上五百万元以下的罚款,并报经有批准权的人民政府批准,责令停业或者关闭;对法定代表人、主要负责人、直接负责的主管人员和其他责任人员,处十万元以上一百万元以下的罚款。

未按照许可证规定从事收集、贮存、利用、处置危险废物经营活动的,由生态环境主管部门责令改正,限制生产、停产整治,处五十万元以上二百万元以下的罚款;对法定代表人、主要负责人、直接负责的主管人员和其他责任人员,处五万元以上五十万元以下的罚款;情节严重的,报经有批准权的人民政府批准,责令停业或者关闭,还可以由发证机关吊销许可证。

第一百一十五条 违反本法规定,将中华人民共和国境外的固体废物输入境内的,由海关责令退运该固体废物,处五十万元以上五百万元以下的罚款。

承运人对前款规定的固体废物的退运、处置,与进口者承担连带责任。

第一百一十六条 违反本法规定,经中华人民共和国过境转移危险废物的,由海关责令退运该危险废物,处五十万元以上五百万元以下的罚款。

第一百一十七条 对已经非法入境的固体废物,由省级以上人民政府生态环境主管部门依法向海关提出处理意见,海关应当依照本法第一百一十五条的规定作出处罚决定;已经造成环境污染的,由省级以上人民政府生态环境主管部门责令进口者消除污染。

第一百一十八条 违反本法规定,造成固体废物污染环境事故的,除依法承担赔偿责任外,由生态环境主管部门依照本条第二款的规定处以罚款,责令限期采取治理措施;造成重大或者特大固体废物污染环境事故的,还可以报经有批准权的人民政府批准,责令关闭。

造成一般或者较大固体废物污染环境事故的,按照事故造成的直接经济损失的一倍以上三倍以下计算罚款;造成重大或者特大固体废物污染环境事故的,按照事故造成的直接经济损失的三倍以上五倍以下计算罚款,并对法定代表人、主要负责人、直接负责的主管人员和其他责任人员处上一年度从本单位取得的收入百分之五十以下的罚款。

第一百一十九条 单位和其他生产经营者违反本法规定排放固体废物,受到罚款处罚,被责令改正的,依法作出处罚决定的行政机关应当组织复查,发现其继续实施该违法行为的，依照《中华人民共和国环境保护法》的规定按日连续处罚。

第一百二十条　违反本法规定，有下列行为之一，尚不构成犯罪的，由公安机关对法定代表人、主要负责人、直接负责的主管人员和其他责任人员处十日以上十五日以下的拘留；情节较轻的，处五日以上十日以下的拘留：

（一）擅自倾倒、堆放、丢弃、遗撒固体废物，造成严重后果的；

（二）在生态保护红线区域、永久基本农田集中区域和其他需要特别保护的区域内，建设工业固体废物、危险废物集中贮存、利用、处置的设施、场所和生活垃圾填埋场的；

（三）将危险废物提供或者委托给无许可证的单位或者其他生产经营者堆放、利用、处置的；

（四）无许可证或者未按照许可证规定从事收集、贮存、利用、处置危险废物经营活动的；

（五）未经批准擅自转移危险废物的；

（六）未采取防范措施，造成危险废物扬散、流失、渗漏或者其他严重后果的。

第一百二十一条　固体废物污染环境、破坏生态，损害国家利益、社会公共利益的，有关机关和组织可以依照《中华人民共和国环境保护法》、《中华人民共和国民事诉讼法》、《中华人民共和国行政诉讼法》等法律的规定向人民法院提起诉讼。

第一百二十二条　固体废物污染环境、破坏生态给国家造成重大损失的，由设区的市级以上地方人民政府或者其指定的部门、机构组织与造成环境污染和生态破坏的单位和其他生产经营者进行磋商，要求其承担损害赔偿责任；磋商未达成一致的，可以向人民法院提起诉讼。

对于执法过程中查获的无法确定责任人或者无法退运的固体废物，由所在地县级以上地方人民政府组织处理。

第一百二十三条　违反本法规定，构成违反治安管理行为的，由公安机关依法给予治安管理处罚；构成犯罪的，依法追究刑事责任；造成人身、财产损害的，依法承担民事责任。

第九章 附则

第一百二十四条 本法下列用语的含义：

（一）固体废物，是指在生产、生活和其他活动中产生的丧失原有利用价值或者虽未丧失利用价值但被抛弃或者放弃的固态、半固态和置于容器中的气态的物品、物质以及法律、行政法规规定纳入固体废物管理的物品、物质。经无害化加工处理，并且符合强制性国家产品质量标准，不会危害公众健康和生态安全，或者根据固体废物鉴别标准和鉴别程序认定为不属于固体废物的除外。

（二）工业固体废物，是指在工业生产活动中产生的固体废物。

（三）生活垃圾，是指在日常生活中或者为日常生活提供服务的活动中产生的固体废物，以及法律、行政法规规定视为生活垃圾的固体废物。

（四）建筑垃圾，是指建设单位、施工单位新建、改建、扩建和拆除各类建筑物、构筑物、管网等，以及居民装饰装修房屋过程中产生的弃土、弃料和其他固体废物。

（五）农业固体废物，是指在农业生产活动中产生的固体废物。

（六）危险废物，是指列入国家危险废物名录或者根据国家规定的危险废物鉴别标准和鉴别方法认定的具有危险特性的固体废物。

（七）贮存，是指将固体废物临时置于特定设施或者场所中的活动。

（八）利用，是指从固体废物中提取物质作为原材料或者燃料的活动。

（九）处置，是指将固体废物焚烧和用其他改变固体废物的物理、化学、生物特性的方法，达到减少已产生的固体废物数量、缩小固体废物体积、减少或者消除其危险成分的活动，或者将固体废物最终置于符合环境保护规定要求的填埋场的活动。

第一百二十五条 液态废物的污染防治，适用本法；但是，排入水体的废水的污染防治适用有关法律，不适用本法。

第一百二十六条 本法自2020年9月1日起施行。

中华人民共和国环境噪声污染防治法

1996年10月29日　中华人民共和国主席令第七十七号

（1996年10月29日第八届全国人民代表大会常务委员会第二十二次会议通过。根据2018年12月29日第十三届全国人民代表大会常务委员会第七次会议《关于修改〈中华人民共和国劳动法〉等七部法律的决定》修正。）

目　录

第一章　总则
第二章　环境噪声污染防治的监督管理
第三章　工业噪声污染防治
第四章　建筑施工噪声污染防治
第五章　交通运输噪声污染防治
第六章　社会生活噪声污染防治
第七章　法律责任
第八章　附则

第一章　总则

第一条　为防治环境噪声污染，保护和改善生活环境，保障人体健康，促进经济和社会发展，制定本法。

第二条　本法所称环境噪声，是指在工业生产、建筑施工、交通运输和社会生活中所产生的干扰周围生活环境的声音。

本法所称环境噪声污染，是指所产生的环境噪声超过国家规定的环境噪声排放标准，并干扰他人正常生活、工作和学习的现象。

第三条　本法适用于中华人民共和国领域内环境噪声污染的防治。

因从事本职生产、经营工作受到噪声危害的防治，不适用本法。

第四条 国务院和地方各级人民政府应当将环境噪声污染防治工作纳入环境保护规划，并采取有利于声环境保护的经济、技术政策和措施。

第五条 地方各级人民政府在制定城乡建设规划时，应当充分考虑建设项目和区域开发、改造所产生的噪声对周围生活环境的影响，统筹规划，合理安排功能区和建设布局，防止或者减轻环境噪声污染。

第六条 国务院生态环境主管部门对全国环境噪声污染防治实施统一监督管理。

县级以上地方人民政府生态环境主管部门对本行政区域内的环境噪声污染防治实施统一监督管理。

各级公安、交通、铁路、民航等主管部门和港务监督机构，根据各自的职责，对交通运输和社会生活噪声污染防治实施监督管理。

第七条 任何单位和个人都有保护声环境的义务，并有权对造成环境噪声污染的单位和个人进行检举和控告。

第八条 国家鼓励、支持环境噪声污染防治的科学研究、技术开发，推广先进的防治技术和普及防治环境噪声污染的科学知识。

第九条 对在环境噪声污染防治方面成绩显著的单位和个人，由人民政府给予奖励。

第二章 环境噪声污染防治的监督管理

第十条 国务院生态环境主管部门分别不同的功能区制定国家声环境质量标准。

县级以上地方人民政府根据国家声环境质量标准，划定本行政区域内各类声环境质量标准的适用区域，并进行管理。

第十一条 国务院生态环境主管部门根据国家声环境质量标准和国家经济、技术条件，制定国家环境噪声排放标准。

第十二条 城市规划部门在确定建设布局时，应当依据国家声环境质量标准和民用建筑隔声设计规范，合理划定建筑物与交通干线的防噪声距离，并提出相应的规划设计要求。

第十三条 新建、改建、扩建的建设项目，必须遵守国家有关建设项目环境保护管理的规定。

建设项目可能产生环境噪声污染的，建设单位必须提出环境影响报告书，规定环境噪声污染的防治措施，并按照国家规定的程序报生态环境主管部门批准。

环境影响报告书中，应当有该建设项目所在地单位和居民的意见。

第十四条 建设项目的环境噪声污染防治设施必须与主体工程同时设计、同时施工、同时投产使用。

建设项目在投入生产或者使用之前，其环境噪声污染防治设施必须按照国家规定的标准和程序进行验收；达不到国家规定要求的，该建设项目不得投入生产或者使用。

第十五条 产生环境噪声污染的企业事业单位，必须保持防治环境噪声污染的设施的正常使用；拆除或者闲置环境噪声污染防治设施的，必须事先报经所在地的县级以上地方人民政府生态环境主管部门批准。

第十六条 产生环境噪声污染的单位，应当采取措施进行治理，并按照国家规定缴纳超标准排污费。

征收的超标准排污费必须用于污染的防治，不得挪作他用。

第十七条 对于在噪声敏感建筑物集中区域内造成严重环境噪声污染的企业事业单位，限期治理。

被限期治理的单位必须按期完成治理任务。限期治理由县级以上人民政府按照国务院规定的权限决定。

对小型企业事业单位的限期治理，可以由县级以上人民政府在国务院规定的权限内授权其生态环境主管部门决定。

第十八条 国家对环境噪声污染严重的落后设备实行淘汰制度。

国务院经济综合主管部门应当会同国务院有关部门公布限期禁止生产、禁止销售、禁止进口的环境噪声污染严重的设备名录。

生产者、销售者或者进口者必须在国务院经济综合主管部门会同国务院有关部门规定的期限内分别停止生产、销售或者进口列入前款规定的名录中的设备。

第十九条 在城市范围内从事生产活动确需排放偶发性强烈噪声的，必须事先向当地公安机关提出申请，经批准后方可进行。当地公安机关应当向社会公告。

第二十条 国务院生态环境主管部门应当建立环境噪声监测制度，制定监测规范，并会同有关部门组织监测网络。

环境噪声监测机构应当按照国务院生态环境主管部门的规定报送环境噪声监测结果。

第二十一条 县级以上人民政府生态环境主管部门和其他环境噪声污染防治工作的监督管理部门、机构，有权依据各自的职责对管辖范围内排放环境噪声的单位进行现场检查。被检查的单位必须如实反映情况，并提供必要的资料。检查部门、机构应当为被检查的单位保守技术秘密和业务秘密。

检查人员进行现场检查，应当出示证件。

第三章 工业噪声污染防治

第二十二条 本法所称工业噪声，是指在工业生产活动中使用固定的设备时产生的干扰周围生活环境的声音。

第二十三条 在城市范围内向周围生活环境排放工业噪声的，应当符合国家规定的工业企业厂界环境噪声排放标准。

第二十四条 在工业生产中因使用固定的设备造成环境噪声污染的工业企业，必须按照国务院生态环境主管部门的规定，向所在地的县级以上地方人民政府生态环境主管部门申报拥有的造成环境噪声污染的设备的种类、数量以及在正常作业条件下所发出的噪声值和防治环境噪声污染的设施情况，并提供防治噪声污染的技术资料。

造成环境噪声污染的设备的种类、数量、噪声值和防治设施有重大改变的，必须及时申报，并采取应有的防治措施。

第二十五条 产生环境噪声污染的工业企业，应当采取有效措施，减轻噪声对周围生活环境的影响。

第二十六条 国务院有关主管部门对可能产生环境噪声污染的工业设备，应当根据声环境保护的要求和国家的经济、技术条件，逐步在依法制定的产品的国家标准、行业标准中规定噪声限值。

前款规定的工业设备运行时发出的噪声值，应当在有关技术文件中予以注明。

第四章　建筑施工噪声污染防治

第二十七条　本法所称建筑施工噪声，是指在建筑施工过程中产生的干扰周围生活环境的声音。

第二十八条　在城市市区范围内向周围生活环境排放建筑施工噪声的，应当符合国家规定的建筑施工场界环境噪声排放标准。

第二十九条　在城市市区范围内，建筑施工过程中使用机械设备，可能产生环境噪声污染的，施工单位必须在工程开工十五日以前向工程所在地县级以上地方人民政府生态环境主管部门申报该工程的项目名称、施工场所和期限、可能产生的环境噪声值以及所采取的环境噪声污染防治措施的情况。

第三十条　在城市市区噪声敏感建筑物集中区域内，禁止夜间进行产生环境噪声污染的建筑施工作业，但抢修、抢险作业和因生产工艺上要求或者特殊需要必须连续作业的除外。

因特殊需要必须连续作业的，必须有县级以上人民政府或者其有关主管部门的证明。

前款规定的夜间作业，必须公告附近居民。

第五章　交通运输噪声污染防治

第三十一条　本法所称交通运输噪声，是指机动车辆、铁路机车、机动船舶、航空器等交通运输工具在运行时所产生的干扰周围生活环境的声音。

第三十二条　禁止制造、销售或者进口超过规定的噪声限值的汽车。

第三十三条　在城市市区范围内行驶的机动车辆的消声器和喇叭必须符合国家规定的要求。机动车辆必须加强维修和保养，保持技术性能良好，防治环境噪声污染。

第三十四条　机动车辆在城市市区范围内行驶，机动船舶在城市市区的内河航道航行，铁路机车驶经或者进入城市市区、疗养区时，必须按照规定使用声响装置。

警车、消防车、工程抢险车、救护车等机动车辆安装、使用警报器，必须符合国务院公安部门的规定；在执行非紧急任务时，禁止使用警报器。

第三十五条　城市人民政府公安机关可以根据本地城市市区区域声环境

保护的需要，划定禁止机动车辆行驶和禁止其使用声响装置的路段和时间，并向社会公告。

第三十六条 建设经过已有的噪声敏感建筑物集中区域的高速公路和城市高架、轻轨道路，有可能造成环境噪声污染的，应当设置声屏障或者采取其他有效的控制环境噪声污染的措施。

第三十七条 在已有的城市交通干线的两侧建设噪声敏感建筑物的，建设单位应当按照国家规定间隔一定距离，并采取减轻、避免交通噪声影响的措施。

第三十八条 在车站、铁路编组站、港口、码头、航空港等地指挥作业时使用广播喇叭的，应当控制音量，减轻噪声对周围生活环境的影响。

第三十九条 穿越城市居民区、文教区的铁路，因铁路机车运行造成环境噪声污染的，当地城市人民政府应当组织铁路部门和其他有关部门，制定减轻环境噪声污染的规划。铁路部门和其他有关部门应当按照规划的要求，采取有效措施，减轻环境噪声污染。

第四十条 除起飞、降落或者依法规定的情形以外，民用航空器不得飞越城市市区上空。城市人民政府应当在航空器起飞、降落的净空周围划定限制建设噪声敏感建筑物的区域；在该区域内建设噪声敏感建筑物的，建设单位应当采取减轻、避免航空器运行时产生的噪声影响的措施。民航部门应当采取有效措施，减轻环境噪声污染。

第六章 社会生活噪声污染防治

第四十一条 本法所称社会生活噪声，是指人为活动所产生的除工业噪声、建筑施工噪声和交通运输噪声之外的干扰周围生活环境的声音。

第四十二条 在城市市区噪声敏感建筑物集中区域内，因商业经营活动中使用固定设备造成环境噪声污染的商业企业，必须按照国务院生态环境主管部门的规定，向所在地的县级以上地方人民政府生态环境主管部门申报拥有的造成环境噪声污染的设备的状况和防治环境噪声污染的设施的情况。

第四十三条 新建营业性文化娱乐场所的边界噪声必须符合国家规定的环境噪声排放标准；不符合国家规定的环境噪声排放标准的，文化行政主管部门不得核发文化经营许可证，市场监督管理部门不得核发营业执照。

经营中的文化娱乐场所，其经营管理者必须采取有效措施，使其边界噪声不超过国家规定的环境噪声排放标准。

第四十四条 禁止在商业经营活动中使用高音广播喇叭或者采用其他发出高噪声的方法招揽顾客。

在商业经营活动中使用空调器、冷却塔等可能产生环境噪声污染的设备、设施的，其经营管理者应当采取措施，使其边界噪声不超过国家规定的环境噪声排放标准。

第四十五条 禁止任何单位、个人在城市市区噪声敏感建筑物集中区域内使用高音广播喇叭。

在城市市区街道、广场、公园等公共场所组织娱乐、集会等活动，使用音响器材可能产生干扰周围生活环境的过大音量的，必须遵守当地公安机关的规定。

第四十六条 使用家用电器、乐器或者进行其他家庭室内娱乐活动时，应当控制音量或者采取其他有效措施，避免对周围居民造成环境噪声污染。

第四十七条 在已竣工交付使用的住宅楼进行室内装修活动，应当限制作业时间，并采取其他有效措施，以减轻、避免对周围居民造成环境噪声污染。

第七章　法律责任

第四十八条 违反本法第十四条的规定，建设项目中需要配套建设的环境噪声污染防治设施没有建成或者没有达到国家规定的要求，擅自投入生产或者使用的，由县级以上生态环境主管部门责令限期改正，并对单位和个人处以罚款；造成重大环境污染或者生态破坏的，责令停止生产或者使用，或者报经有批准权的人民政府批准，责令关闭。

第四十九条 违反本法规定，拒报或者谎报规定的环境噪声排放申报事项的，县级以上地方人民政府生态环境主管部门可以根据不同情节，给予警告或者处以罚款。

第五十条 违反本法第十五条的规定，未经生态环境主管部门批准，擅自拆除或者闲置环境噪声污染防治设施，致使环境噪声排放超过规定标准的，由县级以上地方人民政府生态环境主管部门责令改正，并处罚款。

第五十一条　违反本法第十六条的规定，不按照国家规定缴纳超标准排污费的，县级以上地方人民政府生态环境主管部门可以根据不同情节，给予警告或者处以罚款。

第五十二条　违反本法第十七条的规定，对经限期治理逾期未完成治理任务的企业事业单位，除依照国家规定加收超标准排污费外，可以根据所造成的危害后果处以罚款，或者责令停业、搬迁、关闭。

前款规定的罚款由生态环境主管部门决定。责令停业、搬迁、关闭由县级以上人民政府按照国务院规定的权限决定。

第五十三条　违反本法第十八条的规定，生产、销售、进口禁止生产、销售、进口的设备的，由县级以上人民政府经济综合主管部门责令改正；情节严重的，由县级以上人民政府经济综合主管部门提出意见，报请同级人民政府按照国务院规定的权限责令停业、关闭。

第五十四条　违反本法第十九条的规定，未经当地公安机关批准，进行产生偶发性强烈噪声活动的，由公安机关根据不同情节给予警告或者处以罚款。

第五十五条　排放环境噪声的单位违反本法第二十一条的规定，拒绝生态环境主管部门或者其他依照本法规定行使环境噪声监督管理权的部门、机构现场检查或者在被检查时弄虚作假的，生态环境主管部门或者其他依照本法规定行使环境噪声监督管理权的监督管理部门、机构可以根据不同情节，给予警告或者处以罚款。

第五十六条　建筑施工单位违反本法第三十条第一款的规定，在城市市区噪声敏感建筑物集中区域内，夜间进行禁止进行的产生环境噪声污染的建筑施工作业的，由工程所在地县级以上地方人民政府生态环境主管部门责令改正，可以并处罚款。

第五十七条　违反本法第三十四条的规定，机动车辆不按照规定使用声响装置的，由当地公安机关根据不同情节给予警告或者处以罚款。

机动船舶有前款违法行为的，由港务监督机构根据不同情节给予警告或者处以罚款。

铁路机车有第一款违法行为的，由铁路主管部门对有关责任人员给予行政处分。

第五十八条　违反本法规定,有下列行为之一的,由公安机关给予警告,可以并处罚款:

（一）在城市市区噪声敏感建筑物集中区域内使用高音广播喇叭；

（二）违反当地公安机关的规定,在城市市区街道、广场、公园等公共场所组织娱乐、集会等活动,使用音响器材,产生干扰周围生活环境的过大音量的；

（三）未按本法第四十六条和第四十七条规定采取措施,从家庭室内发出严重干扰周围居民生活的环境噪声的。

第五十九条　违反本法第四十三条第二款、第四十四条第二款的规定,造成环境噪声污染的,由县级以上地方人民政府生态环境主管部门责令改正,可以并处罚款。

第六十条　违反本法第四十四条第一款的规定,造成环境噪声污染的,由公安机关责令改正,可以并处罚款。

省级以上人民政府依法决定由县级以上地方人民政府生态环境主管部门行使前款规定的行政处罚权的,从其决定。

第六十一条　受到环境噪声污染危害的单位和个人,有权要求加害人排除危害；造成损失的,依法赔偿损失。

赔偿责任和赔偿金额的纠纷,可以根据当事人的请求,由生态环境主管部门或者其他环境噪声污染防治工作的监督管理部门、机构调解处理；调解不成的,当事人可以向人民法院起诉。当事人也可以直接向人民法院起诉。

第六十二条　环境噪声污染防治监督管理人员滥用职权、玩忽职守、徇私舞弊的,由其所在单位或者上级主管机关给予行政处分；构成犯罪的,依法追究刑事责任。

第八章　附则

第六十三条　本法中下列用语的含义是:

（一）"噪声排放"是指噪声源向周围生活环境辐射噪声。

（二）"噪声敏感建筑物"是指医院、学校、机关、科研单位、住宅等需要保持安静的建筑物。

（三）"噪声敏感建筑物集中区域"是指医疗区、文教科研区和以机关或者居民住宅为主的区域。

（四）"夜间"是指晚二十二点至晨六点之间的期间。

（五）"机动车辆"是指汽车和摩托车。

第六十四条 本法自 1997 年 3 月 1 日起施行。1989 年 9 月 26 日国务院发布的《中华人民共和国环境噪声污染防治条例》同时废止。

中华人民共和国环境保护税法

2016 年 12 月 25 日　中华人民共和国主席令第六十一号

（2016 年 12 月 25 日第十二届全国人民代表大会常务委员会第二十五次会议通过。根据 2018 年 10 月 26 日第十三届全国人民代表大会常务委员会第六次会议《关于修改〈中华人民共和国野生动物保护法〉等十五部法律的决定》修正。）

目　录

第一章　总则

第二章　计税依据和应纳税额

第三章　税收减免

第四章　征收管理

第五章　附则

第一章　总则

第一条　为了保护和改善环境，减少污染物排放，推进生态文明建设，制定本法。

第二条　在中华人民共和国领域和中华人民共和国管辖的其他海域，直接向环境排放应税污染物的企业事业单位和其他生产经营者为环境保护税的纳税人，应当依照本法规定缴纳环境保护税。

第三条 本法所称应税污染物，是指本法所附《环境保护税税目税额表》、《应税污染物和当量值表》规定的大气污染物、水污染物、固体废物和噪声。

第四条 有下列情形之一的，不属于直接向环境排放污染物，不缴纳相应污染物的环境保护税：

（一）企业事业单位和其他生产经营者向依法设立的污水集中处理、生活垃圾集中处理场所排放应税污染物的；

（二）企业事业单位和其他生产经营者在符合国家和地方环境保护标准的设施、场所贮存或者处置固体废物的。

第五条 依法设立的城乡污水集中处理、生活垃圾集中处理场所超过国家和地方规定的排放标准向环境排放应税污染物的，应当缴纳环境保护税。

企业事业单位和其他生产经营者贮存或者处置固体废物不符合国家和地方环境保护标准的，应当缴纳环境保护税。

第六条 环境保护税的税目、税额，依照本法所附《环境保护税税目税额表》执行。

应税大气污染物和水污染物的具体适用税额的确定和调整，由省、自治区、直辖市人民政府统筹考虑本地区环境承载能力、污染物排放现状和经济社会生态发展目标要求，在本法所附《环境保护税税目税额表》规定的税额幅度内提出，报同级人民代表大会常务委员会决定，并报全国人民代表大会常务委员会和国务院备案。

第二章　计税依据和应纳税额

第七条 应税污染物的计税依据，按照下列方法确定：

（一）应税大气污染物按照污染物排放量折合的污染当量数确定；

（二）应税水污染物按照污染物排放量折合的污染当量数确定；

（三）应税固体废物按照固体废物的排放量确定；

（四）应税噪声按照超过国家规定标准的分贝数确定。

第八条 应税大气污染物、水污染物的污染当量数，以该污染物的排放量除以该污染物的污染当量值计算。每种应税大气污染物、水污染物的具体污染当量值，依照本法所附《应税污染物和当量值表》执行。

第九条 每一排放口或者没有排放口的应税大气污染物,按照污染当量数从大到小排序,对前三项污染物征收环境保护税。

每一排放口的应税水污染物,按照本法所附《应税污染物和当量值表》,区分第一类水污染物和其他类水污染物,按照污染当量数从大到小排序,对第一类水污染物按照前五项征收环境保护税,对其他类水污染物按照前三项征收环境保护税。

省、自治区、直辖市人民政府根据本地区污染物减排的特殊需要,可以增加同一排放口征收环境保护税的应税污染物项目数,报同级人民代表大会常务委员会决定,并报全国人民代表大会常务委员会和国务院备案。

第十条 应税大气污染物、水污染物、固体废物的排放量和噪声的分贝数,按照下列方法和顺序计算:

(一)纳税人安装使用符合国家规定和监测规范的污染物自动监测设备的,按照污染物自动监测数据计算;

(二)纳税人未安装使用污染物自动监测设备的,按照监测机构出具的符合国家有关规定和监测规范的监测数据计算;

(三)因排放污染物种类多等原因不具备监测条件的,按照国务院生态环境主管部门规定的排污系数、物料衡算方法计算;

(四)不能按照本条第一项至第三项规定的方法计算的,按照省、自治区、直辖市人民政府生态环境主管部门规定的抽样测算的方法核定计算。

第十一条 环境保护税应纳税额按照下列方法计算:

(一)应税大气污染物的应纳税额为污染当量数乘以具体适用税额;

(二)应税水污染物的应纳税额为污染当量数乘以具体适用税额;

(三)应税固体废物的应纳税额为固体废物排放量乘以具体适用税额;

(四)应税噪声的应纳税额为超过国家规定标准的分贝数对应的具体适用税额。

第三章 税收减免

第十二条 下列情形,暂予免征环境保护税:

(一)农业生产(不包括规模化养殖)排放应税污染物的;

(二)机动车、铁路机车、非道路移动机械、船舶和航空器等流动污染源排放应税污染物的；

（三）依法设立的城乡污水集中处理、生活垃圾集中处理场所排放相应应税污染物，不超过国家和地方规定的排放标准的；

（四）纳税人综合利用的固体废物，符合国家和地方环境保护标准的；

（五）国务院批准免税的其他情形。

前款第五项免税规定，由国务院报全国人民代表大会常务委员会备案。

第十三条　纳税人排放应税大气污染物或者水污染物的浓度值低于国家和地方规定的污染物排放标准百分之三十的，减按百分之七十五征收环境保护税。纳税人排放应税大气污染物或者水污染物的浓度值低于国家和地方规定的污染物排放标准百分之五十的，减按百分之五十征收环境保护税。

第四章　征收管理

第十四条　环境保护税由税务机关依照《中华人民共和国税收征收管理法》和本法的有关规定征收管理。

生态环境主管部门依照本法和有关环境保护法律法规的规定负责对污染物的监测管理。

县级以上地方人民政府应当建立税务机关、生态环境主管部门和其他相关单位分工协作工作机制，加强环境保护税征收管理，保障税款及时足额入库。

第十五条　生态环境主管部门和税务机关应当建立涉税信息共享平台和工作配合机制。

生态环境主管部门应当将排污单位的排污许可、污染物排放数据、环境违法和受行政处罚情况等环境保护相关信息，定期交送税务机关。

税务机关应当将纳税人的纳税申报、税款入库、减免税额、欠缴税款以及风险疑点等环境保护税涉税信息，定期交送生态环境主管部门。

第十六条　纳税义务发生时间为纳税人排放应税污染物的当日。

第十七条　纳税人应当向应税污染物排放地的税务机关申报缴纳环境保护税。

第十八条　环境保护税按月计算，按季申报缴纳。不能按固定期限计算缴纳的，可以按次申报缴纳。

纳税人申报缴纳时，应当向税务机关报送所排放应税污染物的种类、数量，大气污染物、水污染物的浓度值，以及税务机关根据实际需要要求纳税人报送的其他纳税资料。

第十九条 纳税人按季申报缴纳的，应当自季度终了之日起十五日内，向税务机关办理纳税申报并缴纳税款。纳税人按次申报缴纳的，应当自纳税义务发生之日起十五日内，向税务机关办理纳税申报并缴纳税款。

纳税人应当依法如实办理纳税申报，对申报的真实性和完整性承担责任。

第二十条 税务机关应当将纳税人的纳税申报数据资料与生态环境主管部门交送的相关数据资料进行比对。

税务机关发现纳税人的纳税申报数据资料异常或者纳税人未按照规定期限办理纳税申报的，可以提请生态环境主管部门进行复核，生态环境主管部门应当自收到税务机关的数据资料之日起十五日内向税务机关出具复核意见。税务机关应当按照生态环境主管部门复核的数据资料调整纳税人的应纳税额。

第二十一条 依照本法第十条第四项的规定核定计算污染物排放量的，由税务机关会同生态环境主管部门核定污染物排放种类、数量和应纳税额。

第二十二条 纳税人从事海洋工程向中华人民共和国管辖海域排放应税大气污染物、水污染物或者固体废物，申报缴纳环境保护税的具体办法，由国务院税务主管部门会同国务院生态环境主管部门规定。

第二十三条 纳税人和税务机关、生态环境主管部门及其工作人员违反本法规定的，依照《中华人民共和国税收征收管理法》、《中华人民共和国环境保护法》和有关法律法规的规定追究法律责任。

第二十四条 各级人民政府应当鼓励纳税人加大环境保护建设投入，对纳税人用于污染物自动监测设备的投资予以资金和政策支持。

第五章 附则

第二十五条 本法下列用语的含义：

（一）污染当量，是指根据污染物或者污染排放活动对环境的有害程度以及处理的技术经济性，衡量不同污染物对环境污染的综合性指标或者计量单位。同一介质相同污染当量的不同污染物，其污染程度基本相当。

（二）排污系数，是指在正常技术经济和管理条件下，生产单位产品所应排放的污染物量的统计平均值。

（三）物料衡算，是指根据物质质量守恒原理对生产过程中使用的原料、生产的产品和产生的废物等进行测算的一种方法。

第二十六条　直接向环境排放应税污染物的企业事业单位和其他生产经营者，除依照本法规定缴纳环境保护税外，应当对所造成的损害依法承担责任。

第二十七条　自本法施行之日起，依照本法规定征收环境保护税，不再征收排污费。

第二十八条　本法自2018年1月1日起施行。

附表1

环境保护税税目税额表

税目		计税单位	税额	备注
大气污染物		每污染当量	1.2元至12元	
水污染物		每污染当量	1.4元至14元	
固体废物	煤矸石	每吨	5元	
	尾矿	每吨	15元	
	危险废物	每吨	1000元	
	冶炼渣、粉煤灰、炉渣、其他固体废物（含半固态、液态废物）	每吨	25元	
噪声	工业噪声	超标1—3分贝	每月350元	1. 一个单位边界上有多处噪声超标，根据最高一处超标声级计算应纳税额；当沿边界长度超过100米有两处以上噪声超标，按照两个单位计算应纳税额。 2. 一个单位有不同地点作业场所的，应当分别计算应纳税额，合并计征。 3. 昼、夜均超标的环境噪声，昼、夜分别计算应纳税额，累计计征。 4. 声源一个月内超标不足15天的，减半计算应纳税额。 5. 夜间频繁突发和夜间偶然突发厂界超标噪声，按等效声级和峰值噪声两种指标中超标分贝值高的一项计算应纳税额
		超标4—6分贝	每月700元	
		超标7—9分贝	每月1400元	
		超标10—12分贝	每月2800元	
		超标13—15分贝	每月5600元	
		超标16分贝以上	每月11200元	

附表 2

应税污染物和当量值表

一、第一类水污染物污染当量值

污染物	污染当量值（千克）
1. 总汞	0.0005
2. 总镉	0.005
3. 总铬	0.04
4. 六价铬	0.02
5. 总砷	0.02
6. 总铅	0.025
7. 总镍	0.025
8. 苯并（a）芘	0.0000003
9. 总铍	0.01
10. 总银	0.02

二、第二类水污染物污染当量值

污染物	污染当量值（千克）	备注
11. 悬浮物（SS）	4	
12. 生化需氧量（BOD_5）	0.5	同一排放口中的化学需氧量、生化需氧量和总有机碳，只征收一项
13. 化学需氧量（$CODcr$）	1	
14. 总有机碳（TOC）	0.49	
15. 石油类	0.1	
16. 动植物油	0.16	
17. 挥发酚	0.08	
18. 总氰化物	0.05	
19. 硫化物	0.125	
20. 氨氮	0.8	
21. 氟化物	0.5	
22. 甲醛	0.125	
23. 苯胺类	0.2	
24. 硝基苯类	0.2	
25. 阴离子表面活性剂（LAS）	0.2	
26. 总铜	0.1	
27. 总锌	0.2	
28. 总锰	0.2	

续表

污染物	污染当量值（千克）	备注
29. 彩色显影剂（CD-2）	0.2	
30. 总磷	0.25	
31. 单质磷（以P计）	0.05	
32. 有机磷农药（以P计）	0.05	
33. 乐果	0.05	
34. 甲基对硫磷	0.05	
35. 马拉硫磷	0.05	
36. 对硫磷	0.05	
37. 五氯酚及五氯酚钠（以五氯酚计）	0.25	
38. 三氯甲烷	0.04	
39. 可吸附有机卤化物（AOX）（以Cl计）	0.25	
40. 四氯化碳	0.04	
41. 三氯乙烯	0.04	
42. 四氯乙烯	0.04	
43. 苯	0.02	
44. 甲苯	0.02	
45. 乙苯	0.02	
46. 邻–二甲苯	0.02	
47. 对–二甲苯	0.02	
48. 间–二甲苯	0.02	
49. 氯苯	0.02	
50. 邻二氯苯	0.02	
51. 对二氯苯	0.02	
52. 对硝基氯苯	0.02	
53. 2，4-二硝基氯苯	0.02	
54. 苯酚	0.02	
55. 间–甲酚	0.02	
56. 2，4-二氯酚	0.02	
57. 2，4，6-三氯酚	0.02	
58. 邻苯二甲酸二丁酯	0.02	
59. 邻苯二甲酸二辛酯	0.02	
60. 丙烯腈	0.125	
61. 总硒	0.02	

三、pH值、色度、大肠菌群数、余氯量水污染物污染当量值

污染物		污染当量值	备注
1.pH值	1.0—1,13—14 2.1—2,12—13 3.2—3,11—12 4.3—4,10—11 5.4—5,9—10 6.5—6	0.06吨污水 0.125吨污水 0.25吨污水 0.5吨污水 1吨污水 5吨污水	pH值5—6指大于等于5,小于6;pH值9—10指大于9,小于等于10,其余类推
2.色度		5吨水·倍	
3.大肠菌群数(超标)		3.3吨污水	大肠菌群数和余氯量只征收一项
4.余氯量(用氯消毒的医院废水)		3.3吨污水	

四、禽畜养殖业、小型企业和第三产业水污染物污染当量值

(本表仅适用于计算无法进行实际监测或者物料衡算的禽畜养殖业、小型企业和第三产业等小型排污者的水污染物污染当量数)

类型		污染当量值	备注
禽畜养殖场	1.牛	0.1头	仅对存栏规模大于50头牛、500头猪、5000羽鸡鸭等的禽畜养殖场征收
	2.猪	1头	
	3.鸡、鸭等家禽	30羽	
4.小型企业		1.8吨污水	
5.饮食娱乐服务业		0.5吨污水	
6.医院	消毒	0.14床 2.8吨污水	医院病床数大于20张的按照本表计算污染当量数
	不消毒	0.07床 1.4吨污水	

五、大气污染物污染当量值

污染物	污染当量值(千克)
1.二氧化硫	0.95
2.氮氧化物	0.95
3.一氧化碳	16.7
4.氯气	0.34
5.氯化氢	10.75
6.氟化物	0.87

续表

污染物	污染当量值（千克）
7. 氰化氢	0.005
8. 硫酸雾	0.6
9. 铬酸雾	0.0007
10. 汞及其化合物	0.0001
11. 一般性粉尘	4
12. 石棉尘	0.53
13. 玻璃棉尘	2.13
14. 碳黑尘	0.59
15. 铅及其化合物	0.02
16. 镉及其化合物	0.03
17. 铍及其化合物	0.0004
18. 镍及其化合物	0.13
19. 锡及其化合物	0.27
20. 烟尘	2.18
21. 苯	0.05
22. 甲苯	0.18
23. 二甲苯	0.27
24. 苯并（a）芘	0.000002
25. 甲醛	0.09
26. 乙醛	0.45
27. 丙烯醛	0.06
28. 甲醇	0.67
29. 酚类	0.35
30. 沥青烟	0.19
31. 苯胺类	0.21
32. 氯苯类	0.72
33. 硝基苯	0.17
34. 丙烯腈	0.22
35. 氯乙烯	0.55
36. 光气	0.04

续表

污染物	污染当量值（千克）
37. 硫化氢	0.29
38. 氨	9.09
39. 三甲胺	0.32
40. 甲硫醇	0.04
41. 甲硫醚	0.28
42. 二甲二硫	0.28
43. 苯乙烯	25
44. 二硫化碳	20

中华人民共和国环境保护税法实施条例

2017年12月25日　中华人民共和国国务院令第693号

第一章　总则

第一条　根据《中华人民共和国环境保护税法》（以下简称环境保护税法），制定本条例。

第二条　环境保护税法所附《环境保护税税目税额表》所称其他固体废物的具体范围，依照环境保护税法第六条第二款规定的程序确定。

第三条　环境保护税法第五条第一款、第十二条第一款第三项规定的城乡污水集中处理场所，是指为社会公众提供生活污水处理服务的场所，不包括为工业园区、开发区等工业聚集区域内的企业事业单位和其他生产经营者提供污水处理服务的场所，以及企业事业单位和其他生产经营者自建自用的污水处理场所。

第四条　达到省级人民政府确定的规模标准并且有污染物排放口的畜禽养殖场，应当依法缴纳环境保护税；依法对畜禽养殖废弃物进行综合利用和无害化处理的，不属于直接向环境排放污染物，不缴纳环境保护税。

第二章　计税依据

第五条　应税固体废物的计税依据,按照固体废物的排放量确定。固体废物的排放量为当期应税固体废物的产生量减去当期应税固体废物的贮存量、处置量、综合利用量的余额。

前款规定的固体废物的贮存量、处置量,是指在符合国家和地方环境保护标准的设施、场所贮存或者处置的固体废物数量;固体废物的综合利用量,是指按照国务院发展改革、工业和信息化主管部门关于资源综合利用要求以及国家和地方环境保护标准进行综合利用的固体废物数量。

第六条　纳税人有下列情形之一的,以其当期应税固体废物的产生量作为固体废物的排放量:

(一)非法倾倒应税固体废物;

(二)进行虚假纳税申报。

第七条　应税大气污染物、水污染物的计税依据,按照污染物排放量折合的污染当量数确定。

纳税人有下列情形之一的,以其当期应税大气污染物、水污染物的产生量作为污染物的排放量:

(一)未依法安装使用污染物自动监测设备或者未将污染物自动监测设备与环境保护主管部门的监控设备联网;

(二)损毁或者擅自移动、改变污染物自动监测设备;

(三)篡改、伪造污染物监测数据;

(四)通过暗管、渗井、渗坑、灌注或者稀释排放以及不正常运行防治污染设施等方式违法排放应税污染物;

(五)进行虚假纳税申报。

第八条　从两个以上排放口排放应税污染物的,对每一排放口排放的应税污染物分别计算征收环境保护税;纳税人持有排污许可证的,其污染物排放口按照排污许可证载明的污染物排放口确定。

第九条　属于环境保护税法第十条第二项规定情形的纳税人,自行对污染物进行监测所获取的监测数据,符合国家有关规定和监测规范的,视同环境保护税法第十条第二项规定的监测机构出具的监测数据。

第三章 税收减免

第十条 环境保护税法第十三条所称应税大气污染物或者水污染物的浓度值,是指纳税人安装使用的污染物自动监测设备当月自动监测的应税大气污染物浓度值的小时平均值再平均所得数值或者应税水污染物浓度值的日平均值再平均所得数值,或者监测机构当月监测的应税大气污染物、水污染物浓度值的平均值。

依照环境保护税法第十三条的规定减征环境保护税的,前款规定的应税大气污染物浓度值的小时平均值或者应税水污染物浓度值的日平均值,以及监测机构当月每次监测的应税大气污染物、水污染物的浓度值,均不得超过国家和地方规定的污染物排放标准。

第十一条 依照环境保护税法第十三条的规定减征环境保护税的,应当对每一排放口排放的不同应税污染物分别计算。

第四章 征收管理

第十二条 税务机关依法履行环境保护税纳税申报受理、涉税信息比对、组织税款入库等职责。

环境保护主管部门依法负责应税污染物监测管理,制定和完善污染物监测规范。

第十三条 县级以上地方人民政府应当加强对环境保护税征收管理工作的领导,及时协调、解决环境保护税征收管理工作中的重大问题。

第十四条 国务院税务、环境保护主管部门制定涉税信息共享平台技术标准以及数据采集、存储、传输、查询和使用规范。

第十五条 环境保护主管部门应当通过涉税信息共享平台向税务机关交送在环境保护监督管理中获取的下列信息:

(一)排污单位的名称、统一社会信用代码以及污染物排放口、排放污染物种类等基本信息;

(二)排污单位的污染物排放数据(包括污染物排放量以及大气污染物、水污染物的浓度值等数据);

(三)排污单位环境违法和受行政处罚情况;

（四）对税务机关提请复核的纳税人的纳税申报数据资料异常或者纳税人未按照规定期限办理纳税申报的复核意见；

（五）与税务机关商定交送的其他信息。

第十六条　税务机关应当通过涉税信息共享平台向环境保护主管部门交送下列环境保护税涉税信息：

（一）纳税人基本信息；

（二）纳税申报信息；

（三）税款入库、减免税额、欠缴税款以及风险疑点等信息；

（四）纳税人涉税违法和受行政处罚情况；

（五）纳税人的纳税申报数据资料异常或者纳税人未按照规定期限办理纳税申报的信息；

（六）与环境保护主管部门商定交送的其他信息。

第十七条　环境保护税法第十七条所称应税污染物排放地是指：

（一）应税大气污染物、水污染物排放口所在地；

（二）应税固体废物产生地；

（三）应税噪声产生地。

第十八条　纳税人跨区域排放应税污染物，税务机关对税收征收管辖有争议的，由争议各方按照有利于征收管理的原则协商解决；不能协商一致的，报请共同的上级税务机关决定。

第十九条　税务机关应当依据环境保护主管部门交送的排污单位信息进行纳税人识别。

在环境保护主管部门交送的排污单位信息中没有对应信息的纳税人，由税务机关在纳税人首次办理环境保护税纳税申报时进行纳税人识别，并将相关信息交送环境保护主管部门。

第二十条　环境保护主管部门发现纳税人申报的应税污染物排放信息或者适用的排污系数、物料衡算方法有误的，应当通知税务机关处理。

第二十一条　纳税人申报的污染物排放数据与环境保护主管部门交送的相关数据不一致的，按照环境保护主管部门交送的数据确定应税污染物的计税依据。

第二十二条　环境保护税法第二十条第二款所称纳税人的纳税申报数据

资料异常,包括但不限于下列情形:

(一)纳税人当期申报的应税污染物排放量与上一年同期相比明显偏低,且无正当理由;

(二)纳税人单位产品污染物排放量与同类型纳税人相比明显偏低,且无正当理由。

第二十三条　税务机关、环境保护主管部门应当无偿为纳税人提供与缴纳环境保护税有关的辅导、培训和咨询服务。

第二十四条　税务机关依法实施环境保护税的税务检查,环境保护主管部门予以配合。

第二十五条　纳税人应当按照税收征收管理的有关规定,妥善保管应税污染物监测和管理的有关资料。

第五章　附则

第二十六条　本条例自2018年1月1日起施行。2003年1月2日国务院公布的《排污费征收使用管理条例》同时废止。

财政部　税务总局　生态环境部关于环境保护税有关问题的通知

2018年3月30日　财税〔2018〕23号

> **注释:** 第一条第二款自2021年5月1日起按《生态环境部　财政部　税务总局关于发布计算环境保护税应税污染物排放量的排污系数和物料衡算方法的公告》(生态环境部　财政部　税务总局公告2021年第16号)规定执行。

各省、自治区、直辖市、计划单列市财政厅(局)、国家税务局、地方税务局、环境保护厅(局):

根据《中华人民共和国环境保护税法》及其实施条例的规定，现就环境保护税征收有关问题通知如下：

一、关于应税大气污染物和水污染物排放量的监测计算问题

纳税人委托监测机构对应税大气污染物和水污染物排放量进行监测时，其当月同一个排放口排放的同一种污染物有多个监测数据的，应税大气污染物按照监测数据的平均值计算应税污染物的排放量；应税水污染物按照监测数据以流量为权的加权平均值计算应税污染物的排放量。在环境保护主管部门规定的监测时限内当月无监测数据的，可以跨月沿用最近一次的监测数据计算应税污染物排放量。纳入排污许可管理行业的纳税人，其应税污染物排放量的监测计算方法按照排污许可管理要求执行。

因排放污染物种类多等原因不具备监测条件的，纳税人应当按照《关于发布计算污染物排放量的排污系数和物料衡算方法的公告》（原环境保护部公告 2017 年第 81 号）的规定计算应税污染物排放量。其中，相关行业适用的排污系数方法中产排污系数为区间值的，纳税人结合实际情况确定具体适用的产排污系数值；纳入排污许可管理行业的纳税人按照排污许可证的规定确定。生态环境部尚未规定适用排污系数、物料衡算方法的，暂由纳税人参照缴纳排污费时依据的排污系数、物料衡算方法及抽样测算方法计算应税污染物的排放量。

二、关于应税水污染物污染当量数的计算问题

应税水污染物的污染当量数，以该污染物的排放量除以该污染物的污染当量值计算。其中，色度的污染当量数，以污水排放量乘以色度超标倍数再除以适用的污染当量值计算。畜禽养殖业水污染物的污染当量数，以该畜禽养殖场的月均存栏量除以适用的污染当量值计算。畜禽养殖场的月均存栏量按照月初存栏量和月末存栏量的平均数计算。

三、关于应税固体废物排放量计算和纳税申报问题

应税固体废物的排放量为当期应税固体废物的产生量减去当期应税固体废物贮存量、处置量、综合利用量的余额。纳税人应当准确计量应税固

体废物的贮存量、处置量和综合利用量,未准确计量的,不得从其应税固体废物的产生量中减去。纳税人依法将应税固体废物转移至其他单位和个人进行贮存、处置或者综合利用的,固体废物的转移量相应计入其当期应税固体废物的贮存量、处置量或者综合利用量;纳税人接收的应税固体废物转移量,不计入其当期应税固体废物的产生量。纳税人对应税固体废物进行综合利用的,应当符合工业和信息化部制定的工业固体废物综合利用评价管理规范。

纳税人申报纳税时,应当向税务机关报送应税固体废物的产生量、贮存量、处置量和综合利用量,同时报送能够证明固体废物流向和数量的纳税资料,包括固体废物处置利用委托合同、受委托方资质证明、固体废物转移联单、危险废物管理台账复印件等。有关纳税资料已在环境保护税基础信息采集表中采集且未发生变化的,纳税人不再报送。纳税人应当参照危险废物台账管理要求,建立其他应税固体废物管理台账,如实记录产生固体废物的种类、数量、流向以及贮存、处置、综合利用、接收转入等信息,并将应税固体废物管理台账和相关资料留存备查。

四、关于应税噪声应纳税额的计算问题

应税噪声的应纳税额为超过国家规定标准分贝数对应的具体适用税额。噪声超标分贝数不是整数值的,按四舍五入取整。一个单位的同一监测点当月有多个监测数据超标的,以最高一次超标声级计算应纳税额。声源一个月内累计昼间超标不足15昼或者累计夜间超标不足15夜的,分别减半计算应纳税额。

财政部 税务总局 生态环境部
关于明确环境保护税应税污染物适用等有关问题的通知

2018年10月25日 财税〔2018〕117号

各省、自治区、直辖市、计划单列市财政厅（局）、环境保护厅（局），国家税务总局各省、自治区、直辖市、计划单列市税务局，新疆生产建设兵团财政局、环境保护局：

为保障《中华人民共和国环境保护税法》及其实施条例有效实施，现就环境保护税征收有关问题通知如下：

一、关于应税污染物适用问题

燃烧产生废气中的颗粒物，按照烟尘征收环境保护税。排放的扬尘、工业粉尘等颗粒物，除可以确定为烟尘、石棉尘、玻璃棉尘、炭黑尘的外，按照一般性粉尘征收环境保护税。

二、关于税收减免适用问题

依法设立的生活垃圾焚烧发电厂、生活垃圾填埋场、生活垃圾堆肥厂，属于生活垃圾集中处理场所，其排放应税污染物不超过国家和地方规定的排放标准的，依法予以免征环境保护税。纳税人任何一个排放口排放应税大气污染物、水污染物的浓度值，以及没有排放口排放应税大气污染物的浓度值，超过国家和地方规定的污染物排放标准的，依法不予减征环境保护税。

三、关于应税污染物排放量的监测计算问题

（一）纳税人按照规定须安装污染物自动监测设备并与生态环境主管部门联网的，当自动监测设备发生故障、设备维护、启停炉、停运等状态时，

应当按照相关法律法规和《固定污染源烟气（SO_2、NO_x、颗粒物）排放连续监测技术规范》（HJ 75—2017）、《水污染源在线监测系统数据有效性判别技术规范》（HJ/T 356—2007）等规定，对数据状态进行标记，以及对数据缺失、无效时段的污染物排放量进行修约和替代处理，并按标记、处理后的自动监测数据计算应税污染物排放量。相关纳税人当月不能提供符合国家规定和监测规范的自动监测数据的，应当按照排污系数、物料衡算方法计算应税污染物排放量。纳入排污许可管理行业的纳税人，其应税污染物排放量的监测计算方法按照排污许可管理要求执行。

纳税人主动安装使用符合国家规定和监测规范的污染物自动监测设备，但未与生态环境主管部门联网的，可以按照自动监测数据计算应税污染物排放量；不能提供符合国家规定和监测规范的自动监测数据的，应当按照监测机构出具的符合监测规范的监测数据或者排污系数、物料衡算方法计算应税污染物排放量。

（二）纳税人委托监测机构监测应税污染物排放量的，应当按照国家有关规定制定监测方案，并将监测数据资料及时报送生态环境主管部门。监测机构实施的监测项目、方法、时限和频次应当符合国家有关规定和监测规范要求。监测机构出具的监测报告应当包括应税水污染物种类、浓度值和污水流量；应税大气污染物种类、浓度值、排放速率和烟气量；执行的污染物排放标准和排放浓度限值等信息。监测机构对监测数据的真实性、合法性负责，凡发现监测数据弄虚作假的，依照相关法律法规的规定追究法律责任。

纳税人采用委托监测方式，在规定监测时限内当月无监测数据的，可以沿用最近一次的监测数据计算应税污染物排放量，但不得跨季度沿用监测数据。纳税人采用监测机构出具的监测数据申报减免环境保护税的，应当取得申报当月的监测数据；当月无监测数据的，不予减免环境保护税。有关污染物监测浓度值低于生态环境主管部门规定的污染物检出限的，除有特殊管理要求外，视同该污染物排放量为零。生态环境主管部门、计量主管部门发现委托监测数据失真或者弄虚作假的，税务机关应当按照同一纳税期内的监督性监测数据或者排污系数、物料衡算方法计算应税污染物排放量。

（三）在建筑施工、货物装卸和堆存过程中无组织排放应税大气污染物的，按照生态环境部规定的排污系数、物料衡算方法计算应税污染物排放量；

不能按照生态环境部规定的排污系数、物料衡算方法计算的，按照省、自治区、直辖市生态环境主管部门规定的抽样测算的方法核定计算应税污染物排放量。

（四）纳税人因环境违法行为受到行政处罚的，应当依据相关法律法规和处罚信息计算违法行为所属期的应税污染物排放量。生态环境主管部门发现纳税人申报信息有误的，应当通知税务机关处理。

四、关于环境保护税征管协作配合问题

各级税务、生态环境主管部门要加快建设和完善涉税信息共享平台，进一步规范涉税信息交换的数据项、交换频率和数据格式，并提高涉税信息交换的及时性、准确性，保障环境保护税征管工作运转顺畅。

生态环境部　财政部　税务总局
关于发布计算环境保护税应税污染物排放量的排污系数和物料衡算方法的公告

2021年4月28日　生态环境部　财政部　税务总局公告2021年第16号

为贯彻落实《中华人民共和国环境保护税法》，进一步规范因排放污染物种类多等原因不具备监测条件的排污单位应税污染物排放量计算方法，现公告如下：

一、属于排污许可管理的排污单位，适用生态环境部发布的排污许可证申请与核发技术规范中规定的排（产）污系数、物料衡算方法计算应税污染物排放量；排污许可证申请与核发技术规范未规定相关排（产）污系数的，适用生态环境部发布的排放源统计调查制度规定的排（产）污系数方法计算应税污染物排放量。

二、不属于排污许可管理的排污单位，适用生态环境部发布的排放源统

计调查制度规定的排（产）污系数方法计算应税污染物排放量。

三、上述情形中仍无相关计算方法的，由各省、自治区、直辖市生态环境主管部门结合本地实际情况，科学合理制定抽样测算方法。

四、本公告自 2021 年 5 月 1 日起施行，《关于发布计算污染物排放量的排污系数和物料衡算方法的公告》（环境保护部公告 2017 年第 81 号）同时废止。《财政部　税务总局　生态环境部关于环境保护税有关问题的通知》（财税〔2018〕23 号）第一条第二款同时改按本公告规定执行。

生态环境部将适时对排污许可证申请与核发技术规范、排放源统计调查制度规定的排（产）污系数、物料衡算方法进行制修订，排污单位自制修订后的排（产）污系数、物料衡算方法实施之日的次月起（未明确实施日期的，以发布日期为实施日期），依据新的系数和方法计算应税污染物排放量。

特此公告。

附件：1. 生态环境部已发布的排污许可证申请与核发技术规范清单
　　　2. 生态环境部已发布的排放源统计调查制度排（产）污系数清单

附件 1

生态环境部已发布的排污许可证申请与核发技术规范清单

序号	名　　称
1	《火电行业排污许可证申请与核发技术规范》
2	《造纸行业排污许可证申请与核发技术规范》
3	《排污许可证申请与核发技术规范　钢铁工业》（HJ 846）
4	《排污许可证申请与核发技术规范　水泥工业》（HJ 847）
5	《排污许可证申请与核发技术规范　石化工业》（HJ 853）
6	《排污许可证申请与核发技术规范　炼焦化学工业》（HJ 854）
7	《排污许可证申请与核发技术规范　电镀工业》（HJ 855）
8	《排污许可证申请与核发技术规范　玻璃工业——平板玻璃》（HJ 856）
9	《排污许可证申请与核发技术规范　制药工业——原料药制造》（HJ 858.1）
10	《排污许可证申请与核发技术规范　制革及毛皮加工工业——制革工业》（HJ 859.1）

续表

序号	名　　称
11	《排污许可证申请与核发技术规范　农副食品加工工业——制糖工业》（HJ 860.1）
12	《排污许可证申请与核发技术规范　农副食品加工工业——淀粉工业》（HJ 860.2）
13	《排污许可证申请与核发技术规范　农副食品加工工业——屠宰及肉类加工工业》（HJ 860.3）
14	《排污许可证申请与核发技术规范　纺织印染工业》（HJ 861）
15	《排污许可证申请与核发技术规范　农药制造工业》（HJ 862）
16	《排污许可证申请与核发技术规范　有色金属工业——铅锌冶炼》（HJ 863.1）
17	《排污许可证申请与核发技术规范　有色金属工业——铝冶炼》（HJ 863.2）
18	《排污许可证申请与核发技术规范　有色金属工业——铜冶炼》（HJ 863.3）
19	《排污许可证申请与核发技术规范　有色金属工业——再生金属》（HJ 863.4）
20	《排污许可证申请与核发技术规范　化肥工业——氮肥》（HJ 864.1）
21	《排污许可证申请与核发技术规范　磷肥、钾肥、复混钾肥、有机肥料及微生物肥料工业》（HJ 864.2）
22	《排污许可证申请与核发技术规范　有色金属工业——汞冶炼》（HJ 931）
23	《排污许可证申请与核发技术规范　有色金属工业——镁冶炼》（HJ 933）
24	《排污许可证申请与核发技术规范　有色金属工业——镍冶炼》（HJ 934）
25	《排污许可证申请与核发技术规范　有色金属工业——钛冶炼》（HJ 935）
26	《排污许可证申请与核发技术规范　有色金属工业——锡冶炼》（HJ 936）
27	《排污许可证申请与核发技术规范　有色金属工业——钴冶炼》（HJ 937）
28	《排污许可证申请与核发技术规范　有色金属工业——锑冶炼》（HJ 938）
29	《排污许可证申请与核发技术规范　总则》（HJ 942）
30	《排污单位环境管理台账及排污许可证执行报告技术规范　总则（试行）》（HJ 944）
31	《排污许可证申请与核发技术规范　锅炉》（HJ 953）
32	《排污许可证申请与核发技术规范　陶瓷砖瓦工业》（HJ 954）
33	《排污许可证申请与核发技术规范　电池工业》（HJ 967）
34	《排污许可证申请与核发技术规范　汽车制造业》（HJ 971）
35	《排污许可证申请与核发技术规范　水处理（试行）》（HJ 978）
36	《排污许可证申请与核发技术规范　家具制造工业》（HJ 1027）
37	《排污许可证申请与核发技术规范　酒、饮料制造工业》（HJ 1028）
38	《排污许可证申请与核发技术规范　畜禽养殖行业》（HJ 1029）
39	《排污许可证申请与核发技术规范　食品制造工业——乳制品制造工业》（HJ 1030.1）

续表

序号	名　　称
40	《排污许可证申请与核发技术规范 食品制造工业——调味品、发酵制品制造工业》（HJ 1030.2）
41	《排污许可证申请与核发技术规范 食品制造工业——方便食品、食品及饲料添加剂制造工业》（HJ 1030.3）
42	《排污许可证申请与核发技术规范 电子工业》（HJ 1031）
43	《排污许可证申请与核发技术规范 人造板工业》（HJ 1032）
44	《排污许可证申请与核发技术规范 工业固体废物和危险废物治理》（HJ 1033）
45	《排污许可证申请与核发技术规范 废弃资源加工工业》（HJ 1034）
46	《排污许可证申请与核发技术规范 无机化学工业》（HJ 1035）
47	《排污许可证申请与核发技术规范 聚氯乙烯工业》（HJ 1036）
48	《排污许可证申请与核发技术规范 危险废物焚烧》（HJ 1038）
49	《排污许可证申请与核发技术规范 生活垃圾焚烧》（HJ 1039）
50	《排污许可证申请与核发技术规范 制药工业——生物药品制品制造》（HJ 1062）
51	《排污许可证申请与核发技术规范 制药工业——化学药品制剂制造》（HJ 1063）
52	《排污许可证申请与核发技术规范 制药工业——中成药生产》（HJ 1064）
53	《排污许可证申请与核发技术规范 制革及毛皮加工工业——毛皮加工工业》（HJ 1065）
54	《排污许可证申请与核发技术规范 印刷工业》（HJ 1066）
55	《排污许可证申请与核发技术规范 煤炭加工——合成气和液体燃料生产》（HJ 1101）
56	《排污许可证申请与核发技术规范 化学纤维制造业》（HJ 1102）
57	《排污许可证申请与核发技术规范 专用化学产品制造工业》（HJ 1103）
58	《排污许可证申请与核发技术规范 日用化学产品制造工业》（HJ 1104）
59	《排污许可证申请与核发技术规范 医疗机构》（HJ 1105）
60	《排污许可证申请与核发技术规范 环境卫生管理业》（HJ 1106）
61	《排污许可证申请与核发技术规范 码头》（HJ 1107）
62	《排污许可证申请与核发技术规范 羽毛（绒）加工工业》（HJ 1108）
63	《排污许可证申请与核发技术规范 农副食品加工工业——水产品加工工业》（HJ 1109）
64	《排污许可证申请与核发技术规范 农副食品加工工业——饲料加工、植物油加工工业》（HJ 1110）
65	《排污许可证申请与核发技术规范 金属铸造工业》（HJ 1115）
66	《排污许可证申请与核发技术规范 涂料、油墨、颜料及类似产品制造业》（HJ 1116）

续表

序号	名　　称
67	《排污许可证申请与核发技术规范　铁合金、电解锰工业》（HJ 1117）
68	《排污许可证申请与核发技术规范　储油库、加油站》（HJ 1118）
69	《排污许可证申请与核发技术规范　石墨及其他非金属矿物制品制造》（HJ 1119）
70	《排污许可证申请与核发技术规范　水处理通用工序》（HJ 1120）
71	《排污许可证申请与核发技术规范　工业炉窑》（HJ 1121）
72	《排污许可证申请与核发技术规范　橡胶和塑料制品工业》（HJ 1122）
73	《排污许可证申请与核发技术规范　制鞋工业》（HJ 1123）
74	《排污许可证申请与核发技术规范　铁路、船舶、航空航天和其他运输设备制造业》（HJ 1124）
75	《排污许可证申请与核发技术规范　稀有稀土金属冶炼》（HJ 1125）

注：详见生态环境部网站 www.mee.gov.cn。

附件2

生态环境部已发布的排放源统计调查制度排（产）污系数清单

序号	名　　称	发布时间
1	烟煤和无烟煤的开采洗选业	2011年9月
2	褐煤的开采洗选业	2011年9月
3	其他煤类开采业	2011年9月
4	天然原油和天然气开采业	2011年9月
5	与石油和天然气开采有关的服务活动	2011年9月
6	铁矿采选业	2011年9月
7	其他黑色金属矿采选业	2011年9月
8	铜矿采选业	2011年9月
9	铅锌矿采选业	2011年9月
10	镍钴矿采选业	2011年9月
11	锡矿采选业	2011年9月
12	锑矿采选业	2011年9月
13	铝矿采选业	2011年9月
14	镁矿采选业	2011年9月

续表

序号	名　　称	发布时间
15	金矿采选业	2011年9月
16	钨钼矿采选业	2011年9月
17	稀土金属矿采选业	2011年9月
18	石灰石石膏开采业	2011年9月
19	建筑装饰用石开采业	2011年9月
20	耐火粘土石开采业	2011年9月
21	粘土及其他土砂石开采业	2011年9月
22	化学矿采选业	2011年9月
23	采盐业	2011年9月
24	石棉云母矿采选业	2011年9月
25	石墨滑石矿采选业	2011年9月
26	宝石玉石矿开采业	2011年9月
27	谷物磨制行业	2011年9月
28	饲料加工行业	2011年9月
29	食用植物油行业	2011年9月
30	非食用植物油行业	2011年9月
31	制糖行业	2011年9月
32	畜禽屠宰行业	2011年9月
33	肉制品及副产品加工行业	2011年9月
34	水产品冷冻加工行业	2011年9月
35	鱼糜制品及水产品干腌制加工行业	2011年9月
36	水产饲料的制造行业	2011年9月
37	鱼油提取及制品的制造行业	2011年9月
38	其他水产品加工行业	2011年9月
39	蔬菜、水果和坚果加工行业	2011年9月
40	淀粉及淀粉制品的制造行业	2011年9月
41	豆制品加工行业	2011年9月
42	蛋品加工行业	2011年9月
43	糕点、面包制造行业	2011年9月
44	饼干及其他焙烤食品制造行业	2011年9月

续表

序号	名　　称	发布时间
45	糖果、巧克力制造行业	2011年9月
46	蜜饯制作行业	2011年9月
47	米、面制品制造行业	2011年9月
48	速冻食品制造行业	2011年9月
49	方便面及其他方便食品制造行业	2011年9月
50	液体乳及乳制品制造行业	2011年9月
51	肉、禽类罐头制造业	2011年9月
52	水产品罐头制造业	2011年9月
53	蔬菜、水果罐头制造业	2011年9月
54	味精制造业	2011年9月
55	酱油、食醋及类似制品制造行业	2011年9月
56	其他调味品、发酵制品制造行业	2011年9月
57	冷冻饮品及食用冰制造行业	2011年9月
58	盐加工业	2011年9月
59	食品及饲料添加剂制造行业	2011年9月
60	酒精制造业	2011年9月
61	白酒制造业	2011年9月
62	啤酒制造业	2011年9月
63	黄酒制造业	2011年9月
64	葡萄酒制造业	2011年9月
65	碳酸饮料制造业	2011年9月
66	果菜汁及果菜汁饮料制造业	2011年9月
67	含乳饮料和植物蛋白饮料制造业	2011年9月
68	固体饮料制造业	2011年9月
69	茶饮料制造业	2011年9月
70	棉、化纤纺织加工业	2011年9月
71	棉、化纤印染精加工业	2011年9月
72	毛条加工业	2011年9月
73	毛纺织行业	2011年9月
74	毛染整精加工业	2011年9月

续表

序号	名　　称	发布时间
75	麻纺织行业	2011年9月
76	缫丝加工业	2011年9月
77	绢纺和丝织加工业	2011年9月
78	丝印染精加工业	2011年9月
79	棉及化纤制品制造业	2011年9月
80	毛制品制造业	2011年9月
81	麻制品制造业	2011年9月
82	丝制品制造业	2011年9月
83	绳、索、缆的制造业	2011年9月
84	纺织带和帘子布制造业	2011年9月
85	无纺布制造业	2011年9月
86	棉化纤针织品及编织品制造业	2011年9月
87	毛针织品及编织品制造业	2011年9月
88	服装行业	2011年9月
89	皮革鞣制加工行业	2011年9月
90	毛皮鞣制加工行业	2011年9月
91	羽毛（绒）加工行业	2011年9月
92	锯材加工业	2011年9月
93	胶合板制造业	2011年9月
94	纤维板制造业	2011年9月
95	刨花板制造业	2011年9月
96	其他人造板制造业——重组装饰材	2011年9月
97	其他人造板制造业——饰面人造板	2011年9月
98	其他人造板制造业——细木工板	2011年9月
99	纸浆制造行业	2011年9月
100	机制纸及纸板制造行业	2011年9月
101	手工纸制造行业	2011年9月
102	加工纸制造行业	2011年9月
103	原油加工及石油制品制造业	2011年9月
104	焦化行业	2011年9月

续表

序号	名　称	发布时间
105	无机酸制造业	2011年9月
106	无机碱制造业	2011年9月
107	无机盐制造业	2011年9月
108	无机盐（电石）制造业	2011年9月
109	有机化学原料（甲醇、二甲醚、以石油馏分为原料）制造业	2011年9月
110	氮肥制造业	2011年9月
111	磷肥制造业	2011年9月
112	钾肥制造业	2011年9月
113	复混肥料制造业	2011年9月
114	化学农药制造业	2011年9月
115	生物农药及微生物农药制造业	2011年9月
116	涂料制造业	2011年9月
117	油墨及类似产品制造业	2011年9月
118	颜料制造业	2011年9月
119	染料制造业	2011年9月
120	合成树脂（聚氯乙烯）制造业	2011年9月
121	合成橡胶制造业	2011年9月
122	合成纤维单（聚合）体制造业	2011年9月
123	化学试剂和制剂制造业	2011年9月
124	活性炭制造行业	2011年9月
125	信息化学品行业	2011年9月
126	环境污染专用药剂与材料制造业	2011年9月
127	动物胶制造业	2011年9月
128	肥皂及合成洗涤剂制造业	2011年9月
129	化妆品制造业	2011年9月
130	口腔清洁用品制造业	2011年9月
131	香料香精制造业	2011年9月
132	化学药品原药制造行业	2011年9月
133	化学药品制剂	2011年9月

续表

序号	名　　称	发布时间
134	中药饮片加工业	2011年9月
135	中成药制造行业	2011年9月
136	兽用药品制造行业	2011年9月
137	生物化学药品和生物化学制品制造业	2011年9月
138	卫生材料及医药用品制造行业	2011年9月
139	化纤浆粕制造业	2011年9月
140	人造纤维制造行业	2011年9月
141	锦纶纤维制造行业	2011年9月
142	涤纶纤维制造行业	2011年9月
143	腈纶纤维制造行业	2011年9月
144	维纶纤维制造行业	2011年9月
145	其他纤维制造行业	2011年9月
146	车辆、飞机及工程机械轮胎制造业	2011年9月
147	力车胎制造业	2011年9月
148	轮胎翻新加工	2011年9月
149	再生橡胶制造业	2011年9月
150	塑料人造革、合成革制造业	2011年9月
151	水泥制造业	2011年9月
152	石灰和石膏制造业（Ⅰ）	2011年9月
153	石灰和石膏制品制造业（Ⅱ）	2011年9月
154	水泥制品制造业（含混凝土结构构件、其他水泥制品业）	2011年9月
155	石棉水泥制品制造业	2011年9月
156	轻质建筑材料制品制造业	2011年9月
157	粘土砖瓦及建筑砌块制造业	2011年9月
158	建筑陶瓷制品制造业	2011年9月
159	建筑用石加工业	2011年9月
160	防水建筑材料制造业	2011年9月
161	隔热和隔音材料制造业	2011年9月
162	平板玻璃制造业	2011年9月
163	技术玻璃制品制造业	2011年9月

续表

序号	名　　　称	发布时间
164	光学玻璃制造业	2011年9月
165	玻璃仪器制造业	2011年9月
166	日用玻璃制品及玻璃包装容器制造业	2011年9月
167	玻璃保温容器制造业	2011年9月
168	玻璃纤维及其制品制造业	2011年9月
169	玻璃纤维增强塑料制品制造业	2011年9月
170	卫生陶瓷制品制造业	2011年9月
171	特种陶瓷制品制造业	2011年9月
172	日用陶瓷制品制造业	2011年9月
173	园林、陈设艺术及其他陶瓷制品制造业	2011年9月
174	石棉制品制造业	2011年9月
175	耐火陶瓷制品及其他耐火材料制造业	2011年9月
176	石墨及碳素制品制造业	2011年9月
177	炼铁行业	2011年9月
178	炼钢行业	2011年9月
179	钢压延加工业	2011年9月
180	铁合金行业	2011年9月
181	铜冶炼行业	2011年9月
182	铅锌冶炼行业	2011年9月
183	镍钴冶炼行业	2011年9月
184	锡冶炼行业	2011年9月
185	锑冶炼行业	2011年9月
186	铝冶炼行业	2011年9月
187	镁冶炼行业	2011年9月
188	镉、铊、铋、汞和银冶炼行业	2011年9月
189	金冶炼行业	2011年9月
190	钨钼冶炼行业	2011年9月
191	稀土金属冶炼行业	2011年9月
192	有色金属合金制造业	2011年9月
193	常用有色金属压延业	2011年9月

续表

序号	名称	发布时间
194	贵金属压延加工业	2011年9月
195	稀有稀土金属压延加工业	2011年9月
196	金属结构制造业	2011年9月
197	金属集装箱制造业	2011年9月
198	金属丝绳及其制品制造业	2011年9月
199	金属表面处理及热处理加工制造业	2011年9月
200	锅炉及辅助设备制造业	2011年9月
201	内燃机及配件制造业	2011年9月
202	汽轮机及辅机制造业	2011年9月
203	水轮机及辅机制造业	2011年9月
204	金属切削机床制造业	2011年9月
205	金属成形机床制造业	2011年9月
206	铸造机械制造业	2011年9月
207	金属切割及焊接设备制造业	2011年9月
208	起重运输设备制造业	2011年9月
209	泵及真空设备制造业	2011年9月
210	阀门和旋塞制造业	2011年9月
211	轴承制造业	2011年9月
212	制冷、空调设备制造业	2011年9月
213	风动和电动工具制造业	2011年9月
214	金属密封件制造业	2011年9月
215	紧固件和弹簧制造业	2011年9月
216	钢铁铸件制造业	2011年9月
217	锻件及粉末冶金制造业	2011年9月
218	采矿、采石设备制造业	2011年9月
219	模具制造业	2011年9月
220	拖拉机制造业	2011年9月
221	环境污染防治专用设备制造业	2011年9月
222	铁路机车车辆及动车组制造业	2011年9月
223	工矿有轨专用车辆制造业	2011年9月

续表

序号	名　称	发布时间
224	铁路机车车辆配件制造业	2011年9月
225	铁路专用设备及器材、配件制造业	2011年9月
226	汽车整车制造业	2011年9月
227	改装汽车制造业	2011年9月
228	电车制造业	2011年9月
229	汽车车身、挂车制造业	2011年9月
230	汽车零部件及配件制造业	2011年9月
231	摩托车制造业	2011年9月
232	摩托车零部件及配件制造业	2011年9月
233	脚踏自行车及残疾人座车制造业	2011年9月
234	助动自行车制造业	2011年9月
235	金属船舶制造业	2011年9月
236	船舶修理及拆船制造业	2011年9月
237	电动机制造业	2011年9月
238	变压器、整流器和电感器制造业	2011年9月
239	电力电容器制造业	2011年9月
240	配电开关控制设备制造业	2011年9月
241	电线电缆制造业	2011年9月
242	电池制造业	2011年9月
243	家用冰箱制造业	2011年9月
244	家用空调器制造业	2011年9月
245	通信传输设备制造行业	2011年9月
246	通信交换设备制造行业	2011年9月
247	通信终端设备制造行业	2011年9月
248	移动通信及终端设备制造行业	2011年9月
249	其他通信设备制造行业	2011年9月
250	广播电视节目制作及发射设备制造行业	2011年9月
251	广播电视接收设备及器材制造行业	2011年9月
252	应用电视设备及其他广播电视设备制造行业	2011年9月
253	电子计算机整机制造行业	2011年9月

续表

序号	名称	发布时间
254	电子计算机网络设备制造行业	2011 年 9 月
255	电子计算机外部设备制造行业	2011 年 9 月
256	电子真空器件制造行业	2011 年 9 月
257	半导体分立器件制造行业	2011 年 9 月
258	集成电路制造行业	2011 年 9 月
259	光电子器件及其他电子器件制造行业	2011 年 9 月
260	电子元件及组件制造行业	2011 年 9 月
261	印制电路板制造行业	2011 年 9 月
262	家用影视设备制造行业	2011 年 9 月
263	家用音响设备制造行业	2011 年 9 月
264	其他电子设备制造行业	2011 年 9 月
265	金属废料加工处理行业	2011 年 9 月
266	非金属废料加工处理行业	2011 年 9 月
267	火力发电行业	2011 年 9 月
268	热力生产和供应行业（包括工业锅炉）	2011 年 9 月
269	燃气生产与供应行业	2011 年 9 月
270	自来水的生产和供应行业	2011 年 9 月
271	其他水的处理、利用与分配行业	2011 年 9 月
272	可类比相关行业系数的行业	2011 年 9 月

注：详见生态环境部网站 www.mee.gov.cn。

耕地占用税

中华人民共和国土地管理法

1986年6月25日　中华人民共和国主席令第四十一号

（1986年6月25日第六届全国人民代表大会常务委员会第十六次会议通过。根据1988年12月29日第七届全国人民代表大会常务委员会第五次会议《关于修改〈中华人民共和国土地管理法〉的决定》第一次修正。1998年8月29日第九届全国人民代表大会常务委员会第四次会议修订。根据2004年8月28日第十届全国人民代表大会常务委员会第十一次会议《关于修改〈中华人民共和国土地管理法〉的决定》第二次修正，根据2019年8月26日第十三届全国人民代表大会常务委员会第十二次会议《关于修改〈中华人民共和国土地管理法〉、〈中华人民共和国城市房地产管理法〉的决定》第三次修正。）

目　录

第一章　总则
第二章　土地的所有权和使用权
第三章　土地利用总体规划
第四章　耕地保护
第五章　建设用地
第六章　监督检查
第七章　法律责任
第八章　附则

第一章 总则

第一条 为了加强土地管理，维护土地的社会主义公有制，保护、开发土地资源，合理利用土地，切实保护耕地，促进社会经济的可持续发展，根据宪法，制定本法。

第二条 中华人民共和国实行土地的社会主义公有制，即全民所有制和劳动群众集体所有制。

全民所有，即国家所有土地的所有权由国务院代表国家行使。

任何单位和个人不得侵占、买卖或者以其他形式非法转让土地。土地使用权可以依法转让。

国家为了公共利益的需要，可以依法对土地实行征收或者征用并给予补偿。

国家依法实行国有土地有偿使用制度。但是，国家在法律规定的范围内划拨国有土地使用权的除外。

第三条 十分珍惜、合理利用土地和切实保护耕地是我国的基本国策。各级人民政府应当采取措施，全面规划，严格管理，保护、开发土地资源，制止非法占用土地的行为。

第四条 国家实行土地用途管制制度。

国家编制土地利用总体规划，规定土地用途，将土地分为农用地、建设用地和未利用地。严格限制农用地转为建设用地，控制建设用地总量，对耕地实行特殊保护。

前款所称农用地是指直接用于农业生产的土地，包括耕地、林地、草地、农田水利用地、养殖水面等；建设用地是指建造建筑物、构筑物的土地，包括城乡住宅和公共设施用地、工矿用地、交通水利设施用地、旅游用地、军事设施用地等；未利用地是指农用地和建设用地以外的土地。

使用土地的单位和个人必须严格按照土地利用总体规划确定的用途使用土地。

第五条 国务院自然资源主管部门统一负责全国土地的管理和监督工作。

县级以上地方人民政府自然资源主管部门的设置及其职责，由省、自治区、直辖市人民政府根据国务院有关规定确定。

第六条 国务院授权的机构对省、自治区、直辖市人民政府以及国务院确定的城市人民政府土地利用和土地管理情况进行督察。

第七条 任何单位和个人都有遵守土地管理法律、法规的义务，并有权对违反土地管理法律、法规的行为提出检举和控告。

第八条 在保护和开发土地资源、合理利用土地以及进行有关的科学研究等方面成绩显著的单位和个人，由人民政府给予奖励。

第二章 土地的所有权和使用权

第九条 城市市区的土地属于国家所有。

农村和城市郊区的土地，除由法律规定属于国家所有的以外，属于农民集体所有；宅基地和自留地、自留山，属于农民集体所有。

第十条 国有土地和农民集体所有的土地，可以依法确定给单位或者个人使用。使用土地的单位和个人，有保护、管理和合理利用土地的义务。

第十一条 农民集体所有的土地依法属于村农民集体所有的，由村集体经济组织或者村民委员会经营、管理；已经分别属于村内两个以上农村集体经济组织的农民集体所有的，由村内各该农村集体经济组织或者村民小组经营、管理；已经属于乡（镇）农民集体所有的，由乡（镇）农村集体经济组织经营、管理。

第十二条 土地的所有权和使用权的登记，依照有关不动产登记的法律、行政法规执行。

依法登记的土地的所有权和使用权受法律保护，任何单位和个人不得侵犯。

第十三条 农民集体所有和国家所有依法由农民集体使用的耕地、林地、草地，以及其他依法用于农业的土地，采取农村集体经济组织内部的家庭承包方式承包，不宜采取家庭承包方式的荒山、荒沟、荒丘、荒滩等，可以采取招标、拍卖、公开协商等方式承包，从事种植业、林业、畜牧业、渔业生产。家庭承包的耕地的承包期为三十年，草地的承包期为三十年至五十年，林地的承包期为三十年至七十年；耕地承包期届满后再延长三十年，草地、林地承包期届满后依法相应延长。

国家所有依法用于农业的土地可以由单位或者个人承包经营，从事种植业、林业、畜牧业、渔业生产。

发包方和承包方应当依法订立承包合同，约定双方的权利和义务。承包经营土地的单位和个人，有保护和按照承包合同约定的用途合理利用土地的义务。

第十四条 土地所有权和使用权争议，由当事人协商解决；协商不成的，由人民政府处理。

单位之间的争议，由县级以上人民政府处理；个人之间、个人与单位之间的争议，由乡级人民政府或者县级以上人民政府处理。

当事人对有关人民政府的处理决定不服的，可以自接到处理决定通知之日起三十日内，向人民法院起诉。

在土地所有权和使用权争议解决前，任何一方不得改变土地利用现状。

第三章　土地利用总体规划

第十五条 各级人民政府应当依据国民经济和社会发展规划、国土整治和资源环境保护的要求、土地供给能力以及各项建设对土地的需求，组织编制土地利用总体规划。

土地利用总体规划的规划期限由国务院规定。

第十六条 下级土地利用总体规划应当依据上一级土地利用总体规划编制。

地方各级人民政府编制的土地利用总体规划中的建设用地总量不得超过上一级土地利用总体规划确定的控制指标，耕地保有量不得低于上一级土地利用总体规划确定的控制指标。

省、自治区、直辖市人民政府编制的土地利用总体规划，应当确保本行政区域内耕地总量不减少。

第十七条 土地利用总体规划按照下列原则编制：

（一）落实国土空间开发保护要求，严格土地用途管制；

（二）严格保护永久基本农田，严格控制非农业建设占用农用地；

（三）提高土地节约集约利用水平；

（四）统筹安排城乡生产、生活、生态用地，满足乡村产业和基础设施用地合理需求，促进城乡融合发展；

（五）保护和改善生态环境，保障土地的可持续利用；

（六）占用耕地与开发复垦耕地数量平衡、质量相当。

第十八条 国家建立国土空间规划体系。编制国土空间规划应当坚持生态优先，绿色、可持续发展，科学有序统筹安排生态、农业、城镇等功能空间，优化国土空间结构和布局，提升国土空间开发、保护的质量和效率。

经依法批准的国土空间规划是各类开发、保护、建设活动的基本依据。已经编制国土空间规划的，不再编制土地利用总体规划和城乡规划。

第十九条 县级土地利用总体规划应当划分土地利用区，明确土地用途。

乡（镇）土地利用总体规划应当划分土地利用区，根据土地使用条件，确定每一块土地的用途，并予以公告。

第二十条 土地利用总体规划实行分级审批。

省、自治区、直辖市的土地利用总体规划，报国务院批准。

省、自治区人民政府所在地的市、人口在一百万以上的城市以及国务院指定的城市的土地利用总体规划，经省、自治区人民政府审查同意后，报国务院批准。

本条第二款、第三款规定以外的土地利用总体规划，逐级上报省、自治区、直辖市人民政府批准；其中，乡（镇）土地利用总体规划可以由省级人民政府授权的设区的市、自治州人民政府批准。

土地利用总体规划一经批准，必须严格执行。

第二十一条 城市建设用地规模应当符合国家规定的标准，充分利用现有建设用地，不占或者尽量少占农用地。

城市总体规划、村庄和集镇规划，应当与土地利用总体规划相衔接，城市总体规划、村庄和集镇规划中建设用地规模不得超过土地利用总体规划确定的城市和村庄、集镇建设用地规模。

在城市规划区内、村庄和集镇规划区内，城市和村庄、集镇建设用地应当符合城市规划、村庄和集镇规划。

第二十二条 江河、湖泊综合治理和开发利用规划，应当与土地利用总体规划相衔接。在江河、湖泊、水库的管理和保护范围以及蓄洪滞洪区内，土地利用应当符合江河、湖泊综合治理和开发利用规划，符合河道、湖泊行洪、蓄洪和输水的要求。

第二十三条　各级人民政府应当加强土地利用计划管理，实行建设用地总量控制。

土地利用年度计划，根据国民经济和社会发展计划、国家产业政策、土地利用总体规划以及建设用地和土地利用的实际状况编制。土地利用年度计划应当对本法第六十三条规定的集体经营性建设用地作出合理安排。土地利用年度计划的编制审批程序与土地利用总体规划的编制审批程序相同，一经审批下达，必须严格执行。

第二十四条　省、自治区、直辖市人民政府应当将土地利用年度计划的执行情况列为国民经济和社会发展计划执行情况的内容，向同级人民代表大会报告。

第二十五条　经批准的土地利用总体规划的修改，须经原批准机关批准；未经批准，不得改变土地利用总体规划确定的土地用途。

经国务院批准的大型能源、交通、水利等基础设施建设用地，需要改变土地利用总体规划的，根据国务院的批准文件修改土地利用总体规划。

经省、自治区、直辖市人民政府批准的能源、交通、水利等基础设施建设用地，需要改变土地利用总体规划的，属于省级人民政府土地利用总体规划批准权限内的，根据省级人民政府的批准文件修改土地利用总体规划。

第二十六条　国家建立土地调查制度。

县级以上人民政府自然资源主管部门会同同级有关部门进行土地调查。土地所有者或者使用者应当配合调查，并提供有关资料。

第二十七条　县级以上人民政府自然资源主管部门会同同级有关部门根据土地调查成果、规划土地用途和国家制定的统一标准，评定土地等级。

第二十八条　国家建立土地统计制度。

县级以上人民政府统计机构和自然资源主管部门依法进行土地统计调查，定期发布土地统计资料。土地所有者或者使用者应当提供有关资料，不得拒报、迟报，不得提供不真实、不完整的资料。

统计机构和自然资源主管部门共同发布的土地面积统计资料是各级人民政府编制土地利用总体规划的依据。

第二十九条 国家建立全国土地管理信息系统，对土地利用状况进行动态监测。

第四章 耕地保护

第三十条 国家保护耕地，严格控制耕地转为非耕地。

国家实行占用耕地补偿制度。非农业建设经批准占用耕地的，按照"占多少，垦多少"的原则，由占用耕地的单位负责开垦与所占用耕地的数量和质量相当的耕地；没有条件开垦或者开垦的耕地不符合要求的，应当按照省、自治区、直辖市的规定缴纳耕地开垦费，专款用于开垦新的耕地。

省、自治区、直辖市人民政府应当制定开垦耕地计划，监督占用耕地的单位按照计划开垦耕地或者按照计划组织开垦耕地，并进行验收。

第三十一条 县级以上地方人民政府可以要求占用耕地的单位将所占用耕地耕作层的土壤用于新开垦耕地、劣质地或者其他耕地的土壤改良。

第三十二条 省、自治区、直辖市人民政府应当严格执行土地利用总体规划和土地利用年度计划，采取措施，确保本行政区域内耕地总量不减少、质量不降低。耕地总量减少的，由国务院责令在规定期限内组织开垦与所减少耕地的数量与质量相当的耕地；耕地质量降低的，由国务院责令在规定期限内组织整治。新开垦和整治的耕地由国务院自然资源主管部门会同农业农村主管部门验收。

个别省、直辖市确因土地后备资源匮乏，新增建设用地后，新开垦耕地的数量不足以补偿所占用耕地的数量的，必须报经国务院批准减免本行政区域内开垦耕地的数量，易地开垦数量和质量相当的耕地。

第三十三条 国家实行永久基本农田保护制度。下列耕地应当根据土地利用总体规划划为永久基本农田，实行严格保护：

（一）经国务院农业农村主管部门或者县级以上地方人民政府批准确定的粮、棉、油、糖等重要农产品生产基地内的耕地；

（二）有良好的水利与水土保持设施的耕地，正在实施改造计划以及可以改造的中、低产田和已建成的高标准农田；

（三）蔬菜生产基地；

（四）农业科研、教学试验田；

（五）国务院规定应当划为永久基本农田的其他耕地。

各省、自治区、直辖市划定的永久基本农田一般应当占本行政区域内耕地的百分之八十以上，具体比例由国务院根据各省、自治区、直辖市耕地实际情况规定。

第三十四条　永久基本农田划定以乡（镇）为单位进行，由县级人民政府自然资源主管部门会同同级农业农村主管部门组织实施。永久基本农田应当落实到地块，纳入国家永久基本农田数据库严格管理。

乡（镇）人民政府应当将永久基本农田的位置、范围向社会公告，并设立保护标志。

第三十五条　永久基本农田经依法划定后，任何单位和个人不得擅自占用或者改变其用途。国家能源、交通、水利、军事设施等重点建设项目选址确实难以避让永久基本农田，涉及农用地转用或者土地征收的，必须经国务院批准。

禁止通过擅自调整县级土地利用总体规划、乡（镇）土地利用总体规划等方式规避永久基本农田农用地转用或者土地征收的审批。

第三十六条　各级人民政府应当采取措施，引导因地制宜轮作休耕，改良土壤，提高地力，维护排灌工程设施，防止土地荒漠化、盐渍化、水土流失和土壤污染。

第三十七条　非农业建设必须节约使用土地，可以利用荒地的，不得占用耕地；可以利用劣地的，不得占用好地。

禁止占用耕地建窑、建坟或者擅自在耕地上建房、挖砂、采石、采矿、取土等。

禁止占用永久基本农田发展林果业和挖塘养鱼。

第三十八条　禁止任何单位和个人闲置、荒芜耕地。已经办理审批手续的非农业建设占用耕地，一年内不用而又可以耕种并收获的，应当由原耕种该幅耕地的集体或者个人恢复耕种，也可以由用地单位组织耕种；一年以上未动工建设的，应当按照省、自治区、直辖市的规定缴纳闲置费；连续二年未使用的，经原批准机关批准，由县级以上人民政府无偿收回用地单位的土地使用权；该幅土地原为农民集体所有的，应当交由原农村集体经济组织恢复耕种。

在城市规划区范围内,以出让方式取得土地使用权进行房地产开发的闲置土地,依照《中华人民共和国城市房地产管理法》的有关规定办理。

第三十九条　国家鼓励单位和个人按照土地利用总体规划,在保护和改善生态环境、防止水土流失和土地荒漠化的前提下,开发未利用的土地;适宜开发为农用地的,应当优先开发成农用地。

国家依法保护开发者的合法权益。

第四十条　开垦未利用的土地,必须经过科学论证和评估,在土地利用总体规划划定的可开垦的区域内,经依法批准后进行。禁止毁坏森林、草原开垦耕地,禁止围湖造田和侵占江河滩地。

根据土地利用总体规划,对破坏生态环境开垦、围垦的土地,有计划有步骤地退耕还林、还牧、还湖。

第四十一条　开发未确定使用权的国有荒山、荒地、荒滩从事种植业、林业、畜牧业、渔业生产的,经县级以上人民政府依法批准,可以确定给开发单位或者个人长期使用。

第四十二条　国家鼓励土地整理。县、乡(镇)人民政府应当组织农村集体经济组织,按照土地利用总体规划,对田、水、路、林、村综合整治,提高耕地质量,增加有效耕地面积,改善农业生产条件和生态环境。

地方各级人民政府应当采取措施,改造中、低产田,整治闲散地和废弃地。

第四十三条　因挖损、塌陷、压占等造成土地破坏,用地单位和个人应当按照国家有关规定负责复垦;没有条件复垦或者复垦不符合要求的,应当缴纳土地复垦费,专项用于土地复垦。复垦的土地应当优先用于农业。

第五章　建设用地

第四十四条　建设占用土地,涉及农用地转为建设用地的,应当办理农用地转用审批手续。

永久基本农田转为建设用地的,由国务院批准。

在土地利用总体规划确定的城市和村庄、集镇建设用地规模范围内,为实施该规划而将永久基本农田以外的农用地转为建设用地的,按土地利用年度计划分批次按照国务院规定由原批准土地利用总体规划的机关或者其授权的机关批准。在已批准的农用地转用范围内，具体建设项目用地可以由市、县人民政府批准。

在土地利用总体规划确定的城市和村庄、集镇建设用地规模范围外，将永久基本农田以外的农用地转为建设用地的，由国务院或者国务院授权的省、自治区、直辖市人民政府批准。

第四十五条　为了公共利益的需要，有下列情形之一，确需征收农民集体所有的土地的，可以依法实施征收：

（一）军事和外交需要用地的；

（二）由政府组织实施的能源、交通、水利、通信、邮政等基础设施建设需要用地的；

（三）由政府组织实施的科技、教育、文化、卫生、体育、生态环境和资源保护、防灾减灾、文物保护、社区综合服务、社会福利、市政公用、优抚安置、英烈保护等公共事业需要用地的；

（四）由政府组织实施的扶贫搬迁、保障性安居工程建设需要用地的；

（五）在土地利用总体规划确定的城镇建设用地范围内，经省级以上人民政府批准由县级以上地方人民政府组织实施的成片开发建设需要用地的；

（六）法律规定为公共利益需要可以征收农民集体所有的土地的其他情形。

前款规定的建设活动，应当符合国民经济和社会发展规划、土地利用总体规划、城乡规划和专项规划；第（四）项、第（五）项规定的建设活动，还应当纳入国民经济和社会发展年度计划；第（五）项规定的成片开发并应当符合国务院自然资源主管部门规定的标准。

第四十六条　征收下列土地的，由国务院批准：

（一）永久基本农田；

（二）永久基本农田以外的耕地超过三十五公顷的；

（三）其他土地超过七十公顷的。

征收前款规定以外的土地的，由省、自治区、直辖市人民政府批准。

征收农用地的，应当依照本法第四十四条的规定先行办理农用地转用审批。其中，经国务院批准农用地转用的，同时办理征地审批手续，不再另行办理征地审批；经省、自治区、直辖市人民政府在征地批准权限内批准农用地转用的，同时办理征地审批手续，不再另行办理征地审批，超过征地批准权限的，应当依照本条第一款的规定另行办理征地审批。

第四十七条 国家征收土地的，依照法定程序批准后，由县级以上地方人民政府予以公告并组织实施。

县级以上地方人民政府拟申请征收土地的，应当开展拟征收土地现状调查和社会稳定风险评估，并将征收范围、土地现状、征收目的、补偿标准、安置方式和社会保障等在拟征收土地所在的乡（镇）和村、村民小组范围内公告至少三十日，听取被征地的农村集体经济组织及其成员、村民委员会和其他利害关系人的意见。

多数被征地的农村集体经济组织成员认为征地补偿安置方案不符合法律、法规规定的，县级以上地方人民政府应当组织召开听证会，并根据法律、法规的规定和听证会情况修改方案。

拟征收土地的所有权人、使用权人应当在公告规定期限内，持不动产权属证明材料办理补偿登记。县级以上地方人民政府应当组织有关部门测算并落实有关费用，保证足额到位，与拟征收土地的所有权人、使用权人就补偿、安置等签订协议；个别确实难以达成协议的，应当在申请征收土地时如实说明。

相关前期工作完成后，县级以上地方人民政府方可申请征收土地。

第四十八条 征收土地应当给予公平、合理的补偿，保障被征地农民原有生活水平不降低、长远生计有保障。

征收土地应当依法及时足额支付土地补偿费、安置补助费以及农村村民住宅、其他地上附着物和青苗等的补偿费用，并安排被征地农民的社会保障费用。

征收农用地的土地补偿费、安置补助费标准由省、自治区、直辖市通过制定公布区片综合地价确定。制定区片综合地价应当综合考虑土地原用途、土地资源条件、土地产值、土地区位、土地供求关系、人口以及经济社会发展水平等因素，并至少每三年调整或者重新公布一次。

征收农用地以外的其他土地、地上附着物和青苗等的补偿标准，由省、自治区、直辖市制定。对其中的农村村民住宅，应当按照先补偿后搬迁、居住条件有改善的原则，尊重农村村民意愿，采取重新安排宅基地建房、提供安置房或者货币补偿等方式给予公平、合理的补偿，并对因征收造成的搬迁、临时安置等费用予以补偿，保障农村村民居住的权利和合法的住房财产权益。

县级以上地方人民政府应当将被征地农民纳入相应的养老等社会保障体系。被征地农民的社会保障费用主要用于符合条件的被征地农民的养老保险等社会保险缴费补贴。被征地农民社会保障费用的筹集、管理和使用办法，由省、自治区、直辖市制定。

第四十九条 被征地的农村集体经济组织应当将征收土地的补偿费用的收支状况向本集体经济组织的成员公布，接受监督。

禁止侵占、挪用被征收土地单位的征地补偿费用和其他有关费用。

第五十条 地方各级人民政府应当支持被征地的农村集体经济组织和农民从事开发经营，兴办企业。

第五十一条 大中型水利、水电工程建设征收土地的补偿费标准和移民安置办法，由国务院另行规定。

第五十二条 建设项目可行性研究论证时，自然资源主管部门可以根据土地利用总体规划、土地利用年度计划和建设用地标准，对建设用地有关事项进行审查，并提出意见。

第五十三条 经批准的建设项目需要使用国有建设用地的，建设单位应当持法律、行政法规规定的有关文件，向有批准权的县级以上人民政府自然资源主管部门提出建设用地申请，经自然资源主管部门审查，报本级人民政府批准。

第五十四条 建设单位使用国有土地，应当以出让等有偿使用方式取得；但是，下列建设用地，经县级以上人民政府依法批准，可以以划拨方式取得：

（一）国家机关用地和军事用地；

（二）城市基础设施用地和公益事业用地；

（三）国家重点扶持的能源、交通、水利等基础设施用地；

（四）法律、行政法规规定的其他用地。

第五十五条 以出让等有偿使用方式取得国有土地使用权的建设单位，按照国务院规定的标准和办法，缴纳土地使用权出让金等土地有偿使用费和其他费用后，方可使用土地。

自本法施行之日起，新增建设用地的土地有偿使用费，百分之三十上缴中央财政，百分之七十留给有关地方人民政府。具体使用管理办法由国务院财政部门会同有关部门制定，并报国务院批准。

第五十六条 建设单位使用国有土地的，应当按照土地使用权出让等有偿使用合同的约定或者土地使用权划拨批准文件的规定使用土地；确需改变该幅土地建设用途的，应当经有关人民政府自然资源主管部门同意，报原批准用地的人民政府批准。其中，在城市规划区内改变土地用途的，在报批前，应当先经有关城市规划行政主管部门同意。

第五十七条 建设项目施工和地质勘查需要临时使用国有土地或者农民集体所有的土地的，由县级以上人民政府自然资源主管部门批准。其中，在城市规划区内的临时用地，在报批前，应当先经有关城市规划行政主管部门同意。土地使用者应当根据土地权属，与有关自然资源主管部门或者农村集体经济组织、村民委员会签订临时使用土地合同，并按照合同的约定支付临时使用土地补偿费。

临时使用土地的使用者应当按照临时使用土地合同约定的用途使用土地，并不得修建永久性建筑物。

临时使用土地期限一般不超过二年。

第五十八条 有下列情形之一的，由有关人民政府自然资源主管部门报经原批准用地的人民政府或者有批准权的人民政府批准，可以收回国有土地使用权：

（一）为实施城市规划进行旧城区改建以及其他公共利益需要，确需使用土地的；

（二）土地出让等有偿使用合同约定的使用期限届满，土地使用者未申请续期或者申请续期未获批准的；

（三）因单位撤销、迁移等原因，停止使用原划拨的国有土地的；

（四）公路、铁路、机场、矿场等经核准报废的。

依照前款第（一）项的规定收回国有土地使用权的，对土地使用权人应当给予适当补偿。

第五十九条 乡镇企业、乡（镇）村公共设施、公益事业、农村村民住宅等乡（镇）村建设，应当按照村庄和集镇规划，合理布局，综合开发，配套建设；建设用地，应当符合乡（镇）土地利用总体规划和土地利用年度计划，并依照本法第四十四条、第六十条、第六十一条、第六十二条的规定办理审批手续。

第六十条 农村集体经济组织使用乡（镇）土地利用总体规划确定的建设用地兴办企业或者与其他单位、个人以土地使用权入股、联营等形式共同举办企业的，应当持有关批准文件，向县级以上地方人民政府自然资源主管部门提出申请，按照省、自治区、直辖市规定的批准权限，由县级以上地方人民政府批准；其中，涉及占用农用地的，依照本法第四十四条的规定办理审批手续。

按照前款规定兴办企业的建设用地，必须严格控制。省、自治区、直辖市可以按照乡镇企业的不同行业和经营规模，分别规定用地标准。

第六十一条 乡（镇）村公共设施、公益事业建设，需要使用土地的，经乡（镇）人民政府审核，向县级以上地方人民政府自然资源主管部门提出申请，按照省、自治区、直辖市规定的批准权限，由县级以上地方人民政府批准；其中，涉及占用农用地的，依照本法第四十四条的规定办理审批手续。

第六十二条 农村村民一户只能拥有一处宅基地，其宅基地的面积不得超过省、自治区、直辖市规定的标准。

人均土地少、不能保障一户拥有一处宅基地的地区，县级人民政府在充分尊重农村村民意愿的基础上，可以采取措施，按照省、自治区、直辖市规定的标准保障农村村民实现户有所居。

农村村民建住宅，应当符合乡（镇）土地利用总体规划、村庄规划，不得占用永久基本农田，并尽量使用原有的宅基地和村内空闲地。编制乡（镇）土地利用总体规划、村庄规划应当统筹并合理安排宅基地用地，改善农村村民居住环境和条件。

农村村民住宅用地，由乡（镇）人民政府审核批准；其中，涉及占用农用地的，依照本法第四十四条的规定办理审批手续。

农村村民出卖、出租、赠与住宅后，再申请宅基地的，不予批准。

国家允许进城落户的农村村民依法自愿有偿退出宅基地，鼓励农村集体经济组织及其成员盘活利用闲置宅基地和闲置住宅。

国务院农业农村主管部门负责全国农村宅基地改革和管理有关工作。

第六十三条 土地利用总体规划、城乡规划确定为工业、商业等经营性用途，并经依法登记的集体经营性建设用地，土地所有权人可以通过出让、出租等方式交由单位或者个人使用，并应当签订书面合同，载明土地界址、面积、动工期限、使用期限、土地用途、规划条件和双方其他权利义务。

前款规定的集体经营性建设用地出让、出租等，应当经本集体经济组织成员的村民会议三分之二以上成员或者三分之二以上村民代表的同意。

通过出让等方式取得的集体经营性建设用地使用权可以转让、互换、出资、赠与或者抵押，但法律、行政法规另有规定或者土地所有权人、土地使用权人签订的书面合同另有约定的除外。

集体经营性建设用地的出租，集体建设用地使用权的出让及其最高年限、转让、互换、出资、赠与、抵押等，参照同类用途的国有建设用地执行。具体办法由国务院制定。

第六十四条 集体建设用地的使用者应当严格按照土地利用总体规划、城乡规划确定的用途使用土地。

第六十五条 在土地利用总体规划制定前已建的不符合土地利用总体规划确定的用途的建筑物、构筑物，不得重建、扩建。

第六十六条 有下列情形之一的，农村集体经济组织报经原批准用地的人民政府批准，可以收回土地使用权：

（一）为乡（镇）村公共设施和公益事业建设，需要使用土地的；

（二）不按照批准的用途使用土地的；

（三）因撤销、迁移等原因而停止使用土地的。

依照前款第（一）项规定收回农民集体所有的土地的，对土地使用权人应当给予适当补偿。

收回集体经营性建设用地使用权，依照双方签订的书面合同办理，法律、行政法规另有规定的除外。

第六章 监督检查

第六十七条 县级以上人民政府自然资源主管部门对违反土地管理法律、法规的行为进行监督检查。

县级以上人民政府农业农村主管部门对违反农村宅基地管理法律、法规的行为进行监督检查的,适用本法关于自然资源主管部门监督检查的规定。

土地管理监督检查人员应当熟悉土地管理法律、法规,忠于职守、秉公执法。

第六十八条 县级以上人民政府自然资源主管部门履行监督检查职责时,有权采取下列措施:

(一)要求被检查的单位或者个人提供有关土地权利的文件和资料,进行查阅或者予以复制;

(二)要求被检查的单位或者个人就有关土地权利的问题作出说明;

(三)进入被检查单位或者个人非法占用的土地现场进行勘测;

(四)责令非法占用土地的单位或者个人停止违反土地管理法律、法规的行为。

第六十九条 土地管理监督检查人员履行职责,需要进入现场进行勘测、要求有关单位或者个人提供文件、资料和作出说明的,应当出示土地管理监督检查证件。

第七十条 有关单位和个人对县级以上人民政府自然资源主管部门就土地违法行为进行的监督检查应当支持与配合,并提供工作方便,不得拒绝与阻碍土地管理监督检查人员依法执行职务。

第七十一条 县级以上人民政府自然资源主管部门在监督检查工作中发现国家工作人员的违法行为,依法应当给予处分的,应当依法予以处理;自己无权处理的,应当依法移送监察机关或者有关机关处理。

第七十二条 县级以上人民政府自然资源主管部门在监督检查工作中发现土地违法行为构成犯罪的,应当将案件移送有关机关,依法追究刑事责任;尚不构成犯罪的,应当依法给予行政处罚。

第七十三条 依照本法规定应当给予行政处罚,而有关自然资源主管部门不给予行政处罚的,上级人民政府自然资源主管部门有权责令有关自然资源主管部门作出行政处罚决定或者直接给予行政处罚,并给予有关自然资源主管部门的负责人处分。

第七章 法律责任

第七十四条 买卖或者以其他形式非法转让土地的,由县级以上人民政府自然资源主管部门没收违法所得；对违反土地利用总体规划擅自将农用地改为建设用地的，限期拆除在非法转让的土地上新建的建筑物和其他设施，恢复土地原状，对符合土地利用总体规划的，没收在非法转让的土地上新建的建筑物和其他设施；可以并处罚款；对直接负责的主管人员和其他直接责任人员，依法给予处分；构成犯罪的，依法追究刑事责任。

第七十五条 违反本法规定，占用耕地建窑、建坟或者擅自在耕地上建房、挖砂、采石、采矿、取土等，破坏种植条件的，或者因开发土地造成土地荒漠化、盐渍化的，由县级以上人民政府自然资源主管部门、农业农村主管部门等按照职责责令限期改正或者治理，可以并处罚款；构成犯罪的，依法追究刑事责任。

第七十六条 违反本法规定，拒不履行土地复垦义务的，由县级以上人民政府自然资源主管部门责令限期改正；逾期不改正的，责令缴纳复垦费，专项用于土地复垦，可以处以罚款。

第七十七条 未经批准或者采取欺骗手段骗取批准，非法占用土地的，由县级以上人民政府自然资源主管部门责令退还非法占用的土地，对违反土地利用总体规划擅自将农用地改为建设用地的，限期拆除在非法占用的土地上新建的建筑物和其他设施，恢复土地原状，对符合土地利用总体规划的，没收在非法占用的土地上新建的建筑物和其他设施，可以并处罚款；对非法占用土地单位的直接负责的主管人员和其他直接责任人员，依法给予处分；构成犯罪的，依法追究刑事责任。

超过批准的数量占用土地，多占的土地以非法占用土地论处。

第七十八条 农村村民未经批准或者采取欺骗手段骗取批准，非法占用土地建住宅的，由县级以上人民政府农业农村主管部门责令退还非法占用的土地，限期拆除在非法占用的土地上新建的房屋。

超过省、自治区、直辖市规定的标准，多占的土地以非法占用土地论处。

第七十九条 无权批准征收、使用土地的单位或者个人非法批准占用土地的，超越批准权限非法批准占用土地的，不按照土地利用总体规划确定的用途批准用地的，或者违反法律规定的程序批准占用、征收土地的，其批准文件无效，对非法批准征收、使用土地的直接负责的主管人员和其他直接责任人员，依法给予处分；构成犯罪的，依法追究刑事责任。非法批准、使用的土地应当收回，有关当事人拒不归还的，以非法占用土地论处。

非法批准征收、使用土地，对当事人造成损失的，依法应当承担赔偿责任。

第八十条　侵占、挪用被征收土地单位的征地补偿费用和其他有关费用，构成犯罪的，依法追究刑事责任；尚不构成犯罪的，依法给予处分。

第八十一条　依法收回国有土地使用权当事人拒不交出土地的，临时使用土地期满拒不归还的，或者不按照批准的用途使用国有土地的，由县级以上人民政府自然资源主管部门责令交还土地，处以罚款。

第八十二条　擅自将农民集体所有的土地通过出让、转让使用权或者出租等方式用于非农业建设，或者违反本法规定，将集体经营性建设用地通过出让、出租等方式交由单位或者个人使用的，由县级以上人民政府自然资源主管部门责令限期改正，没收违法所得，并处罚款。

第八十三条　依照本法规定，责令限期拆除在非法占用的土地上新建的建筑物和其他设施的，建设单位或者个人必须立即停止施工，自行拆除；对继续施工的，作出处罚决定的机关有权制止。建设单位或者个人对责令限期拆除的行政处罚决定不服的，可以在接到责令限期拆除决定之日起十五日内，向人民法院起诉；期满不起诉又不自行拆除的，由作出处罚决定的机关依法申请人民法院强制执行，费用由违法者承担。

第八十四条　自然资源主管部门、农业农村主管部门的工作人员玩忽职守、滥用职权、徇私舞弊，构成犯罪的，依法追究刑事责任；尚不构成犯罪的，依法给予处分。

第八章　附则

第八十五条　外商投资企业使用土地的，适用本法；法律另有规定的，从其规定。

第八十六条　在根据本法第十八条的规定编制国土空间规划前，经依法批准的土地利用总体规划和城乡规划继续执行。

第八十七条　本法自1999年1月1日起施行。

基本农田保护条例

1998年12月27日　中华人民共和国国务院令第257号

（1998年12月27日中华人民共和国国务院令第257号发布。根据2011年1月8日《国务院关于废止和修改部分行政法规的决定》修订。）

第一章　总则

第一条　为了对基本农田实行特殊保护，促进农业生产和社会经济的可持续发展，根据《中华人民共和国农业法》和《中华人民共和国土地管理法》，制定本条例。

第二条　国家实行基本农田保护制度。

本条例所称基本农田，是指按照一定时期人口和社会经济发展对农产品的需求，依据土地利用总体规划确定的不得占用的耕地。

本条例所称基本农田保护区，是指为对基本农田实行特殊保护而依据土地利用总体规划和依照法定程序确定的特定保护区域。

第三条　基本农田保护实行全面规划、合理利用、用养结合、严格保护的方针。

第四条　县级以上地方各级人民政府应当将基本农田保护工作纳入国民经济和社会发展计划，作为政府领导任期目标责任制的一项内容，并由上一级人民政府监督实施。

第五条　任何单位和个人都有保护基本农田的义务，并有权检举、控告侵占、破坏基本农田和其他违反本条例的行为。

第六条　国务院土地行政主管部门和农业行政主管部门按照国务院规定的职责分工，依照本条例负责全国的基本农田保护管理工作。

县级以上地方各级人民政府土地行政主管部门和农业行政主管部门按照

本级人民政府规定的职责分工，依照本条例负责本行政区域内的基本农田保护管理工作。

乡（镇）人民政府负责本行政区域内的基本农田保护管理工作。

第七条 国家对在基本农田保护工作中取得显著成绩的单位和个人，给予奖励。

第二章 划定

第八条 各级人民政府在编制土地利用总体规划时，应当将基本农田保护作为规划的一项内容，明确基本农田保护的布局安排、数量指标和质量要求。

县级和乡（镇）土地利用总体规划应当确定基本农田保护区。

第九条 省、自治区、直辖市划定的基本农田应当占本行政区域内耕地总面积的80%以上，具体数量指标根据全国土地利用总体规划逐级分解下达。

第十条 下列耕地应当划入基本农田保护区，严格管理：

（一）经国务院有关主管部门或者县级以上地方人民政府批准确定的粮、棉、油生产基地内的耕地；

（二）有良好的水利与水土保持设施的耕地，正在实施改造计划以及可以改造的中、低产田；

（三）蔬菜生产基地；

（四）农业科研、教学试验田。

根据土地利用总体规划，铁路、公路等交通沿线，城市和村庄、集镇建设用地区周边的耕地，应当优先划入基本农田保护区；需要退耕还林、还牧、还湖的耕地，不应当划入基本农田保护区。

第十一条 基本农田保护区以乡（镇）为单位划区定界，由县级人民政府土地行政主管部门会同同级农业行政主管部门组织实施。

划定的基本农田保护区，由县级人民政府设立保护标志，予以公告，由县级人民政府土地行政主管部门建立档案，并抄送同级农业行政主管部门。任何单位和个人不得破坏或者擅自改变基本农田保护区的保护标志。

基本农田划区定界后，由省、自治区、直辖市人民政府组织土地行政主管部门和农业行政主管部门验收确认,或者由省、自治区人民政府授权设区的市、自治州人民政府组织土地行政主管部门和农业行政主管部门验收确认。

第十二条 划定基本农田保护区时,不得改变土地承包者的承包经营权。

第十三条 划定基本农田保护区的技术规程,由国务院土地行政主管部门会同国务院农业行政主管部门制定。

第三章 保护

第十四条 地方各级人民政府应当采取措施,确保土地利用总体规划确定的本行政区域内基本农田的数量不减少。

第十五条 基本农田保护区经依法划定后,任何单位和个人不得改变或者占用。国家能源、交通、水利、军事设施等重点建设项目选址确实无法避开基本农田保护区,需要占用基本农田,涉及农用地转用或者征收土地的,必须经国务院批准。

第十六条 经国务院批准占用基本农田的,当地人民政府应当按照国务院的批准文件修改土地利用总体规划,并补充划入数量和质量相当的基本农田。占用单位应当按照占多少、垦多少的原则,负责开垦与所占基本农田的数量与质量相当的耕地;没有条件开垦或者开垦的耕地不符合要求的,应当按照省、自治区、直辖市的规定缴纳耕地开垦费,专款用于开垦新的耕地。

占用基本农田的单位应当按照县级以上地方人民政府的要求,将所占用基本农田耕作层的土壤用于新开垦耕地、劣质地或者其他耕地的土壤改良。

第十七条 禁止任何单位和个人在基本农田保护区内建窑、建房、建坟、挖砂、采石、采矿、取土、堆放固体废弃物或者进行其他破坏基本农田的活动。

禁止任何单位和个人占用基本农田发展林果业和挖塘养鱼。

第十八条 禁止任何单位和个人闲置、荒芜基本农田。经国务院批准的重点建设项目占用基本农田的,满1年不使用而又可以耕种并收获的,应当由原耕种该幅基本农田的集体或者个人恢复耕种，也可以由用地单位组织耕种；1年以上未动工建设的，应当按照省、自治区、直辖市的规定缴纳闲置费；连续2年未使用的，经国务院批准，由县级以上人民政府无偿收回用地单位的土地使用权；该幅土地原为农民集体所有的，应当交由原农村集体经济组织恢复耕种，重新划入基本农田保护区。

承包经营基本农田的单位或者个人连续2年弃耕抛荒的，原发包单位应当终止承包合同，收回发包的基本农田。

第十九条 国家提倡和鼓励农业生产者对其经营的基本农田施用有机肥料，合理施用化肥和农药。利用基本农田从事农业生产的单位和个人应当保持和培肥地力。

第二十条 县级人民政府应当根据当地实际情况制定基本农田地力分等定级办法，由农业行政主管部门会同土地行政主管部门组织实施，对基本农田地力分等定级，并建立档案。

第二十一条 农村集体经济组织或者村民委员会应当定期评定基本农田地力等级。

第二十二条 县级以上地方各级人民政府农业行政主管部门应当逐步建立基本农田地力与施肥效益长期定位监测网点，定期向本级人民政府提出基本农田地力变化状况报告以及相应的地力保护措施，并为农业生产者提供施肥指导服务。

第二十三条 县级以上人民政府农业行政主管部门应当会同同级环境保护行政主管部门对基本农田环境污染进行监测和评价，并定期向本级人民政府提出环境质量与发展趋势的报告。

第二十四条 经国务院批准占用基本农田兴建国家重点建设项目的，必须遵守国家有关建设项目环境保护管理的规定。在建设项目环境影响报告书中，应当有基本农田环境保护方案。

第二十五条 向基本农田保护区提供肥料和作为肥料的城市垃圾、污泥的，应当符合国家有关标准。

第二十六条 因发生事故或者其他突然性事件，造成或者可能造成基本农田环境污染事故的，当事人必须立即采取措施处理，并向当地环境保护行政主管部门和农业行政主管部门报告，接受调查处理。

第四章 监督管理

第二十七条 在建立基本农田保护区的地方，县级以上地方人民政府应当与下一级人民政府签订基本农田保护责任书；乡（镇）人民政府应当根据与县级人民政府签订的基本农田保护责任书的要求，与农村集体经济组织或者村民委员会签订基本农田保护责任书。

基本农田保护责任书应当包括下列内容：

（一）基本农田的范围、面积、地块；

（二）基本农田的地力等级；

（三）保护措施；

（四）当事人的权利与义务；

（五）奖励与处罚。

第二十八条 县级以上地方人民政府应当建立基本农田保护监督检查制度，定期组织土地行政主管部门、农业行政主管部门以及其他有关部门对基本农田保护情况进行检查，将检查情况书面报告上一级人民政府。被检查的单位和个人应当如实提供有关情况和资料，不得拒绝。

第二十九条 县级以上地方人民政府土地行政主管部门、农业行政主管部门对本行政区域内发生的破坏基本农田的行为，有权责令纠正。

第五章 法律责任

第三十条 违反本条例规定，有下列行为之一的，依照《中华人民共和国土地管理法》和《中华人民共和国土地管理法实施条例》的有关规定，从重给予处罚：

（一）未经批准或者采取欺骗手段骗取批准，非法占用基本农田的；

（二）超过批准数量，非法占用基本农田的；

（三）非法批准占用基本农田的；

（四）买卖或者以其他形式非法转让基本农田的。

第三十一条 违反本条例规定，应当将耕地划入基本农田保护区而不划入的，由上一级人民政府责令限期改正；拒不改正的，对直接负责的主管人员和其他直接责任人员依法给予行政处分或者纪律处分。

第三十二条 违反本条例规定,破坏或者擅自改变基本农田保护区标志的,由县级以上地方人民政府土地行政主管部门或者农业行政主管部门责令恢复原状,可以处 1000 元以下罚款。

第三十三条 违反本条例规定,占用基本农田建窑、建房、建坟、挖砂、采石、采矿、取土、堆放固体废弃物或者从事其他活动破坏基本农田,毁坏种植条件的,由县级以上人民政府土地行政主管部门责令改正或者治理,恢复原种植条件,处占用基本农田的耕地开垦费 1 倍以上 2 倍以下的罚款;构成犯罪的,依法追究刑事责任。

第三十四条 侵占、挪用基本农田的耕地开垦费,构成犯罪的,依法追究刑事责任;尚不构成犯罪的,依法给予行政处分或者纪律处分。

第六章 附则

第三十五条 省、自治区、直辖市人民政府可以根据当地实际情况,将其他农业生产用地划为保护区。保护区内的其他农业生产用地的保护和管理,可以参照本条例执行。

第三十六条 本条例自 1999 年 1 月 1 日起施行。1994 年 8 月 18 日国务院发布的《基本农田保护条例》同时废止。

中华人民共和国耕地占用税法

2018 年 12 月 29 日 中华人民共和国主席令第十八号

(2018 年 12 月 29 日第十三届全国人民代表大会常务委员会第七次会议通过。)

第一条 为了合理利用土地资源,加强土地管理,保护耕地,制定本法。

第二条 在中华人民共和国境内占用耕地建设建筑物、构筑物或者从事非农业建设的单位和个人,为耕地占用税的纳税人,应当依照本法规定缴纳耕地占用税。

占用耕地建设农田水利设施的，不缴纳耕地占用税。

本法所称耕地，是指用于种植农作物的土地。

第三条　耕地占用税以纳税人实际占用的耕地面积为计税依据，按照规定的适用税额一次性征收，应纳税额为纳税人实际占用的耕地面积（平方米）乘以适用税额。

第四条　耕地占用税的税额如下：

（一）人均耕地不超过一亩的地区（以县、自治县、不设区的市、市辖区为单位，下同），每平方米为十元至五十元；

（二）人均耕地超过一亩但不超过二亩的地区，每平方米为八元至四十元；

（三）人均耕地超过二亩但不超过三亩的地区，每平方米为六元至三十元；

（四）人均耕地超过三亩的地区，每平方米为五元至二十五元。

各地区耕地占用税的适用税额，由省、自治区、直辖市人民政府根据人均耕地面积和经济发展等情况，在前款规定的税额幅度内提出，报同级人民代表大会常务委员会决定，并报全国人民代表大会常务委员会和国务院备案。各省、自治区、直辖市耕地占用税适用税额的平均水平，不得低于本法所附《各省、自治区、直辖市耕地占用税平均税额表》规定的平均税额。

第五条　在人均耕地低于零点五亩的地区，省、自治区、直辖市可以根据当地经济发展情况，适当提高耕地占用税的适用税额，但提高的部分不得超过本法第四条第二款确定的适用税额的百分之五十。具体适用税额按照本法第四条第二款规定的程序确定。

第六条　占用基本农田的，应当按照本法第四条第二款或者第五条确定的当地适用税额，加按百分之一百五十征收。

第七条　军事设施、学校、幼儿园、社会福利机构、医疗机构占用耕地，免征耕地占用税。

铁路线路、公路线路、飞机场跑道、停机坪、港口、航道、水利工程占用耕地，减按每平方米二元的税额征收耕地占用税。

农村居民在规定用地标准以内占用耕地新建自用住宅，按照当地适用税额减半征收耕地占用税；其中农村居民经批准搬迁，新建自用住宅占用耕地不超过原宅基地面积的部分，免征耕地占用税。

农村烈士遗属、因公牺牲军人遗属、残疾军人以及符合农村最低生活保障条件的农村居民，在规定用地标准以内新建自用住宅，免征耕地占用税。

根据国民经济和社会发展的需要，国务院可以规定免征或者减征耕地占用税的其他情形，报全国人民代表大会常务委员会备案。

第八条 依照本法第七条第一款、第二款规定免征或者减征耕地占用税后，纳税人改变原占地用途，不再属于免征或者减征耕地占用税情形的，应当按照当地适用税额补缴耕地占用税。

第九条 耕地占用税由税务机关负责征收。

第十条 耕地占用税的纳税义务发生时间为纳税人收到自然资源主管部门办理占用耕地手续的书面通知的当日。纳税人应当自纳税义务发生之日起三十日内申报缴纳耕地占用税。

自然资源主管部门凭耕地占用税完税凭证或者免税凭证和其他有关文件发放建设用地批准书。

第十一条 纳税人因建设项目施工或者地质勘查临时占用耕地，应当依照本法的规定缴纳耕地占用税。纳税人在批准临时占用耕地期满之日起一年内依法复垦，恢复种植条件的，全额退还已经缴纳的耕地占用税。

第十二条 占用园地、林地、草地、农田水利用地、养殖水面、渔业水域滩涂以及其他农用地建设建筑物、构筑物或者从事非农业建设的，依照本法的规定缴纳耕地占用税。

占用前款规定的农用地的，适用税额可以适当低于本地区按照本法第四条第二款确定的适用税额，但降低的部分不得超过百分之五十。具体适用税额由省、自治区、直辖市人民政府提出，报同级人民代表大会常务委员会决定，并报全国人民代表大会常务委员会和国务院备案。

占用本条第一款规定的农用地建设直接为农业生产服务的生产设施的，不缴纳耕地占用税。

第十三条 税务机关应当与相关部门建立耕地占用税涉税信息共享机制和工作配合机制。县级以上地方人民政府自然资源、农业农村、水利等相关部门应当定期向税务机关提供农用地转用、临时占地等信息，协助税务机关加强耕地占用税征收管理。

税务机关发现纳税人的纳税申报数据资料异常或者纳税人未按照规定期限申报纳税的，可以提请相关部门进行复核，相关部门应当自收到税务机关复核申请之日起三十日内向税务机关出具复核意见。

第十四条 耕地占用税的征收管理，依照本法和《中华人民共和国税收征收管理法》的规定执行。

第十五条 纳税人、税务机关及其工作人员违反本法规定的，依照《中华人民共和国税收征收管理法》和有关法律法规的规定追究法律责任。

第十六条 本法自2019年9月1日起施行。2007年12月1日国务院公布的《中华人民共和国耕地占用税暂行条例》同时废止。

附

各省、自治区、直辖市耕地占用税平均税额表

省、自治区、直辖市	平均税额（元／平方米）
上海	45
北京	40
天津	35
江苏、浙江、福建、广东	30
辽宁、湖北、湖南	25
河北、安徽、江西、山东、河南、重庆、四川	22.5
广西、湖南、贵州、云南、陕西	20
山西、吉林、黑龙江	17.5
内蒙古、西藏、甘肃、青海、宁夏、新疆	12.5

财政部　税务总局　自然资源部　农业农村部　生态环境部关于发布《中华人民共和国耕地占用税法实施办法》的公告

2019年8月29日　财政部公告2019年第81号

为贯彻落实《中华人民共和国耕地占用税法》，财政部、税务总局、自然资源部、农业农村部、生态环境部制定了《中华人民共和国耕地占用税法实施办法》，现予以发布，自2019年9月1日起施行。

特此公告。

附件：中华人民共和国耕地占用税法实施办法

附件

中华人民共和国耕地占用税法实施办法

第一条　为了贯彻实施《中华人民共和国耕地占用税法》（以下简称税法），制定本办法。

第二条　经批准占用耕地的，纳税人为农用地转用审批文件中标明的建设用地人；农用地转用审批文件中未标明建设用地人的，纳税人为用地申请人，其中用地申请人为各级人民政府的，由同级土地储备中心、自然资源主管部门或政府委托的其他部门、单位履行耕地占用税申报纳税义务。

未经批准占用耕地的，纳税人为实际用地人。

第三条　实际占用的耕地面积，包括经批准占用的耕地面积和未经批准占用的耕地面积。

第四条 基本农田,是指依据《基本农田保护条例》划定的基本农田保护区范围内的耕地。

第五条 免税的军事设施,具体范围为《中华人民共和国军事设施保护法》规定的军事设施。

第六条 免税的学校,具体范围包括县级以上人民政府教育行政部门批准成立的大学、中学、小学,学历性职业教育学校和特殊教育学校,以及经省级人民政府或其人力资源社会保障行政部门批准成立的技工院校。

学校内经营性场所和教职工住房占用耕地的,按照当地适用税额缴纳耕地占用税。

第七条 免税的幼儿园,具体范围限于县级以上人民政府教育行政部门批准成立的幼儿园内专门用于幼儿保育、教育的场所。

第八条 免税的社会福利机构,具体范围限于依法登记的养老服务机构、残疾人服务机构、儿童福利机构、救助管理机构、未成年人救助保护机构内,专门为老年人、残疾人、未成年人、生活无着的流浪乞讨人员提供养护、康复、托管等服务的场所。

第九条 免税的医疗机构,具体范围限于县级以上人民政府卫生健康行政部门批准设立的医疗机构内专门从事疾病诊断、治疗活动的场所及其配套设施。

医疗机构内职工住房占用耕地的,按照当地适用税额缴纳耕地占用税。

第十条 减税的铁路线路,具体范围限于铁路路基、桥梁、涵洞、隧道及其按照规定两侧留地、防火隔离带。

专用铁路和铁路专用线占用耕地的,按照当地适用税额缴纳耕地占用税。

第十一条 减税的公路线路,具体范围限于经批准建设的国道、省道、县道、乡道和属于农村公路的村道的主体工程以及两侧边沟或者截水沟。

专用公路和城区内机动车道占用耕地的,按照当地适用税额缴纳耕地占用税。

第十二条 减税的飞机场跑道、停机坪,具体范围限于经批准建设的民用机场专门用于民用航空器起降、滑行、停放的场所。

第十三条 减税的港口,具体范围限于经批准建设的港口内供船舶进出、停靠以及旅客上下、货物装卸的场所。

第十四条 减税的航道,具体范围限于在江、河、湖泊、港湾等水域内供船舶安全航行的通道。

第十五条 减税的水利工程,具体范围限于经县级以上人民政府水行政主管部门批准建设的防洪、排涝、灌溉、引(供)水、滩涂治理、水土保持、水资源保护等各类工程及其配套和附属工程的建筑物、构筑物占压地和经批准的管理范围用地。

第十六条 纳税人符合税法第七条规定情形,享受免征或者减征耕地占用税的,应当留存相关证明资料备查。

第十七条 根据税法第八条的规定,纳税人改变原占地用途,不再属于免征或减征情形的,应自改变用途之日起 30 日内申报补缴税款,补缴税款按改变用途的实际占用耕地面积和改变用途时当地适用税额计算。

第十八条 临时占用耕地,是指经自然资源主管部门批准,在一般不超过 2 年内临时使用耕地并且没有修建永久性建筑物的行为。

依法复垦应由自然资源主管部门会同有关行业管理部门认定并出具验收合格确认书。

第十九条 因挖损、采矿塌陷、压占、污染等损毁耕地属于税法所称的非农业建设,应依照税法规定缴纳耕地占用税;自自然资源、农业农村等相关部门认定损毁耕地之日起 3 年内依法复垦或修复,恢复种植条件的,比照税法第十一条规定办理退税。

第二十条 园地,包括果园、茶园、橡胶园、其他园地。

前款的其他园地包括种植桑树、可可、咖啡、油棕、胡椒、药材等其他多年生作物的园地。

第二十一条 林地,包括乔木林地、竹林地、红树林地、森林沼泽、灌木林地、灌丛沼泽、其他林地,不包括城镇村庄范围内的绿化林木用地,铁路、公路征地范围内的林木用地,以及河流、沟渠的护堤林用地。

前款的其他林地包括疏林地、未成林地、迹地、苗圃等林地。

第二十二条 草地,包括天然牧草地、沼泽草地、人工牧草地,以及用于农业生产并已由相关行政主管部门发放使用权证的草地。

第二十三条 农田水利用地,包括农田排灌沟渠及相应附属设施用地。

第二十四条 养殖水面,包括人工开挖或者天然形成的用于水产养殖的河流水面、湖泊水面、水库水面、坑塘水面及相应附属设施用地。

第二十五条 渔业水域滩涂,包括专门用于种植或者养殖水生动植物的海水潮浸地带和滩地,以及用于种植芦苇并定期进行人工养护管理的苇田。

第二十六条 直接为农业生产服务的生产设施,是指直接为农业生产服务而建设的建筑物和构筑物。具体包括:储存农用机具和种子、苗木、木材等农业产品的仓储设施;培育、生产种子、种苗的设施;畜禽养殖设施;木材集材道、运材道;农业科研、试验、示范基地;野生动植物保护、护林、森林病虫害防治、森林防火、木材检疫的设施;专为农业生产服务的灌溉排水、供水、供电、供热、供气、通讯基础设施;农业生产者从事农业生产必需的食宿和管理设施;其他直接为农业生产服务的生产设施。

第二十七条 未经批准占用耕地的,耕地占用税纳税义务发生时间为自然资源主管部门认定的纳税人实际占用耕地的当日。

因挖损、采矿塌陷、压占、污染等损毁耕地的纳税义务发生时间为自然资源、农业农村等相关部门认定损毁耕地的当日。

第二十八条 纳税人占用耕地,应当在耕地所在地申报纳税。

第二十九条 在农用地转用环节,用地申请人能证明建设用地人符合税法第七条第一款规定的免税情形的,免征用地申请人的耕地占用税;在供地环节,建设用地人使用耕地用途符合税法第七条第一款规定的免税情形的,由用地申请人和建设用地人共同申请,按退税管理的规定退还用地申请人已经缴纳的耕地占用税。

第三十条 县级以上地方人民政府自然资源、农业农村、水利、生态环境等相关部门向税务机关提供的农用地转用、临时占地等信息,包括农用地转用信息、城市和村庄集镇按批次建设用地转而未供信息、经批准临时占地信息、改变原占地用途信息、未批先占农用地查处信息、土地损毁信息、土壤污染信息、土地复垦信息、草场使用和渔业养殖权证发放信息等。

各省、自治区、直辖市人民政府应当建立健全本地区跨部门耕地占用税部门协作和信息交换工作机制。

第三十一条 纳税人占地类型、占地面积和占地时间等纳税申报数据材料以自然资源等相关部门提供的相关材料为准；未提供相关材料或者材料信息不完整的，经主管税务机关提出申请，由自然资源等相关部门自收到申请之日起 30 日内出具认定意见。

第三十二条　纳税人的纳税申报数据资料异常或者纳税人未按照规定期限申报纳税的，包括下列情形：

（一）纳税人改变原占地用途，不再属于免征或者减征耕地占用税情形，未按照规定进行申报的；

（二）纳税人已申请用地但尚未获得批准先行占地开工，未按照规定进行申报的；

（三）纳税人实际占用耕地面积大于批准占用耕地面积，未按照规定进行申报的；

（四）纳税人未履行报批程序擅自占用耕地，未按照规定进行申报的；

（五）其他应提请相关部门复核的情形。

第三十三条　本办法自 2019 年 9 月 1 日起施行。

国家税务总局关于耕地占用税征收管理有关事项的公告

2019 年 8 月 30 日　国家税务总局公告 2019 年第 30 号

> **注释：**《耕地占用税纳税申报表》废止。参见：《国家税务总局关于简并税费申报有关事项的公告》（国家税务总局公告 2021 年第 9 号）。

为落实《中华人民共和国耕地占用税法》（以下简称《耕地占用税法》）及《中华人民共和国耕地占用税法实施办法》（以下简称《实施办法》），规范耕地占用税征收管理，现就有关事项公告如下：

一、耕地占用税以纳税人实际占用的属于耕地占用税征税范围的土地

（以下简称"应税土地"）面积为计税依据，按应税土地当地适用税额计税，实行一次性征收。

耕地占用税计算公式为：应纳税额＝应税土地面积×适用税额。

应税土地面积包括经批准占用面积和未经批准占用面积，以平方米为单位。

当地适用税额是指省、自治区、直辖市人民代表大会常务委员会决定的应税土地所在地县级行政区的现行适用税额。

二、按照《耕地占用税法》第六条规定，加按百分之一百五十征收耕地占用税的计算公式为：应纳税额＝应税土地面积×适用税额×百分之一百五十。

三、按照《耕地占用税法》及《实施办法》的规定，免征、减征耕地占用税的部分项目按以下口径执行：

（一）免税的军事设施，是指《中华人民共和国军事设施保护法》第二条所列建筑物、场地和设备。具体包括：指挥机关，地面和地下的指挥工程、作战工程；军用机场、港口、码头；营区、训练场、试验场；军用洞库、仓库；军用通信、侦察、导航、观测台站，测量、导航、助航标志；军用公路、铁路专用线，军用通信、输电线路，军用输油、输水管道；边防、海防管控设施；国务院和中央军事委员会规定的其他军事设施。

（二）免税的社会福利机构，是指依法登记的养老服务机构、残疾人服务机构、儿童福利机构及救助管理机构、未成年人救助保护机构内专门为老年人、残疾人、未成年人及生活无着的流浪乞讨人员提供养护、康复、托管等服务的场所。

养老服务机构，是指为老年人提供养护、康复、托管等服务的老年人社会福利机构。具体包括老年社会福利院、养老院（或老人院）、老年公寓、护老院、护养院、敬老院、托老所、老年人服务中心等。

残疾人服务机构，是指为残疾人提供养护、康复、托管等服务的社会福利机构。具体包括为肢体、智力、视力、听力、语言、精神方面有残疾的人员提供康复和功能补偿的辅助器具，进行康复治疗、康复训练，承担教育、养护和托管服务的社会福利机构。

儿童福利机构，是指为孤、弃、残儿童提供养护、康复、医疗、教育、托管等服务的儿童社会福利服务机构。具体包括儿童福利院、社会福利院、SOS 儿童村、孤儿学校、残疾儿童康复中心、社区特教班等。

社会救助机构,是指为生活无着的流浪乞讨人员提供寻亲、医疗、未成年人教育、离站等服务的救助管理机构。具体包括县级以上人民政府设立的救助管理站、未成年人救助保护中心等专门机构。

(三)免税的医疗机构,是指县级以上人民政府卫生健康行政部门批准设立的医疗机构内专门从事疾病诊断、治疗活动的场所及其配套设施。

(四)减税的公路线路,是指经批准建设的国道、省道、县道、乡道和属于农村公路的村道的主体工程以及两侧边沟或者截水沟。具体包括高速公路、一级公路、二级公路、三级公路、四级公路和等外公路的主体工程及两侧边沟或者截水沟。

四、根据《耕地占用税法》第八条的规定,纳税人改变原占地用途,需要补缴耕地占用税的,其纳税义务发生时间为改变用途当日,具体为:经批准改变用途的,纳税义务发生时间为纳税人收到批准文件的当日;未经批准改变用途的,纳税义务发生时间为自然资源主管部门认定纳税人改变原占地用途的当日。

五、未经批准占用应税土地的纳税人,其纳税义务发生时间为自然资源主管部门认定其实际占地的当日。

六、耕地占用税实行全国统一的纳税申报表(见附件)。

七、耕地占用税纳税人依法纳税申报时,应填报《耕地占用税纳税申报表》,同时依占用应税土地的不同情形分别提交下列材料:

(一)农用地转用审批文件复印件;

(二)临时占用耕地批准文件复印件;

(三)未经批准占用应税土地的,应提供实际占地的相关证明材料复印件。

其中第(一)项和第(二)项,纳税人提交的批准文书信息能够通过政府信息共享获取的,纳税人只需要提供上述材料的名称、文号、编码等信息供查询验证,不再提交材料复印件。

八、主管税务机关接收纳税人申报资料后,应审核资料是否齐全、是否符合法定形式、填写内容是否完整、项目间逻辑关系是否相符。审核无误的即时受理；审核发现问题的当场一次性告知应补正资料或不予受理原因。

九、耕地占用税减免优惠实行"自行判别、申报享受、有关资料留存备查"办理方式。纳税人根据政策规定自行判断是否符合优惠条件，符合条件的，纳税人申报享受税收优惠，并将有关资料留存备查。纳税人对留存材料的真实性和合法性承担法律责任。

符合耕地占用税减免条件的纳税人，应留存下列材料：

（一）军事设施占用应税土地的证明材料；

（二）学校、幼儿园、社会福利机构、医疗机构占用应税土地的证明材料；

（三）铁路线路、公路线路、飞机场跑道、停机坪、港口、航道、水利工程占用应税土地的证明材料；

（四）农村居民建房占用土地及其他相关证明材料；

（五）其他减免耕地占用税情形的证明材料。

十、纳税人符合《耕地占用税法》第十一条、《实施办法》第十九条的规定申请退税的，纳税人应提供身份证明查验，并提交以下材料复印件：

（一）税收缴款书、税收完税证明；

（二）复垦验收合格确认书。

十一、纳税人、建设用地人符合《实施办法》第二十九条规定共同申请退税的，纳税人、建设用地人应提供身份证明查验，并提交以下材料复印件：

（一）纳税人应提交税收缴款书、税收完税证明；

（二）建设用地人应提交使用耕地用途符合免税规定的证明材料。

十二、本公告自2019年9月1日起施行。《国家税务总局关于农业税、牧业税、耕地占用税、契税征收管理暂参照〈中华人民共和国税收征收管理法〉执行的通知》（国税发〔2001〕110号）、《国家税务总局关于耕地占用税征收管理有关问题的通知》（国税发〔2007〕129号）、《国家税务总局关于发布〈耕地占用税管理规程（试行）〉的公告》（国家税务总局公告2016年第2号发布，国家税务总局公告2018年第31号修改）同时废止。

特此公告。

附件：耕地占用税纳税申报表（略）

车船税

中华人民共和国道路交通安全法

2003年10月28日　中华人民共和国主席令第八号

（2003年10月28日第十届全国人民代表大会常务委员会第五次会议通过。根据2007年12月29日第十届全国人民代表大会常务委员会第三十一次会议《关于修改〈中华人民共和国道路交通安全法〉的决定》第一次修正，根据2011年4月22日第十一届全国人民代表大会常务委员会第二十次会议《关于修改〈中华人民共和国道路交通安全法〉的决定》第二次修正。2021年4月29日，中华人民共和国第十三届全国人民代表大会常务委员会第二十八次会议通过《全国人民代表大会常务委员会关于修改〈中华人民共和国道路交通安全法〉等八部法律的决定》，自公布之日起施行。）

目　录

第一章　总则
第二章　车辆和驾驶人
　第一节　机动车、非机动车
　第二节　机动车驾驶人
第三章　道路通行条件
第四章　道路通行规定
　第一节　一般规定
　第二节　机动车通行规定
　第三节　非机动车通行规定

第四节　行人和乘车人通行规定

第五节　高速公路的特别规定

第五章　交通事故处理

第六章　执法监督

第七章　法律责任

第八章　附则

第一章　总则

第一条　为了维护道路交通秩序，预防和减少交通事故，保护人身安全，保护公民、法人和其他组织的财产安全及其他合法权益，提高通行效率，制定本法。

第二条　中华人民共和国境内的车辆驾驶人、行人、乘车人以及与道路交通活动有关的单位和个人，都应当遵守本法。

第三条　道路交通安全工作，应当遵循依法管理、方便群众的原则，保障道路交通有序、安全、畅通。

第四条　各级人民政府应当保障道路交通安全管理工作与经济建设和社会发展相适应。

县级以上地方各级人民政府应当适应道路交通发展的需要，依据道路交通安全法律、法规和国家有关政策，制定道路交通安全管理规划，并组织实施。

第五条　国务院公安部门负责全国道路交通安全管理工作。县级以上地方各级人民政府公安机关交通管理部门负责本行政区域内的道路交通安全管理工作。

县级以上各级人民政府交通、建设管理部门依据各自职责，负责有关的道路交通工作。

第六条　各级人民政府应当经常进行道路交通安全教育，提高公民的道路交通安全意识。

公安机关交通管理部门及其交通警察执行职务时，应当加强道路交通安全法律、法规的宣传，并模范遵守道路交通安全法律、法规。

机关、部队、企业事业单位、社会团体以及其他组织，应当对本单位的人员进行道路交通安全教育。

教育行政部门、学校应当将道路交通安全教育纳入法制教育的内容。

新闻、出版、广播、电视等有关单位，有进行道路交通安全教育的义务。

第七条 对道路交通安全管理工作，应当加强科学研究，推广、使用先进的管理方法、技术、设备。

第二章 车辆和驾驶人

第一节 机动车、非机动车

第八条 国家对机动车实行登记制度。机动车经公安机关交通管理部门登记后，方可上道路行驶。尚未登记的机动车，需要临时上道路行驶的，应当取得临时通行牌证。

第九条 申请机动车登记，应当提交以下证明、凭证：

（一）机动车所有人的身份证明；

（二）机动车来历证明；

（三）机动车整车出厂合格证明或者进口机动车进口凭证；

（四）车辆购置税的完税证明或者免税凭证；

（五）法律、行政法规规定应当在机动车登记时提交的其他证明、凭证。

公安机关交通管理部门应当自受理申请之日起五个工作日内完成机动车登记审查工作，对符合前款规定条件的，应当发放机动车登记证书、号牌和行驶证；对不符合前款规定条件的，应当向申请人说明不予登记的理由。

公安机关交通管理部门以外的任何单位或者个人不得发放机动车号牌或者要求机动车悬挂其他号牌，本法另有规定的除外。

机动车登记证书、号牌、行驶证的式样由国务院公安部门规定并监制。

第十条 准予登记的机动车应当符合机动车国家安全技术标准。申请机动车登记时，应当接受对该机动车的安全技术检验。但是，经国家机动车产品主管部门依据机动车国家安全技术标准认定的企业生产的机动车型，该车型的新车在出厂时经检验符合机动车国家安全技术标准，获得检验合格证的，免予安全技术检验。

第十一条 驾驶机动车上道路行驶，应当悬挂机动车号牌，放置检验合格标志、保险标志，并随车携带机动车行驶证。

机动车号牌应当按照规定悬挂并保持清晰、完整，不得故意遮挡、污损。

任何单位和个人不得收缴、扣留机动车号牌。

第十二条 有下列情形之一的，应当办理相应的登记：

（一）机动车所有权发生转移的；

（二）机动车登记内容变更的；

（三）机动车用作抵押的；

（四）机动车报废的。

第十三条 对登记后上道路行驶的机动车，应当依照法律、行政法规的规定，根据车辆用途、载客载货数量、使用年限等不同情况，定期进行安全技术检验。对提供机动车行驶证和机动车第三者责任强制保险单的，机动车安全技术检验机构应当予以检验，任何单位不得附加其他条件。对符合机动车国家安全技术标准的，公安机关交通管理部门应当发给检验合格标志。

对机动车的安全技术检验实行社会化。具体办法由国务院规定。

机动车安全技术检验实行社会化的地方，任何单位不得要求机动车到指定的场所进行检验。

公安机关交通管理部门、机动车安全技术检验机构不得要求机动车到指定的场所进行维修、保养。

机动车安全技术检验机构对机动车检验收取费用，应当严格执行国务院价格主管部门核定的收费标准。

第十四条 国家实行机动车强制报废制度，根据机动车的安全技术状况和不同用途，规定不同的报废标准。

应当报废的机动车必须及时办理注销登记。

达到报废标准的机动车不得上道路行驶。报废的大型客、货车及其他营运车辆应当在公安机关交通管理部门的监督下解体。

第十五条 警车、消防车、救护车、工程救险车应当按照规定喷涂标志图案，安装警报器、标志灯具。其他机动车不得喷涂、安装、使用上述车辆专用的或者与其相类似的标志图案、警报器或者标志灯具。

警车、消防车、救护车、工程救险车应当严格按照规定的用途和条件使用。

公路监督检查的专用车辆，应当依照公路法的规定，设置统一的标志和示警灯。

第十六条 任何单位或者个人不得有下列行为：

（一）拼装机动车或者擅自改变机动车已登记的结构、构造或者特征；

（二）改变机动车型号、发动机号、车架号或者车辆识别代号；

（三）伪造、变造或者使用伪造、变造的机动车登记证书、号牌、行驶证、检验合格标志、保险标志；

（四）使用其他机动车的登记证书、号牌、行驶证、检验合格标志、保险标志。

第十七条 国家实行机动车第三者责任强制保险制度，设立道路交通事故社会救助基金。具体办法由国务院规定。

第十八条 依法应当登记的非机动车，经公安机关交通管理部门登记后，方可上道路行驶。

依法应当登记的非机动车的种类，由省、自治区、直辖市人民政府根据当地实际情况规定。

非机动车的外形尺寸、质量、制动器、车铃和夜间反光装置，应当符合非机动车安全技术标准。

第二节 机动车驾驶人

第十九条 驾驶机动车，应当依法取得机动车驾驶证。

申请机动车驾驶证，应当符合国务院公安部门规定的驾驶许可条件；经考试合格后，由公安机关交通管理部门发给相应类别的机动车驾驶证。

持有境外机动车驾驶证的人，符合国务院公安部门规定的驾驶许可条件，经公安机关交通管理部门考核合格的，可以发给中国的机动车驾驶证。

驾驶人应当按照驾驶证载明的准驾车型驾驶机动车；驾驶机动车时，应当随身携带机动车驾驶证。

公安机关交通管理部门以外的任何单位或者个人，不得收缴、扣留机动车驾驶证。

第二十条 机动车的驾驶培训实行社会化，由交通主管部门对驾驶培训学校、驾驶培训班实行资格管理，其中专门的拖拉机驾驶培训学校、驾驶培训班由农业（农业机械）主管部门实行资格管理。

驾驶培训学校、驾驶培训班应当严格按照国家有关规定，对学员进行道路交通安全法律、法规、驾驶技能的培训，确保培训质量。

任何国家机关以及驾驶培训和考试主管部门不得举办或者参与举办驾驶培训学校、驾驶培训班。

第二十一条 驾驶人驾驶机动车上道路行驶前，应当对机动车的安全技术性能进行认真检查；不得驾驶安全设施不全或者机件不符合技术标准等具有安全隐患的机动车。

第二十二条 机动车驾驶人应当遵守道路交通安全法律、法规的规定，按照操作规范安全驾驶、文明驾驶。

饮酒、服用国家管制的精神药品或者麻醉药品，或者患有妨碍安全驾驶机动车的疾病，或者过度疲劳影响安全驾驶的，不得驾驶机动车。

任何人不得强迫、指使、纵容驾驶人违反道路交通安全法律、法规和机动车安全驾驶要求驾驶机动车。

第二十三条 公安机关交通管理部门依照法律、行政法规的规定，定期对机动车驾驶证实施审验。

第二十四条 公安机关交通管理部门对机动车驾驶人违反道路交通安全法律、法规的行为，除依法给予行政处罚外，实行累积记分制度。公安机关交通管理部门对累积记分达到规定分值的机动车驾驶人，扣留机动车驾驶证，对其进行道路交通安全法律、法规教育，重新考试；考试合格的，发还其机动车驾驶证。

对遵守道路交通安全法律、法规，在一年内无累积记分的机动车驾驶人，可以延长机动车驾驶证的审验期。具体办法由国务院公安部门规定。

第三章　道路通行条件

第二十五条 全国实行统一的道路交通信号。

交通信号包括交通信号灯、交通标志、交通标线和交通警察的指挥。

交通信号灯、交通标志、交通标线的设置应当符合道路交通安全、畅通的要求和国家标准，并保持清晰、醒目、准确、完好。

根据通行需要，应当及时增设、调换、更新道路交通信号。增设、调换、更新限制性的道路交通信号，应当提前向社会公告，广泛进行宣传。

第二十六条 交通信号灯由红灯、绿灯、黄灯组成。红灯表示禁止通行，绿灯表示准许通行，黄灯表示警示。

第二十七条 铁路与道路平面交叉的道口，应当设置警示灯、警示标志或者安全防护设施。无人看守的铁路道口，应当在距道口一定距离处设置警示标志。

第二十八条 任何单位和个人不得擅自设置、移动、占用、损毁交通信号灯、交通标志、交通标线。

道路两侧及隔离带上种植的树木或者其他植物，设置的广告牌、管线等，应当与交通设施保持必要的距离，不得遮挡路灯、交通信号灯、交通标志，不得妨碍安全视距，不得影响通行。

第二十九条 道路、停车场和道路配套设施的规划、设计、建设，应当符合道路交通安全、畅通的要求，并根据交通需求及时调整。

公安机关交通管理部门发现已经投入使用的道路存在交通事故频发路段，或者停车场、道路配套设施存在交通安全严重隐患的，应当及时向当地人民政府报告，并提出防范交通事故、消除隐患的建议，当地人民政府应当及时作出处理决定。

第三十条 道路出现坍塌、坑漕、水毁、隆起等损毁或者交通信号灯、交通标志、交通标线等交通设施损毁、灭失的，道路、交通设施的养护部门或者管理部门应当设置警示标志并及时修复。

公安机关交通管理部门发现前款情形，危及交通安全，尚未设置警示标志的，应当及时采取安全措施，疏导交通，并通知道路、交通设施的养护部门或者管理部门。

第三十一条 未经许可，任何单位和个人不得占用道路从事非交通活动。

第三十二条 因工程建设需要占用、挖掘道路，或者跨越、穿越道路架设、增设管线设施，应当事先征得道路主管部门的同意；影响交通安全的，还应当征得公安机关交通管理部门的同意。

施工作业单位应当在经批准的路段和时间内施工作业，并在距离施工作业地点来车方向安全距离处设置明显的安全警示标志，采取防护措施；施工作业完毕,应当迅速清除道路上的障碍物,消除安全隐患,经道路主管部门和公安机关交通管理部门验收合格,符合通行要求后,方可恢复通行。

对未中断交通的施工作业道路,公安机关交通管理部门应当加强交通安全监督检查,维护道路交通秩序。

第三十三条 新建、改建、扩建的公共建筑、商业街区、居住区、大(中)型建筑等,应当配建、增建停车场;停车泊位不足的,应当及时改建或者扩建;投入使用的停车场不得擅自停止使用或者改作他用。

在城市道路范围内,在不影响行人、车辆通行的情况下,政府有关部门可以施划停车泊位。

第三十四条 学校、幼儿园、医院、养老院门前的道路没有行人过街设施的,应当施划人行横道线,设置提示标志。

城市主要道路的人行道,应当按照规划设置盲道。盲道的设置应当符合国家标准。

第四章 道路通行规定

第一节 一般规定

第三十五条 机动车、非机动车实行右侧通行。

第三十六条 根据道路条件和通行需要,道路划分为机动车道、非机动车道和人行道的,机动车、非机动车、行人实行分道通行。没有划分机动车道、非机动车道和人行道的,机动车在道路中间通行,非机动车和行人在道路两侧通行。

第三十七条 道路划设专用车道的,在专用车道内,只准许规定的车辆通行,其他车辆不得进入专用车道内行驶。

第三十八条 车辆、行人应当按照交通信号通行;遇有交通警察现场指挥时,应当按照交通警察的指挥通行;在没有交通信号的道路上,应当在确保安全、畅通的原则下通行。

第三十九条 公安机关交通管理部门根据道路和交通流量的具体情况,可以对机动车、非机动车、行人采取疏导、限制通行、禁止通行等措施。遇有大型群众性活动、大范围施工等情况,需要采取限制交通的措施,或者作出与公众的道路交通活动直接有关的决定，应当提前向社会公告。

第四十条 遇有自然灾害、恶劣气象条件或者重大交通事故等严重影响交通安全的情形，采取其他措施难以保证交通安全时，公安机关交通管理部门可以实行交通管制。

第四十一条 有关道路通行的其他具体规定，由国务院规定。

第二节　机动车通行规定

第四十二条 机动车上道路行驶，不得超过限速标志标明的最高时速。在没有限速标志的路段，应当保持安全车速。

夜间行驶或者在容易发生危险的路段行驶，以及遇有沙尘、冰雹、雨、雪、雾、结冰等气象条件时，应当降低行驶速度。

第四十三条 同车道行驶的机动车，后车应当与前车保持足以采取紧急制动措施的安全距离。有下列情形之一的，不得超车：

（一）前车正在左转弯、掉头、超车的；

（二）与对面来车有会车可能的；

（三）前车为执行紧急任务的警车、消防车、救护车、工程救险车的；

（四）行经铁路道口、交叉路口、窄桥、弯道、陡坡、隧道、人行横道、市区交通流量大的路段等没有超车条件的。

第四十四条 机动车通过交叉路口，应当按照交通信号灯、交通标志、交通标线或者交通警察的指挥通过；通过没有交通信号灯、交通标志、交通标线或者交通警察指挥的交叉路口时，应当减速慢行，并让行人和优先通行的车辆先行。

第四十五条 机动车遇有前方车辆停车排队等候或者缓慢行驶时，不得借道超车或者占用对面车道，不得穿插等候的车辆。

在车道减少的路段、路口，或者在没有交通信号灯、交通标志、交通标线或者交通警察指挥的交叉路口遇到停车排队等候或者缓慢行驶时，机动车应当依次交替通行。

第四十六条 机动车通过铁路道口时，应当按照交通信号或者管理人员的指挥通行；没有交通信号或者管理人员的，应当减速或者停车，在确认安全后通过。

第四十七条 机动车行经人行横道时,应当减速行驶;遇行人正在通过人行横道,应当停车让行。

机动车行经没有交通信号的道路时,遇行人横过道路,应当避让。

第四十八条 机动车载物应当符合核定的载质量,严禁超载;载物的长、宽、高不得违反装载要求,不得遗洒、飘散载运物。

机动车运载超限的不可解体的物品,影响交通安全的,应当按照公安机关交通管理部门指定的时间、路线、速度行驶,悬挂明显标志。在公路上运载超限的不可解体的物品,并应当依照公路法的规定执行。

机动车载运爆炸物品、易燃易爆化学物品以及剧毒、放射性等危险物品,应当经公安机关批准后,按指定的时间、路线、速度行驶,悬挂警示标志并采取必要的安全措施。

第四十九条 机动车载人不得超过核定的人数,客运机动车不得违反规定载货。

第五十条 禁止货运机动车载客。

货运机动车需要附载作业人员的,应当设置保护作业人员的安全措施。

第五十一条 机动车行驶时,驾驶人、乘坐人员应当按规定使用安全带,摩托车驾驶人及乘坐人员应当按规定戴安全头盔。

第五十二条 机动车在道路上发生故障,需要停车排除故障时,驾驶人应当立即开启危险报警闪光灯,将机动车移至不妨碍交通的地方停放;难以移动的,应当持续开启危险报警闪光灯,并在来车方向设置警告标志等措施扩大示警距离,必要时迅速报警。

第五十三条 警车、消防车、救护车、工程救险车执行紧急任务时,可以使用警报器、标志灯具;在确保安全的前提下,不受行驶路线、行驶方向、行驶速度和信号灯的限制,其他车辆和行人应当让行。

警车、消防车、救护车、工程救险车非执行紧急任务时,不得使用警报器、标志灯具,不享有前款规定的道路优先通行权。

第五十四条 道路养护车辆、工程作业车进行作业时,在不影响过往车辆通行的前提下,其行驶路线和方向不受交通标志、标线限制,过往车辆和人员应当注意避让。

洒水车、清扫车等机动车应当按照安全作业标准作业;在不影响其他车辆通行的情况下，可以不受车辆分道行驶的限制，但是不得逆向行驶。

第五十五条 高速公路、大中城市中心城区内的道路，禁止拖拉机通行。其他禁止拖拉机通行的道路，由省、自治区、直辖市人民政府根据当地实际情况规定。

在允许拖拉机通行的道路上，拖拉机可以从事货运，但是不得用于载人。

第五十六条 机动车应当在规定地点停放。禁止在人行道上停放机动车；但是，依照本法第三十三条规定施划的停车泊位除外。

在道路上临时停车的，不得妨碍其他车辆和行人通行。

第三节 非机动车通行规定

第五十七条 驾驶非机动车在道路上行驶应当遵守有关交通安全的规定。非机动车应当在非机动车道内行驶；在没有非机动车道的道路上，应当靠车行道的右侧行驶。

第五十八条 残疾人机动轮椅车、电动自行车在非机动车道内行驶时，最高时速不得超过十五公里。

第五十九条 非机动车应当在规定地点停放。未设停放地点的，非机动车停放不得妨碍其他车辆和行人通行。

第六十条 驾驭畜力车，应当使用驯服的牲畜；驾驭畜力车横过道路时，驾驭人应当下车牵引牲畜；驾驭人离开车辆时，应当拴系牲畜。

第四节 行人和乘车人通行规定

第六十一条 行人应当在人行道内行走，没有人行道的靠路边行走。

第六十二条 行人通过路口或者横过道路，应当走人行横道或者过街设施；通过有交通信号灯的人行横道，应当按照交通信号灯指示通行；通过没有交通信号灯、人行横道的路口，或者在没有过街设施的路段横过道路，应当在确认安全后通过。

第六十三条 行人不得跨越、倚坐道路隔离设施，不得扒车、强行拦车或者实施妨碍道路交通安全的其他行为。

第六十四条 学龄前儿童以及不能辨认或者不能控制自己行为的精神疾病患者、智力障碍者在道路上通行，应当由其监护人、监护人委托的人或者对其负有管理、保护职责的人带领。

盲人在道路上通行，应当使用盲杖或者采取其他导盲手段，车辆应当避让盲人。

第六十五条 行人通过铁路道口时，应当按照交通信号或者管理人员的指挥通行；没有交通信号和管理人员的，应当在确认无火车驶临后，迅速通过。

第六十六条 乘车人不得携带易燃易爆等危险物品，不得向车外抛洒物品，不得有影响驾驶人安全驾驶的行为。

第五节　高速公路的特别规定

第六十七条 行人、非机动车、拖拉机、轮式专用机械车、铰接式客车、全挂拖斗车以及其他设计最高时速低于七十公里的机动车，不得进入高速公路。高速公路限速标志标明的最高时速不得超过一百二十公里。

第六十八条 机动车在高速公路上发生故障时，应当依照本法第五十二条的有关规定办理；但是，警告标志应当设置在故障车来车方向一百五十米以外，车上人员应当迅速转移到右侧路肩上或者应急车道内，并且迅速报警。

机动车在高速公路上发生故障或者交通事故，无法正常行驶的，应当由救援车、清障车拖曳、牵引。

第六十九条 任何单位、个人不得在高速公路上拦截检查行驶的车辆，公安机关的人民警察依法执行紧急公务除外。

第五章　交通事故处理

第七十条 在道路上发生交通事故，车辆驾驶人应当立即停车，保护现场；造成人身伤亡的，车辆驾驶人应当立即抢救受伤人员，并迅速报告执勤的交通警察或者公安机关交通管理部门。因抢救受伤人员变动现场的，应当标明位置。乘车人、过往车辆驾驶人、过往行人应当予以协助。

在道路上发生交通事故，未造成人身伤亡，当事人对事实及成因无争议的，可以即行撤离现场，恢复交通，自行协商处理损害赔偿事宜；不即行撤离现场的，应当迅速报告执勤的交通警察或者公安机关交通管理部门。

在道路上发生交通事故，仅造成轻微财产损失，并且基本事实清楚的，当事人应当先撤离现场再进行协商处理。

第七十一条 车辆发生交通事故后逃逸的,事故现场目击人员和其他知情人员应当向公安机关交通管理部门或者交通警察举报。举报属实的,公安机关交通管理部门应当给予奖励。

第七十二条 公安机关交通管理部门接到交通事故报警后,应当立即派交通警察赶赴现场,先组织抢救受伤人员,并采取措施,尽快恢复交通。

交通警察应当对交通事故现场进行勘验、检查,收集证据;因收集证据的需要,可以扣留事故车辆,但是应当妥善保管,以备核查。

对当事人的生理、精神状况等专业性较强的检验,公安机关交通管理部门应当委托专门机构进行鉴定。鉴定结论应当由鉴定人签名。

第七十三条 公安机关交通管理部门应当根据交通事故现场勘验、检查、调查情况和有关的检验、鉴定结论,及时制作交通事故认定书,作为处理交通事故的证据。交通事故认定书应当载明交通事故的基本事实、成因和当事人的责任,并送达当事人。

第七十四条 对交通事故损害赔偿的争议,当事人可以请求公安机关交通管理部门调解,也可以直接向人民法院提起民事诉讼。

经公安机关交通管理部门调解,当事人未达成协议或者调解书生效后不履行的,当事人可以向人民法院提起民事诉讼。

第七十五条 医疗机构对交通事故中的受伤人员应当及时抢救,不得因抢救费用未及时支付而拖延救治。肇事车辆参加机动车第三者责任强制保险的,由保险公司在责任限额范围内支付抢救费用;抢救费用超过责任限额的,未参加机动车第三者责任强制保险或者肇事后逃逸的,由道路交通事故社会救助基金先行垫付部分或者全部抢救费用,道路交通事故社会救助基金管理机构有权向交通事故责任人追偿。

第七十六条 机动车发生交通事故造成人身伤亡、财产损失的,由保险公司在机动车第三者责任强制保险责任限额范围内予以赔偿;不足的部分,按照下列规定承担赔偿责任:

(一)机动车之间发生交通事故的,由有过错的一方承担赔偿责任;双方都有过错的,按照各自过错的比例分担责任。

(二)机动车与非机动车驾驶人、行人之间发生交通事故,非机动车驾驶人、行人没有过错的，由机动车一方承担赔偿责任；有证据证明非机动车驾驶人、行人有过错的，根据过错程度适当减轻机动车一方的赔偿责任；机动车一方没有过错的，承担不超过百分之十的赔偿责任。

交通事故的损失是由非机动车驾驶人、行人故意碰撞机动车造成的，机动车一方不承担赔偿责任。

第七十七条　车辆在道路以外通行时发生的事故，公安机关交通管理部门接到报案的，参照本法有关规定办理。

第六章　执法监督

第七十八条　公安机关交通管理部门应当加强对交通警察的管理，提高交通警察的素质和管理道路交通的水平。

公安机关交通管理部门应当对交通警察进行法制和交通安全管理业务培训、考核。交通警察经考核不合格的，不得上岗执行职务。

第七十九条　公安机关交通管理部门及其交通警察实施道路交通安全管理，应当依据法定的职权和程序，简化办事手续，做到公正、严格、文明、高效。

第八十条　交通警察执行职务时，应当按照规定着装，佩带人民警察标志，持有人民警察证件，保持警容严整，举止端庄，指挥规范。

第八十一条　依照本法发放牌证等收取工本费，应当严格执行国务院价格主管部门核定的收费标准，并全部上缴国库。

第八十二条　公安机关交通管理部门依法实施罚款的行政处罚，应当依照有关法律、行政法规的规定，实施罚款决定与罚款收缴分离；收缴的罚款以及依法没收的违法所得，应当全部上缴国库。

第八十三条　交通警察调查处理道路交通安全违法行为和交通事故，有下列情形之一的，应当回避：

（一）是本案的当事人或者当事人的近亲属；

（二）本人或者其近亲属与本案有利害关系；

（三）与本案当事人有其他关系，可能影响案件的公正处理。

第八十四条　公安机关交通管理部门及其交通警察的行政执法活动，应当接受行政监察机关依法实施的监督。

公安机关督察部门应当对公安机关交通管理部门及其交通警察执行法律、法规和遵守纪律的情况依法进行监督。

上级公安机关交通管理部门应当对下级公安机关交通管理部门的执法活动进行监督。

第八十五条　公安机关交通管理部门及其交通警察执行职务，应当自觉接受社会和公民的监督。

任何单位和个人都有权对公安机关交通管理部门及其交通警察不严格执法以及违法违纪行为进行检举、控告。收到检举、控告的机关，应当依据职责及时查处。

第八十六条　任何单位不得给公安机关交通管理部门下达或者变相下达罚款指标；公安机关交通管理部门不得以罚款数额作为考核交通警察的标准。

公安机关交通管理部门及其交通警察对超越法律、法规规定的指令，有权拒绝执行，并同时向上级机关报告。

第七章　法律责任

第八十七条　公安机关交通管理部门及其交通警察对道路交通安全违法行为，应当及时纠正。

公安机关交通管理部门及其交通警察应当依据事实和本法的有关规定对道路交通安全违法行为予以处罚。对于情节轻微，未影响道路通行的，指出违法行为，给予口头警告后放行。

第八十八条　对道路交通安全违法行为的处罚种类包括：警告、罚款、暂扣或者吊销机动车驾驶证、拘留。

第八十九条　行人、乘车人、非机动车驾驶人违反道路交通安全法律、法规关于道路通行规定的，处警告或者五元以上五十元以下罚款；非机动车驾驶人拒绝接受罚款处罚的，可以扣留其非机动车。

第九十条　机动车驾驶人违反道路交通安全法律、法规关于道路通行规定的，处警告或者二十元以上二百元以下罚款。本法另有规定的，依照规定处罚。

第九十一条　饮酒后驾驶机动车的，处暂扣六个月机动车驾驶证，并处一千元以上二千元以下罚款。因饮酒后驾驶机动车被处罚，再次饮酒后驾驶机动车的，处十日以下拘留，并处一千元以上二千元以下罚款，吊销机动车驾驶证。

醉酒驾驶机动车的，由公安机关交通管理部门约束至酒醒，吊销机动车驾驶证，依法追究刑事责任；五年内不得重新取得机动车驾驶证。

饮酒后驾驶营运机动车的，处十五日拘留，并处五千元罚款，吊销机动车驾驶证，五年内不得重新取得机动车驾驶证。

醉酒驾驶营运机动车的，由公安机关交通管理部门约束至酒醒，吊销机动车驾驶证，依法追究刑事责任；十年内不得重新取得机动车驾驶证，重新取得机动车驾驶证后，不得驾驶营运机动车。

饮酒后或者醉酒驾驶机动车发生重大交通事故，构成犯罪的，依法追究刑事责任，并由公安机关交通管理部门吊销机动车驾驶证，终生不得重新取得机动车驾驶证。

第九十二条 公路客运车辆载客超过额定乘员的，处二百元以上五百元以下罚款；超过额定乘员百分之二十或者违反规定载货的，处五百元以上二千元以下罚款。

货运机动车超过核定载质量的，处二百元以上五百元以下罚款；超过核定载质量百分之三十或者违反规定载客的，处五百元以上二千元以下罚款。

有前两款行为的，由公安机关交通管理部门扣留机动车至违法状态消除。

运输单位的车辆有本条第一款、第二款规定的情形，经处罚不改的，对直接负责的主管人员处二千元以上五千元以下罚款。

第九十三条 对违反道路交通安全法律、法规关于机动车停放、临时停车规定的，可以指出违法行为，并予以口头警告，令其立即驶离。

机动车驾驶人不在现场或者虽在现场但拒绝立即驶离，妨碍其他车辆、行人通行的，处二十元以上二百元以下罚款，并可以将该机动车拖移至不妨碍交通的地点或者公安机关交通管理部门指定的地点停放。公安机关交通管理部门拖车不得向当事人收取费用，并应当及时告知当事人停放地点。

因采取不正确的方法拖车造成机动车损坏的，应当依法承担补偿责任。

第九十四条 机动车安全技术检验机构实施机动车安全技术检验超过国务院价格主管部门核定的收费标准收取费用的，退还多收取的费用，并由价格主管部门依照《中华人民共和国价格法》的有关规定给予处罚。

机动车安全技术检验机构不按照机动车国家安全技术标准进行检验，出具虚假检验结果的，由公安机关交通管理部门处所收检验费用五倍以上十倍以下罚款，并依法撤销其检验资格；构成犯罪的，依法追究刑事责任。

第九十五条 上道路行驶的机动车未悬挂机动车号牌，未放置检验合格标志、保险标志，或者未随车携带行驶证、驾驶证的，公安机关交通管理部门应当扣留机动车，通知当事人提供相应的牌证、标志或者补办相应手续，并可以依照本法第九十条的规定予以处罚。当事人提供相应的牌证、标志或者补办相应手续的，应当及时退还机动车。

故意遮挡、污损或者不按规定安装机动车号牌的，依照本法第九十条的规定予以处罚。

第九十六条 伪造、变造或者使用伪造、变造的机动车登记证书、号牌、行驶证、驾驶证的，由公安机关交通管理部门予以收缴，扣留该机动车，处十五日以下拘留，并处二千元以上五千元以下罚款；构成犯罪的，依法追究刑事责任。

伪造、变造或者使用伪造、变造的检验合格标志、保险标志的，由公安机关交通管理部门予以收缴，扣留该机动车，处十日以下拘留，并处一千元以上三千元以下罚款；构成犯罪的，依法追究刑事责任。

使用其他车辆的机动车登记证书、号牌、行驶证、检验合格标志、保险标志的，由公安机关交通管理部门予以收缴，扣留该机动车，处二千元以上五千元以下罚款。

当事人提供相应的合法证明或者补办相应手续的，应当及时退还机动车。

第九十七条 非法安装警报器、标志灯具的，由公安机关交通管理部门强制拆除，予以收缴，并处二百元以上二千元以下罚款。

第九十八条 机动车所有人、管理人未按照国家规定投保机动车第三者责任强制保险的，由公安机关交通管理部门扣留车辆至依照规定投保后，并处依照规定投保最低责任限额应缴纳的保险费的二倍罚款。

依照前款缴纳的罚款全部纳入道路交通事故社会救助基金。具体办法由国务院规定。

第九十九条 有下列行为之一的,由公安机关交通管理部门处二百元以上二千元以下罚款:

(一)未取得机动车驾驶证、机动车驾驶证被吊销或者机动车驾驶证被暂扣期间驾驶机动车的;

(二)将机动车交由未取得机动车驾驶证或者机动车驾驶证被吊销、暂扣的人驾驶的;

(三)造成交通事故后逃逸,尚不构成犯罪的;

(四)机动车行驶超过规定时速百分之五十的;

(五)强迫机动车驾驶人违反道路交通安全法律、法规和机动车安全驾驶要求驾驶机动车,造成交通事故,尚不构成犯罪的;

(六)违反交通管制的规定强行通行,不听劝阻的;

(七)故意损毁、移动、涂改交通设施,造成危害后果,尚不构成犯罪的;

(八)非法拦截、扣留机动车辆,不听劝阻,造成交通严重阻塞或者较大财产损失的。

行为人有前款第二项、第四项情形之一的,可以并处吊销机动车驾驶证;有第一项、第三项、第五项至第八项情形之一的,可以并处十五日以下拘留。

第一百条 驾驶拼装的机动车或者已达到报废标准的机动车上道路行驶的,公安机关交通管理部门应当予以收缴,强制报废。

对驾驶前款所列机动车上道路行驶的驾驶人,处二百元以上二千元以下罚款,并吊销机动车驾驶证。

出售已达到报废标准的机动车的,没收违法所得,处销售金额等额的罚款,对该机动车依照本条第一款的规定处理。

第一百零一条 违反道路交通安全法律、法规的规定,发生重大交通事故,构成犯罪的,依法追究刑事责任,并由公安机关交通管理部门吊销机动车驾驶证。

造成交通事故后逃逸的,由公安机关交通管理部门吊销机动车驾驶证,且终生不得重新取得机动车驾驶证。

第一百零二条 对六个月内发生二次以上特大交通事故负有主要责任或者全部责任的专业运输单位,由公安机关交通管理部门责令消除安全隐患,未消除安全隐患的机动车,禁止上道路行驶。

第一百零三条 国家机动车产品主管部门未按照机动车国家安全技术标准严格审查，许可不合格机动车型投入生产的，对负有责任的主管人员和其他直接责任人员给予降级或者撤职的行政处分。

机动车生产企业经国家机动车产品主管部门许可生产的机动车型，不执行机动车国家安全技术标准或者不严格进行机动车成品质量检验，致使质量不合格的机动车出厂销售的，由质量技术监督部门依照《中华人民共和国产品质量法》的有关规定给予处罚。

擅自生产、销售未经国家机动车产品主管部门许可生产的机动车型的，没收非法生产、销售的机动车成品及配件，可以并处非法产品价值三倍以上五倍以下罚款；有营业执照的，由工商行政管理部门吊销营业执照，没有营业执照的，予以查封。

生产、销售拼装的机动车或者生产、销售擅自改装的机动车的，依照本条第三款的规定处罚。

有本条第二款、第三款、第四款所列违法行为，生产或者销售不符合机动车国家安全技术标准的机动车，构成犯罪的，依法追究刑事责任。

第一百零四条 未经批准，擅自挖掘道路、占用道路施工或者从事其他影响道路交通安全活动的，由道路主管部门责令停止违法行为，并恢复原状，可以依法给予罚款；致使通行的人员、车辆及其他财产遭受损失的，依法承担赔偿责任。

有前款行为，影响道路交通安全活动的，公安机关交通管理部门可以责令停止违法行为，迅速恢复交通。

第一百零五条 道路施工作业或者道路出现损毁，未及时设置警示标志、未采取防护措施，或者应当设置交通信号灯、交通标志、交通标线而没有设置或者应当及时变更交通信号灯、交通标志、交通标线而没有及时变更，致使通行的人员、车辆及其他财产遭受损失的，负有相关职责的单位应当依法承担赔偿责任。

第一百零六条 在道路两侧及隔离带上种植树木、其他植物或者设置广告牌、管线等，遮挡路灯、交通信号灯、交通标志，妨碍安全视距的，由公安机关交通管理部门责令行为人排除妨碍；拒不执行的，处二百元以上二千元以下罚款，并强制排除妨碍，所需费用由行为人负担。

第一百零七条 对道路交通违法行为人予以警告、二百元以下罚款，交通警察可以当场作出行政处罚决定，并出具行政处罚决定书。

行政处罚决定书应当载明当事人的违法事实、行政处罚的依据、处罚内容、时间、地点以及处罚机关名称，并由执法人员签名或者盖章。

第一百零八条 当事人应当自收到罚款的行政处罚决定书之日起十五日内，到指定的银行缴纳罚款。

对行人、乘车人和非机动车驾驶人的罚款，当事人无异议的，可以当场予以收缴罚款。

罚款应当开具省、自治区、直辖市财政部门统一制发的罚款收据；不出具财政部门统一制发的罚款收据的，当事人有权拒绝缴纳罚款。

第一百零九条 当事人逾期不履行行政处罚决定的，作出行政处罚决定的行政机关可以采取下列措施：

（一）到期不缴纳罚款的，每日按罚款数额的百分之三加处罚款；

（二）申请人民法院强制执行。

第一百一十条 执行职务的交通警察认为应当对道路交通违法行为人给予暂扣或者吊销机动车驾驶证处罚的，可以先予扣留机动车驾驶证，并在二十四小时内将案件移交公安机关交通管理部门处理。

道路交通违法行为人应当在十五日内到公安机关交通管理部门接受处理。无正当理由逾期未接受处理的，吊销机动车驾驶证。

公安机关交通管理部门暂扣或者吊销机动车驾驶证的，应当出具行政处罚决定书。

第一百一十一条 对违反本法规定予以拘留的行政处罚，由县、市公安局、公安分局或者相当于县一级的公安机关裁决。

第一百一十二条 公安机关交通管理部门扣留机动车、非机动车，应当当场出具凭证，并告知当事人在规定期限内到公安机关交通管理部门接受处理。

公安机关交通管理部门对被扣留的车辆应当妥善保管，不得使用。

逾期不来接受处理，并且经公告三个月仍不来接受处理的，对扣留的车辆依法处理。

第一百一十三条 暂扣机动车驾驶证的期限从处罚决定生效之日起计

算；处罚决定生效前先予扣留机动车驾驶证的，扣留一日折抵暂扣期限一日。

吊销机动车驾驶证后重新申请领取机动车驾驶证的期限，按照机动车驾驶证管理规定办理。

第一百一十四条　公安机关交通管理部门根据交通技术监控记录资料，可以对违法的机动车所有人或者管理人依法予以处罚。对能够确定驾驶人的，可以依照本法的规定依法予以处罚。

第一百一十五条　交通警察有下列行为之一的，依法给予行政处分：

（一）为不符合法定条件的机动车发放机动车登记证书、号牌、行驶证、检验合格标志的；

（二）批准不符合法定条件的机动车安装、使用警车、消防车、救护车、工程救险车的警报器、标志灯具，喷涂标志图案的；

（三）为不符合驾驶许可条件、未经考试或者考试不合格人员发放机动车驾驶证的；

（四）不执行罚款决定与罚款收缴分离制度或者不按规定将依法收取的费用、收缴的罚款及没收的违法所得全部上缴国库的；

（五）举办或者参与举办驾驶学校或者驾驶培训班、机动车修理厂或者收费停车场等经营活动的；

（六）利用职务上的便利收受他人财物或者谋取其他利益的；

（七）违法扣留车辆、机动车行驶证、驾驶证、车辆号牌的；

（八）使用依法扣留的车辆的；

（九）当场收取罚款不开具罚款收据或者不如实填写罚款额的；

（十）徇私舞弊，不公正处理交通事故的；

（十一）故意刁难，拖延办理机动车牌证的；

（十二）非执行紧急任务时使用警报器、标志灯具的；

（十三）违反规定拦截、检查正常行驶的车辆的；

（十四）非执行紧急公务时拦截搭乘机动车的；

（十五）不履行法定职责的。

公安机关交通管理部门有前款所列行为之一的，对直接负责的主管人员和其他直接责任人员给予相应的行政处分。

第一百一十六条　依照本法第一百一十五条的规定，给予交通警察行政处分的，在作出行政处分决定前，可以停止其执行职务；必要时，可以予以禁闭。

依照本法第一百一十五条的规定，交通警察受到降级或者撤职行政处分的，可以予以辞退。

交通警察受到开除处分或者被辞退的，应当取消警衔；受到撤职以下行政处分的交通警察，应当降低警衔。

第一百一十七条　交通警察利用职权非法占有公共财物，索取、收受贿赂，或者滥用职权、玩忽职守，构成犯罪的，依法追究刑事责任。

第一百一十八条　公安机关交通管理部门及其交通警察有本法第一百一十五条所列行为之一，给当事人造成损失的，应当依法承担赔偿责任。

第八章　附则

第一百一十九条　本法中下列用语的含义：

（一）"道路"，是指公路、城市道路和虽在单位管辖范围但允许社会机动车通行的地方，包括广场、公共停车场等用于公众通行的场所。

（二）"车辆"，是指机动车和非机动车。

（三）"机动车"，是指以动力装置驱动或者牵引，上道路行驶的供人员乘用或者用于运送物品以及进行工程专项作业的轮式车辆。

（四）"非机动车"，是指以人力或者畜力驱动，上道路行驶的交通工具，以及虽有动力装置驱动但设计最高时速、空车质量、外形尺寸符合有关国家标准的残疾人机动轮椅车、电动自行车等交通工具。

（五）"交通事故"，是指车辆在道路上因过错或者意外造成的人身伤亡或者财产损失的事件。

第一百二十条　中国人民解放军和中国人民武装警察部队在编机动车牌证、在编机动车检验以及机动车驾驶人考核工作，由中国人民解放军、中国人民武装警察部队有关部门负责。

第一百二十一条　对上道路行驶的拖拉机，由农业（农业机械）主管部门行使本法第八条、第九条、第十三条、第十九条、第二十三条规定的公安机关交通管理部门的管理职权。

农业（农业机械）主管部门依照前款规定行使职权，应当遵守本法有关规定，并接受公安机关交通管理部门的监督；对违反规定的，依照本法有关规定追究法律责任。

本法施行前由农业（农业机械）主管部门发放的机动车牌证，在本法施行后继续有效。

第一百二十二条　国家对入境的境外机动车的道路交通安全实施统一管理。

第一百二十三条　省、自治区、直辖市人民代表大会常务委员会可以根据本地区的实际情况，在本法规定的罚款幅度内，规定具体的执行标准。

第一百二十四条　本法自2004年5月1日起施行。

机动车交通事故责任强制保险条例

2006年3月21日　中华人民共和国国务院令第462号

（2006年3月21日中华人民共和国国务院令第462号公布。根据2012年3月30日《国务院关于修改〈机动车交通事故责任强制保险条例〉的决定》第一次修订，根据2012年12月17日《国务院关于修改〈机动车交通事故责任强制保险条例〉的决定》第二次修订，根据2016年2月6日《国务院关于修改部分行政法规的决定》第三次修订。根据2019年3月2日《国务院关于修改部分行政法规的决定》修正。）

第一章　总则

第一条　为了保障机动车道路交通事故受害人依法得到赔偿，促进道路交通安全，根据《中华人民共和国道路交通安全法》、《中华人民共和国保险法》，制定本条例。

第二条　在中华人民共和国境内道路上行驶的机动车的所有人或者管理人，应当依照《中华人民共和国道路交通安全法》的规定投保机动车交通事故责任强制保险。

机动车交通事故责任强制保险的投保、赔偿和监督管理，适用本条例。

第三条 本条例所称机动车交通事故责任强制保险，是指由保险公司对被保险机动车发生道路交通事故造成本车人员、被保险人以外的受害人的人身伤亡、财产损失，在责任限额内予以赔偿的强制性责任保险。

第四条 国务院保险监督管理机构依法对保险公司的机动车交通事故责任强制保险业务实施监督管理。

公安机关交通管理部门、农业（农业机械）主管部门（以下统称机动车管理部门）应当依法对机动车参加机动车交通事故责任强制保险的情况实施监督检查。对未参加机动车交通事故责任强制保险的机动车，机动车管理部门不得予以登记，机动车安全技术检验机构不得予以检验。

公安机关交通管理部门及其交通警察在调查处理道路交通安全违法行为和道路交通事故时，应当依法检查机动车交通事故责任强制保险的保险标志。

第二章 投保

第五条 保险公司经国务院保险监督管理机构批准，可以从事机动车交通事故责任强制保险业务。

为了保证机动车交通事故责任强制保险制度的实行，国务院保险监督管理机构有权要求保险公司从事机动车交通事故责任强制保险业务。

未经国务院保险监督管理机构批准，任何单位或者个人不得从事机动车交通事故责任强制保险业务。

第六条 机动车交通事故责任强制保险实行统一的保险条款和基础保险费率。国务院保险监督管理机构按照机动车交通事故责任强制保险业务总体上不盈利不亏损的原则审批保险费率。

国务院保险监督管理机构在审批保险费率时，可以聘请有关专业机构进行评估，可以举行听证会听取公众意见。

第七条 保险公司的机动车交通事故责任强制保险业务，应当与其他保险业务分开管理，单独核算。

国务院保险监督管理机构应当每年对保险公司的机动车交通事故责任强

制保险业务情况进行核查，并向社会公布；根据保险公司机动车交通事故责任强制保险业务的总体盈利或者亏损情况，可以要求或者允许保险公司相应调整保险费率。

调整保险费率的幅度较大的，国务院保险监督管理机构应当进行听证。

第八条 被保险机动车没有发生道路交通安全违法行为和道路交通事故的，保险公司应当在下一年度降低其保险费率。在此后的年度内，被保险机动车仍然没有发生道路交通安全违法行为和道路交通事故的，保险公司应当继续降低其保险费率，直至最低标准。被保险机动车发生道路交通安全违法行为或者道路交通事故的，保险公司应当在下一年度提高其保险费率。多次发生道路交通安全违法行为、道路交通事故，或者发生重大道路交通事故的，保险公司应当加大提高其保险费率的幅度。在道路交通事故中被保险人没有过错的，不提高其保险费率。降低或者提高保险费率的标准，由国务院保险监督管理机构会同国务院公安部门制定。

第九条 国务院保险监督管理机构、国务院公安部门、国务院交通主管部门以及其他有关部门应当逐步建立有关机动车交通事故责任强制保险、道路交通安全违法行为和道路交通事故的信息共享机制。

第十条 投保人在投保时应当选择具备从事机动车交通事故责任强制保险业务资格的保险公司，被选择的保险公司不得拒绝或者拖延承保。

国务院保险监督管理机构应当将具备从事机动车交通事故责任强制保险业务资格的保险公司向社会公示。

第十一条 投保人投保时，应当向保险公司如实告知重要事项。

重要事项包括机动车的种类、厂牌型号、识别代码、牌照号码、使用性质和机动车所有人或者管理人的姓名（名称）、性别、年龄、住所、身份证或者驾驶证号码（组织机构代码）、续保前该机动车发生事故的情况以及国务院保险监督管理机构规定的其他事项。

第十二条 签订机动车交通事故责任强制保险合同时，投保人应当一次支付全部保险费；保险公司应当向投保人签发保险单、保险标志。保险单、保险标志应当注明保险单号码、车牌号码、保险期限、保险公司的名称、地址和理赔电话号码。

被保险人应当在被保险机动车上放置保险标志。

保险标志式样全国统一。保险单、保险标志由国务院保险监督管理机构监制。任何单位或者个人不得伪造、变造或者使用伪造、变造的保险单、保险标志。

第十三条 签订机动车交通事故责任强制保险合同时，投保人不得在保险条款和保险费率之外，向保险公司提出附加其他条件的要求。

签订机动车交通事故责任强制保险合同时，保险公司不得强制投保人订立商业保险合同以及提出附加其他条件的要求。

第十四条 保险公司不得解除机动车交通事故责任强制保险合同；但是，投保人对重要事项未履行如实告知义务的除外。

投保人对重要事项未履行如实告知义务，保险公司解除合同前，应当书面通知投保人，投保人应当自收到通知之日起 5 日内履行如实告知义务；投保人在上述期限内履行如实告知义务的，保险公司不得解除合同。

第十五条 保险公司解除机动车交通事故责任强制保险合同的，应当收回保险单和保险标志，并书面通知机动车管理部门。

第十六条 投保人不得解除机动车交通事故责任强制保险合同，但有下列情形之一的除外：

（一）被保险机动车被依法注销登记的；

（二）被保险机动车办理停驶的；

（三）被保险机动车经公安机关证实丢失的。

第十七条 机动车交通事故责任强制保险合同解除前，保险公司应当按照合同承担保险责任。

合同解除时，保险公司可以收取自保险责任开始之日起至合同解除之日止的保险费，剩余部分的保险费退还投保人。

第十八条 被保险机动车所有权转移的，应当办理机动车交通事故责任强制保险合同变更手续。

第十九条 机动车交通事故责任强制保险合同期满，投保人应当及时续保，并提供上一年度的保险单。

第二十条 机动车交通事故责任强制保险的保险期间为 1 年，但有下列情形之一的，投保人可以投保短期机动车交通事故责任强制保险：

（一）境外机动车临时入境的；

（二）机动车临时上道路行驶的；

（三）机动车距规定的报废期限不足 1 年的；

（四）国务院保险监督管理机构规定的其他情形。

第三章　赔偿

第二十一条　被保险机动车发生道路交通事故造成本车人员、被保险人以外的受害人人身伤亡、财产损失的，由保险公司依法在机动车交通事故责任强制保险责任限额范围内予以赔偿。

道路交通事故的损失是由受害人故意造成的，保险公司不予赔偿。

第二十二条　有下列情形之一的，保险公司在机动车交通事故责任强制保险责任限额范围内垫付抢救费用，并有权向致害人追偿：

（一）驾驶人未取得驾驶资格或者醉酒的；

（二）被保险机动车被盗抢期间肇事的；

（三）被保险人故意制造道路交通事故的。

有前款所列情形之一，发生道路交通事故的，造成受害人的财产损失，保险公司不承担赔偿责任。

第二十三条　机动车交通事故责任强制保险在全国范围内实行统一的责任限额。责任限额分为死亡伤残赔偿限额、医疗费用赔偿限额、财产损失赔偿限额以及被保险人在道路交通事故中无责任的赔偿限额。

机动车交通事故责任强制保险责任限额由国务院保险监督管理机构会同国务院公安部门、国务院卫生主管部门、国务院农业主管部门规定。

第二十四条　国家设立道路交通事故社会救助基金（以下简称救助基金）。有下列情形之一时，道路交通事故中受害人人身伤亡的丧葬费用、部分或者全部抢救费用，由救助基金先行垫付，救助基金管理机构有权向道路交通事故责任人追偿：

（一）抢救费用超过机动车交通事故责任强制保险责任限额的；

（二）肇事机动车未参加机动车交通事故责任强制保险的；

（三）机动车肇事后逃逸的。

第二十五条　救助基金的来源包括：

（一）按照机动车交通事故责任强制保险的保险费的一定比例提取的

资金；

（二）对未按照规定投保机动车交通事故责任强制保险的机动车的所有人、管理人的罚款；

（三）救助基金管理机构依法向道路交通事故责任人追偿的资金；

（四）救助基金孳息；

（五）其他资金。

第二十六条　救助基金的具体管理办法，由国务院财政部门会同国务院保险监督管理机构、国务院公安部门、国务院卫生主管部门、国务院农业主管部门制定试行。

第二十七条　被保险机动车发生道路交通事故，被保险人或者受害人通知保险公司的，保险公司应当立即给予答复，告知被保险人或者受害人具体的赔偿程序等有关事项。

第二十八条　被保险机动车发生道路交通事故的，由被保险人向保险公司申请赔偿保险金。保险公司应当自收到赔偿申请之日起1日内，书面告知被保险人需要向保险公司提供的与赔偿有关的证明和资料。

第二十九条　保险公司应当自收到被保险人提供的证明和资料之日起5日内，对是否属于保险责任作出核定，并将结果通知被保险人；对不属于保险责任的，应当书面说明理由；对属于保险责任的，在与被保险人达成赔偿保险金的协议后10日内，赔偿保险金。

第三十条　被保险人与保险公司对赔偿有争议的，可以依法申请仲裁或者向人民法院提起诉讼。

第三十一条　保险公司可以向被保险人赔偿保险金，也可以直接向受害人赔偿保险金。但是，因抢救受伤人员需要保险公司支付或者垫付抢救费用的，保险公司在接到公安机关交通管理部门通知后，经核对应当及时向医疗机构支付或者垫付抢救费用。

因抢救受伤人员需要救助基金管理机构垫付抢救费用的，救助基金管理机构在接到公安机关交通管理部门通知后，经核对应当及时向医疗机构垫付抢救费用。

第三十二条　医疗机构应当参照国务院卫生主管部门组织制定的有关临床诊疗指南，抢救、治疗道路交通事故中的受伤人员。

第三十三条 保险公司赔偿保险金或者垫付抢救费用,救助基金管理机构垫付抢救费用,需要向有关部门、医疗机构核实有关情况的,有关部门、医疗机构应当予以配合。

第三十四条 保险公司、救助基金管理机构的工作人员对当事人的个人隐私应当保密。

第三十五条 道路交通事故损害赔偿项目和标准依照有关法律的规定执行。

第四章 罚则

第三十六条 未经国务院保险监督管理机构批准,非法从事机动车交通事故责任强制保险业务的,由国务院保险监督管理机构予以取缔;构成犯罪的,依法追究刑事责任;尚不构成犯罪的,由国务院保险监督管理机构没收违法所得,违法所得20万元以上的,并处违法所得1倍以上5倍以下罚款;没有违法所得或者违法所得不足20万元的,处20万元以上100万元以下罚款。

第三十七条 保险公司未经国务院保险监督管理机构批准从事机动车交通事故责任强制保险业务的,由国务院保险监督管理机构责令改正,责令退还收取的保险费,没收违法所得,违法所得10万元以上的,并处违法所得1倍以上5倍以下罚款;没有违法所得或者违法所得不足10万元的,处10万元以上50万元以下罚款;逾期不改正或者造成严重后果的,责令停业整顿或者吊销经营保险业务许可证。

第三十八条 保险公司违反本条例规定,有下列行为之一的,由国务院保险监督管理机构责令改正,处5万元以上30万元以下罚款;情节严重的,可以限制业务范围、责令停止接受新业务或者吊销经营保险业务许可证:

(一)拒绝或者拖延承保机动车交通事故责任强制保险的;

(二)未按照统一的保险条款和基础保险费率从事机动车交通事故责任强制保险业务的;

(三)未将机动车交通事故责任强制保险业务和其他保险业务分开管理、单独核算的;

(四)强制投保人订立商业保险合同的;

（五）违反规定解除机动车交通事故责任强制保险合同的；

（六）拒不履行约定的赔偿保险金义务的；

（七）未按照规定及时支付或者垫付抢救费用的。

第三十九条 机动车所有人、管理人未按照规定投保机动车交通事故责任强制保险的，由公安机关交通管理部门扣留机动车，通知机动车所有人、管理人依照规定投保，处依照规定投保最低责任限额应缴纳的保险费的2倍罚款。

机动车所有人、管理人依照规定补办机动车交通事故责任强制保险的，应当及时退还机动车。

第四十条 上道路行驶的机动车未放置保险标志的，公安机关交通管理部门应当扣留机动车，通知当事人提供保险标志或者补办相应手续，可以处警告或者20元以上200元以下罚款。

当事人提供保险标志或者补办相应手续的，应当及时退还机动车。

第四十一条 伪造、变造或者使用伪造、变造的保险标志，或者使用其他机动车的保险标志，由公安机关交通管理部门予以收缴，扣留该机动车，处200元以上2000元以下罚款；构成犯罪的，依法追究刑事责任。

当事人提供相应的合法证明或者补办相应手续的，应当及时退还机动车。

第五章　附则

第四十二条 本条例下列用语的含义：

（一）投保人，是指与保险公司订立机动车交通事故责任强制保险合同，并按照合同负有支付保险费义务的机动车的所有人、管理人。

（二）被保险人，是指投保人及其允许的合法驾驶人。

（三）抢救费用，是指机动车发生道路交通事故导致人员受伤时，医疗机构参照国务院卫生主管部门组织制定的有关临床诊疗指南，对生命体征不平稳和虽然生命体征平稳但如果不采取处理措施会产生生命危险，或者导致残疾、器官功能障碍，或者导致病程明显延长的受伤人员，采取必要的处理措施所发生的医疗费用。

第四十三条 挂车不投保机动车交通事故责任强制保险。发生道路交通事故造成人身伤亡、财产损失的，由牵引车投保的保险公司在机动车交通事故责任强制保险责任限额范围内予以赔偿；不足的部分，由牵引车方和挂车方依照法律规定承担赔偿责任。

第四十四条 机动车在道路以外的地方通行时发生事故，造成人身伤亡、财产损失的赔偿，比照适用本条例。

第四十五条 中国人民解放军和中国人民武装警察部队在编机动车参加机动车交通事故责任强制保险的办法，由中国人民解放军和中国人民武装警察部队另行规定。

第四十六条 机动车所有人、管理人自本条例施行之日起3个月内投保机动车交通事故责任强制保险；本条例施行前已经投保商业性机动车第三者责任保险的，保险期满，应当投保机动车交通事故责任强制保险。

第四十七条 本条例自2006年7月1日起施行。

中华人民共和国车船税法

2011年2月25日 中华人民共和国主席令第四十三号

（2011年2月25日第十一届全国人民代表大会常务委员会第十九次会议通过，同日中华人民共和国主席令第四十三号公布。2019年4月23日第十三届全国人民代表大会常务委员会第十次会议修正，同日中华人民共和国主席令第二十九号公布。）

第一条 在中华人民共和国境内属于本法所附《车船税税目税额表》规定的车辆、船舶（以下简称车船）的所有人或者管理人，为车船税的纳税人，应当依照本法缴纳车船税。

第二条 车船的适用税额依照本法所附《车船税税目税额表》执行。

车辆的具体适用税额由省、自治区、直辖市人民政府依照本法所附《车船税税目税额表》规定的税额幅度和国务院的规定确定。

船舶的具体适用税额由国务院在本法所附《车船税税目税额表》规定的

税额幅度内确定。

第三条 下列车船免征车船税：

（一）捕捞、养殖渔船；

（二）军队、武装警察部队专用的车船；

（三）警用车船；

（四）悬挂应急救援专用号牌的国家综合性消防救援车辆和国家综合性消防救援专用船舶；

（五）依照法律规定应当予以免税的外国驻华使领馆、国际组织驻华代表机构及其有关人员的车船。

第四条 对节约能源、使用新能源的车船可以减征或者免征车船税；对受严重自然灾害影响纳税困难以及有其他特殊原因确需减税、免税的，可以减征或者免征车船税。具体办法由国务院规定，并报全国人民代表大会常务委员会备案。

第五条 省、自治区、直辖市人民政府根据当地实际情况，可以对公共交通车船，农村居民拥有并主要在农村地区使用的摩托车、三轮汽车和低速载货汽车定期减征或者免征车船税。

第六条 从事机动车第三者责任强制保险业务的保险机构为机动车车船税的扣缴义务人，应当在收取保险费时依法代收车船税，并出具代收税款凭证。

第七条 车船税的纳税地点为车船的登记地或者车船税扣缴义务人所在地。依法不需要办理登记的车船，车船税的纳税地点为车船的所有人或者管理人所在地。

第八条 车船税纳税义务发生时间为取得车船所有权或者管理权的当月。

第九条 车船税按年申报缴纳。具体申报纳税期限由省、自治区、直辖市人民政府规定。

第十条 公安、交通运输、农业、渔业等车船登记管理部门、船舶检验机构和车船税扣缴义务人的行业主管部门应当在提供车船有关信息等方面，协助税务机关加强车船税的征收管理。

车辆所有人或者管理人在申请办理车辆相关登记、定期检验手续时，应当向公安机关交通管理部门提交依法纳税或者免税证明。公安机关交通管理部门核查后办理相关手续。

  第十一条　车船税的征收管理，依照本法和《中华人民共和国税收征收管理法》的规定执行。

  第十二条　国务院根据本法制定实施条例。

  第十三条　本法自 2012 年 1 月 1 日起施行。2006 年 12 月 29 日国务院公布的《中华人民共和国车船税暂行条例》同时废止。

附

车船税税目税额表

税目		计税单位	年基准税额	备注
乘用车〔按发动机汽缸容量（排气量）分档〕	1.0 升（含）以下的	每辆	60 元至 360 元	核定载客人数 9 人（含）以下
	1.0 升以上至 1.6 升（含）的		300 元至 540 元	
	1.6 升以上至 2.0 升（含）的		360 元至 660 元	
	2.0 升以上至 2.5 升（含）的		660 元至 1200 元	
	2.5 升以上至 3.0 升（含）的		1200 元至 2400 元	
	3.0 升以上至 4.0 升（含）的		2400 元至 3600 元	
	4.0 升以上的		3600 元至 5400 元	
商用车	客车	每辆	480 元至 1440 元	核定载客人数 9 人以上，包括电车
	货车	整备质量每吨	16 元至 120 元	包括半挂牵引车、三轮汽车和低速载货汽车等
挂车		整备质量每吨	按照货车税额的 50% 计算	
其他车辆	专用作业车	整备质量每吨	16 元至 120 元	不包括拖拉机
	轮式专用机械车	整备质量每吨	16 元至 120 元	
摩托车		每辆	36 元至 180 元	
船舶	机动船舶	净吨位每吨	3 元至 6 元	拖船、非机动驳船分别按照机动船舶税额的 50% 计算
	游艇	艇身长度每米	600 元至 2000 元	

中华人民共和国车船税法实施条例

2011年12月5日　中华人民共和国国务院令第611号

（2011年12月5日中华人民共和国国务院令第611号公布。根据2019年3月2日《国务院关于修改部分行政法规的决定》修订。）

第一条　根据《中华人民共和国车船税法》（以下简称车船税法）的规定，制定本条例。

第二条　车船税法第一条所称车辆、船舶，是指：

（一）依法应当在车船登记管理部门登记的机动车辆和船舶；

（二）依法不需要在车船登记管理部门登记的在单位内部场所行驶或者作业的机动车辆和船舶。

第三条　省、自治区、直辖市人民政府根据车船税法所附《车船税税目税额表》确定车辆具体适用税额，应当遵循以下原则：

（一）乘用车依排气量从小到大递增税额；

（二）客车按照核定载客人数20人以下和20人（含）以上两档划分，递增税额。

省、自治区、直辖市人民政府确定的车辆具体适用税额，应当报国务院备案。

第四条　机动船舶具体适用税额为：

（一）净吨位不超过200吨的，每吨3元；

（二）净吨位超过200吨但不超过2000吨的，每吨4元；

（三）净吨位超过2000吨但不超过10000吨的，每吨5元；

（四）净吨位超过10000吨的，每吨6元。

拖船按照发动机功率每1千瓦折合净吨位0.67吨计算征收车船税。

第五条　游艇具体适用税额为：

（一）艇身长度不超过10米的，每米600元；

（二）艇身长度超过10米但不超过18米的，每米900元；

（三）艇身长度超过18米但不超过30米的，每米1300元；

（四）艇身长度超过30米的，每米2000元；

（五）辅助动力帆艇，每米600元。

第六条 车船税法和本条例所涉及的排气量、整备质量、核定载客人数、净吨位、千瓦、艇身长度，以车船登记管理部门核发的车船登记证书或者行驶证所载数据为准。

依法不需要办理登记的车船和依法应当登记而未办理登记或者不能提供车船登记证书、行驶证的车船，以车船出厂合格证明或者进口凭证标注的技术参数、数据为准；不能提供车船出厂合格证明或者进口凭证的，由主管税务机关参照国家相关标准核定，没有国家相关标准的参照同类车船核定。

第七条 车船税法第三条第一项所称的捕捞、养殖渔船，是指在渔业船舶登记管理部门登记为捕捞船或者养殖船的船舶。

第八条 车船税法第三条第二项所称的军队、武装警察部队专用的车船，是指按照规定在军队、武装警察部队车船登记管理部门登记，并领取军队、武警牌照的车船。

第九条 车船税法第三条第三项所称的警用车船，是指公安机关、国家安全机关、监狱、劳动教养管理机关和人民法院、人民检察院领取警用牌照的车辆和执行警务的专用船舶。

第十条 节约能源、使用新能源的车船可以免征或者减半征收车船税。免征或者减半征收车船税的车船的范围，由国务院财政、税务主管部门商国务院有关部门制订，报国务院批准。

对受地震、洪涝等严重自然灾害影响纳税困难以及其他特殊原因确需减免税的车船，可以在一定期限内减征或者免征车船税。具体减免期限和数额由省、自治区、直辖市人民政府确定，报国务院备案。

第十一条 车船税由税务机关负责征收。

第十二条 机动车车船税扣缴义务人在代收车船税时，应当在机动车交通事故责任强制保险的保险单以及保费发票上注明已收税款的信息，作为代收税款凭证。

第十三条 已完税或者依法减免税的车辆，纳税人应当向扣缴义务人提供登记地的主管税务机关出具的完税凭证或者减免税证明。

第十四条 纳税人没有按照规定期限缴纳车船税的，扣缴义务人在代收代缴税款时，可以一并代收代缴欠缴税款的滞纳金。

第十五条 扣缴义务人已代收代缴车船税的，纳税人不再向车辆登记地的主管税务机关申报缴纳车船税。

没有扣缴义务人的，纳税人应当向主管税务机关自行申报缴纳车船税。

第十六条 纳税人缴纳车船税时，应当提供反映排气量、整备质量、核定载客人数、净吨位、千瓦、艇身长度等与纳税相关信息的相应凭证以及税务机关根据实际需要要求提供的其他资料。

纳税人以前年度已经提供前款所列资料信息的，可以不再提供。

第十七条 车辆车船税的纳税人按照纳税地点所在的省、自治区、直辖市人民政府确定的具体适用税额缴纳车船税。

第十八条 扣缴义务人应当及时解缴代收代缴的税款和滞纳金，并向主管税务机关申报。扣缴义务人向税务机关解缴税款和滞纳金时，应当同时报送明细的税款和滞纳金扣缴报告。扣缴义务人解缴税款和滞纳金的具体期限，由省、自治区、直辖市税务机关依照法律、行政法规的规定确定。

第十九条 购置的新车船，购置当年的应纳税额自纳税义务发生的当月起按月计算。应纳税额为年应纳税额除以 12 再乘以应纳税月份数。

在一个纳税年度内，已完税的车船被盗抢、报废、灭失的，纳税人可以凭有关管理机关出具的证明和完税凭证，向纳税所在地的主管税务机关申请退还自被盗抢、报废、灭失月份起至该纳税年度终了期间的税款。

已办理退税的被盗抢车船失而复得的，纳税人应当从公安机关出具相关证明的当月起计算缴纳车船税。

第二十条 已缴纳车船税的车船在同一纳税年度内办理转让过户的，不另纳税，也不退税。

第二十一条 车船税法第八条所称取得车船所有权或者管理权的当月，应当以购买车船的发票或者其他证明文件所载日期的当月为准。

第二十二条 税务机关可以在车船登记管理部门、车船检验机构的办公场所集中办理车船税征收事宜。

公安机关交通管理部门在办理车辆相关登记和定期检验手续时，经核查，对没有提供依法纳税或者免税证明的，不予办理相关手续。

第二十三条 车船税按年申报，分月计算，一次性缴纳。纳税年度为公历 1 月 1 日至 12 月 31 日。

第二十四条 临时入境的外国车船和香港特别行政区、澳门特别行政区、台湾地区的车船，不征收车船税。

第二十五条 按照规定缴纳船舶吨税的机动船舶，自车船税法实施之日起 5 年内免征车船税。

依法不需要在车船登记管理部门登记的机场、港口、铁路站场内部行驶或者作业的车船，自车船税法实施之日起 5 年内免征车船税。

第二十六条 车船税法所附《车船税税目税额表》中车辆、船舶的含义如下：

乘用车，是指在设计和技术特性上主要用于载运乘客及随身行李，核定载客人数包括驾驶员在内不超过 9 人的汽车。

商用车，是指除乘用车外，在设计和技术特性上用于载运乘客、货物的汽车，划分为客车和货车。

半挂牵引车，是指装备有特殊装置用于牵引半挂车的商用车。

三轮汽车，是指最高设计车速不超过每小时 50 公里，具有三个车轮的货车。

低速载货汽车，是指以柴油机为动力，最高设计车速不超过每小时 70 公里，具有四个车轮的货车。

挂车，是指就其设计和技术特性需由汽车或者拖拉机牵引，才能正常使用的一种无动力的道路车辆。

专用作业车，是指在其设计和技术特性上用于特殊工作的车辆。

轮式专用机械车，是指有特殊结构和专门功能，装有橡胶车轮可以自行行驶，最高设计车速大于每小时 20 公里的轮式工程机械车。

摩托车，是指无论采用何种驱动方式，最高设计车速大于每小时 50 公里，或者使用内燃机，其排量大于 50 毫升的两轮或者三轮车辆。

船舶，是指各类机动、非机动船舶以及其他水上移动装置，但是船舶上装备的救生艇筏和长度小于 5 米的艇筏除外。其中，机动船舶是指用机器推进的船舶；拖船是指专门用于拖（推）动运输船舶的专业作业船舶；非机动驳船，是指在船舶登记管理部门登记为驳船的非机动船舶；游艇是指具备内置机械推进动力装置，长度在 90 米以下，主要用于游览观光、休闲娱乐、水上体育运动等活动，并应当具有船舶检验证书和适航证书的船舶。

第二十七条 本条例自 2012 年 1 月 1 日起施行。

国家税务总局 中国保险监督管理委员会关于机动车车船税代收代缴有关事项的公告

2011 年 12 月 19 日 国家税务总局 中国保险监督管理委员会

公告 2011 年第 75 号

《中华人民共和国车船税法》（以下简称车船税法）及其实施条例将于 2012 年 1 月 1 日起施行。根据车船税法及其实施条例规定，从事机动车交通事故责任强制保险（以下简称交强险）业务的保险机构（以下简称保险机构）为机动车车船税的扣缴义务人，应当在收取交强险保险费时依法代收车船税。为了贯彻落实车船税法及其实施条例，做好机动车车船税代收代缴工作，现将有关事项公告如下：

一、扎实做好贯彻落实车船税法及其实施条例的准备工作

各级税务机关要在深入领会和准确把握车船税法及其实施条例政策精神的基础上，通过多种途径，做好对扣缴义务人的宣传与政策解释工作，使扣缴义务人熟悉车船税法及其实施条例和本地区实施办法的政策规定，知晓不依法履行扣缴义务应承担的法律责任，提高扣缴义务人代收代缴车船税的业务水平。

各省、自治区、直辖市和计划单列市税务机关要总结本地区代收代缴工作经验，认真分析工作中存在问题，结合车船税法及其实施条例的相关规定，在征求当地保险监管部门和在当地从事交强险业务的保险机构意见的基础上，进一步完善本地区代收代缴管理办法，规范代收代缴车船税的工作流程。在代收代缴管理办法中，要进一步明确扣缴义务人申报、结报税款的具体方式和期限，代收代缴手续费支付办法，双方信息交换的内容、方式和期限，纳税人对保险机构代收代缴税款数额有异议时的受理程序和期限等事项。

各保险机构要在税务机关协助下做好对保险从业人员的培训工作，使他们熟练掌握车船税法及其实施条例的有关政策和相关征管规定，掌握代收代缴税款的操作程序和应纳税额的计算方法，以便顺利开展机动车车船税代收代缴工作。各保险机构要根据车船税法律法规的变化及当地省、自治区、直辖市人民政府确定的具体适用税额，及时修改交强险业务和财务系统。

有条件的地区，保险监管部门、保险机构与税务机关要积极探索车险信息共享平台与税务机关相关信息系统的联网工作，提高数据交换、业务处理的质量和效率。

二、认真履行代收代缴义务，严格执行代收代缴规定

各保险机构要严格按照车船税的有关政策和相关征管规定，认真履行代收代缴机动车车船税的法定义务，确保税款及时、足额解缴国库。

（一）各保险机构要协助税务机关做好车船税的宣传工作，在营业场所张贴或摆放有关车船税的宣传材料，着重宣传车船税法及其实施条例与原来车船税政策的区别，公布纳税人在购买交强险时缴纳车船税的办理流程，认真回答纳税人有关车船税的问题，提高纳税人依法纳税的自觉性。

（二）对军队和武警专用车辆、警用车辆、拖拉机、临时入境的外国机动车和香港特别行政区、澳门特别行政区、台湾地区的机动车，保险机构在销售交强险时不代收代缴车船税。其中，军队、武警专用车辆以军队、武警车船管理部门核发的军车号牌和武警号牌作为认定依据；警用车辆以公安机关核发的警车号牌（最后一位登记编号为红色的"警"字）作为认定依据；拖拉机以在农业（农业机械）部门登记、并拥有拖拉机登记证书或拖拉机行

驶证书作为认定依据;临时入境的外国机动车以中国海关等部门出具的准许机动车入境的凭证作为认定依据;香港特别行政区、澳门特别行政区、台湾地区的机动车根据公安交通管理部门核发的批准文书作为认定依据,具体操作办法由进入内地或大陆口岸所在地税务机关制定。

(三)在财政部、国家税务总局会同汽车行业主管部门公布了享受车船税优惠政策的节约能源、使用新能源的车型目录后,对纳入车型目录的机动车,保险机构销售交强险时,根据车型目录的规定免征或减征车船税。

(四)对于拥有公安交通管理部门核发的外国使馆、领事馆专用号牌的机动车,保险机构销售交强险时,不代收代缴车船税。

(五)对已经向主管税务机关申报缴纳车船税的纳税人,保险机构在销售交强险时,不再代收代缴车船税,但应根据纳税人出示的完税凭证原件,将上述车辆的完税凭证号和出具该凭证的税务机关名称录入交强险业务系统。

(六)对税务机关出具减免税证明的车辆,保险机构在销售交强险时,对免税车辆不代收代缴车船税;对减税车辆根据减税证明的规定处理。保险机构应将减免税证明号和出具该证明的税务机关名称录入交强险业务系统。

(七)除上述(二)、(三)、(四)、(五)、(六)项中规定的不代收代缴车船税的情形外,保险机构在销售交强险时一律按照保险机构所在地的车船税税额标准和所在地税务机关的具体规定代收代缴车船税;投保人无法立即足额缴纳车船税的,保险机构不得将保单、保险标志和保费发票等票据交给投保人,直至投保人缴纳车船税或提供税务机关出具的完税证明或免税证明。纳税人对保险机构代收代缴税款数额有异议的,根据本地区代收代缴管理办法规定的受理程序和期限进行处理。

(八)保险机构在计算机动车应纳税额时,机动车的相关技术信息以车辆登记证书或行驶证书所载相应数据为准。

对于纳税人无法提供车辆登记证书的乘用车,保险机构可以参照税务机关提供的汽车管理部门发布的车辆生产企业及产品公告确定乘用车的排气量。在车辆生产企业及产品公告中未纳入的老旧车辆,纳税人应提请保险机构所在地的税务机关核定排气量。

购置的新机动车,相关技术信息以机动车整车出厂合格证或进口车辆的车辆一致性证书所载相应数据为准。

（九）购置的新机动车，购置当年的应纳税款从购买日期的当月起至该年度终了按月计算。对于在国内购买的机动车，购买日期以《机动车销售统一发票》所载日期为准；对于进口机动车，购买日期以《海关关税专用缴款书》所载日期为准。

（十）保险机构在销售交强险时，要严格按照有关规定代收代缴车船税，并将相关信息据实录入交强险业务系统中。不得擅自多收、少收或不收机动车车船税，不得以任何形式擅自减免、赠送机动车车船税，不得遗漏应录入的信息或录入虚假信息。各保险机构不得将代收代缴的机动车车船税计入交强险保费收入，不得向保险中介机构支付代收车船税的手续费。

（十一）保险机构在代收代缴机动车车船税时，应向投保人开具注明已收税款信息的交强险保险单和保费发票，作为代收税款凭证。纳税人需要另外开具完税凭证的，保险机构应告知纳税人凭交强险保单到保险机构所在地的税务机关开具。

（十二）各保险机构应按照本地区代收代缴管理办法规定的期限和方式，及时向保险机构所在地的税务机关办理申报、结报手续，报送代收代缴报告表，报告投保、缴税机动车的明细信息。有条件的地区，要积极探索保险机构向地（市）或省税务机关申报、结报的模式。对保险机构和税务机关已实现信息联网的地区，税务机关可根据当地实际自行确定保险机构报送代收代缴报告表的方式。

（十三）各保险机构要做好机动车投保、缴税信息以及其他相关信息的档案保存、整理工作，并接受税务机关和保险监管部门的检查。对于税务机关提供的信息，保险机构应予保密，除办理涉税事项外，不得用于其他目的。

（十四）保险机构委托保险中介机构销售交强险的，应加强对中介机构的培训，并要求中介机构根据本公告的要求在销售交强险时代收车船税，录入相关信息，保存相关涉税凭证的复印件。保险中介机构应自觉接受税务机关和保险监管部门的检查。

三、加强指导和监督，确保代收代缴工作依法有序开展

各级税务机关要与当地保险监管部门密切配合，加强对保险机构的指导，支持保险机构做好代收代缴工作。同时，要按照车船税相关政策和《中华人民共和国税收征收管理法》的规定，加强对扣缴义务人的管理和监督。

（一）税务机关要为保险机构向纳税人宣传车船税政策提供支持，应免费向保险机构提供车船税宣传资料。

（二）对于纳税人直接向税务机关申报缴纳车船税的，税务机关应向纳税人开具含有车辆号牌号码等机动车信息的完税凭证。纳税人一次缴纳多辆机动车车船税的，可合并开具一张完税凭证，分行填列每辆机动车的完税情况；也可合并开具一张完税凭证，同时附缴税车辆的明细表，列明每辆缴税机动车的完税情况，并加盖征税专用章。税务机关应将相关纳税信息及时传递给保险机构。

（三）对于外国驻华使馆、领事馆和国际组织驻华机构及其有关人员的车辆，因保险机构通过车辆号牌难以判别是否属于免税范围，税务机关应审查纳税人提供的本机构或个人身份的证明文件和车辆所有权证明文件，以及国际组织驻华机构及其有关人员提供的相关国际条约或协定。对符合免税规定的，税务机关应向纳税人开具免税证明，并将免税证明的相关信息传递给保险机构。

（四）对于自车船税法实施之日起5年内免征车船税的机场、港口、铁路站场内部行驶或者作业的机动车，需要购买交强险的，税务机关应向纳税人开具免税证明，并将免税证明的相关信息传递给保险机构。

（五）对于按照省级人民政府根据车船税法及其实施条例的规定予以减免车船税的机动车，由各省、自治区、直辖市税务机关规定保险机构销售交强险时的具体操作方法。

（六）纳税人对保险机构代收代缴税款数额有异议的，可以直接向税务机关申报缴纳，也可以在保险机构代收代缴税款后向税务机关提出申诉，税务机关应在接到纳税人申诉后按照本地区代收代缴管理办法规定的程序和期限受理。

（七）保险机构向税务机关办理申报、结报手续后，完税车辆被盗抢、报废、灭失而申请车船税退税的，由保险机构所在地的税务机关按照有关规定办理。

（八）对纳税人通过保险机构代收代缴方式缴纳车船税后需要另外开具

完税凭证的，由保险机构所在地的税务机关办理。在办理完税凭证时，税务机关应根据纳税人所持注明已收税款信息的保险单，开具《税收转账专用完税证》，并在保险单上注明"完税凭证已开具"字样。《税收转账专用完税证》的第一联（存根）和保险单复印件由税务机关留存备查，第二联（收据）由纳税人收执，作为纳税人缴纳车船税的完税凭证。

（九）各级税务机关要严格审查保险机构报送的车船税代收代缴信息。有条件的地区，要探索利用信息化的手段对代收代缴信息进行审核。

（十）税务机关应按照规定向各保险机构及时足额支付手续费。

（十一）对于保险监管部门和保险机构提供的信息，各级税务机关应予保密，除办理涉税事项外，不得用于其他目的。

（十二）各级税务机关要与当地保险监管部门协调配合，建立工作协调机制和信息交换机制，联合对保险机构代收代缴情况进行监督和检查。对于违反车船税政策和相关征管规定的保险机构，税务机关要按照《中华人民共和国税收征收管理法》的有关规定进行处理，并将处理情况以书面形式及时通报当地保险监管部门。

（十三）各级税务机关要主动征求当地保险监管部门、保险行业协会和各保险机构的意见和建议，及时改进工作方法，不断完善代收代缴管理办法。

四、积极协调，严格监督，共同做好代收代缴的管理工作

各地保险监管部门要与当地税务机关和各保险机构积极沟通，协助税务机关做好代收代缴车船税的监督管理工作。

（一）各地保险监管部门要督促各保险机构做好贯彻落实车船税法及其实施条例的各项准备工作，并会同税务机关对各保险机构的准备情况进行检查。

（二）各地保险监管部门要加大对保险机构交强险业务和机动车代收代缴车船税工作的监管力度，保障机动车车船税按时入库。对于以任何形式诱导、怂恿投保人不缴、少缴或缓缴车船税进行恶性竞争、扰乱保险市场秩序的，保险监管部门应依据相关规定对该机构及其责任人进行严肃处理。

（三）各地保险监管部门要加强与税务机关的联系，及时配合税务机关

向保险机构传达车船税的有关政策精神,并向税务机关如实反映保险机构的意见和要求,使代收代缴工作顺利开展。

保险机构在销售交强险时代收代缴机动车车船税,加强了车船税税源控管力度,提高了车船税征管的科学化、精细化水平,方便了纳税人。各级税务机关、各地保险监管部门和各保险机构要充分认识代收代缴机动车车船税的重要意义,高度重视该项工作,要指定人员负责代收代缴车船税的相关工作,并相互通报人员的确定和变更情况。对于代收代缴工作中出现的问题,要加强沟通和协调,积极予以解决;无法解决的,要及时向各自的上级机关报告。

本公告自2012年1月1日起施行。《国家税务总局 中国保险监督管理委员会关于做好车船税代收代缴工作的通知》(国税发〔2007〕55号)、《国家税务总局 中国保险监督管理委员会关于保险机构代收代缴车船税有关问题的通知》(国税发〔2007〕98号)、《国家税务总局 中国保险监督管理委员会关于进一步做好车船税代收代缴工作的通知》(国税发〔2008〕74号)同时废止。

特此公告。

国家税务总局关于印发《中华人民共和国车船税法宣传提纲》的通知

2011年12月19日 国税函〔2011〕712号

各省、自治区、直辖市和计划单列市地方税务局,西藏、宁夏自治区国家税务局:

现将《中华人民共和国车船税法宣传提纲》印发给你们,请结合实际,采取多种形式,做好向广大纳税人的宣传工作。

中华人民共和国车船税法宣传提纲

2011年2月25日，全国人民代表大会常务委员会通过《中华人民共和国车船税法》（以下简称车船税法）。2011年12月5日，国务院颁布《中华人民共和国车船税法实施条例》（以下简称实施条例）。车船税法及其实施条例自2012年1月1日起施行。为做好贯彻落实工作，方便广大纳税人了解和掌握新税法的有关内容，特编写本宣传提纲。

一、什么是车船税？

车船税是依照法律规定、对在我国境内的车辆、船舶，按照规定的税目、计税单位和年税额标准计算征收的一种税。

二、车船税是新开征的税种吗？

车船税不是新开征的税种，在我国已经征收多年。新中国成立后，1951年原政务院就颁布了《车船使用牌照税暂行条例》，在全国范围内征收车船使用牌照税；1986年国务院颁布了《中华人民共和国车船使用税暂行条例》，开征车船使用税，但对外商投资企业、外国企业及外籍个人仍征收车船使用牌照税；2006年12月，国务院制定了《中华人民共和国车船税暂行条例》（以下简称暂行条例），对包括外资企业和外籍个人在内的各类纳税人统一征收车船税。2011年2月25日，第十一届全国人大常委会第十九次会议通过车船税法，自2012年1月1日起施行，原暂行条例同时废止。

车船税立法是为适应形势变化的要求，以科学发展观为指导，对暂行条例进行改革完善并提升税收法律级次，以引导车辆、船舶的生产和消费，体现国家在促进节能减排、保护环境等方面的政策导向。

三、车船税法与暂行条例相比，有哪些变化？

与暂行条例相比，车船税法主要在以下5个方面进行了调整：

（一）扩大征税范围。暂行条例规定，车船税的征税范围是依法应当在车船管理部门登记的车船，不需登记的单位内部作业车船不征税。车船税法除对依法应当在车船登记管理部门登记的车船继续征税外,将在机场、港口以及其他企业内部场所行驶或者作业且依法不需在车船登记管理部门登记的车船也纳入征收范围。

(二)改革乘用车计税依据。暂行条例对乘用车(微型、小型客车)按辆征收。车船税法采用与车辆在价值上存在着正相关关系的"排气量"作为计税依据,对乘用车按"排气量"划分为7个档次征收。

(三)调整税负结构和税率。一是为更好地发挥车船税的调节功能,体现引导汽车消费和促进节能减排的政策导向,车船税法对占汽车总量72%左右的乘用车税负,按发动机排气量大小分别作了降低、不变和提高的结构性调整。其中,对占现有乘用车总量87%左右、排气量在2.0升及以下的乘用车,税额幅度适当降低或维持不变;对占现有乘用车总量10%左右、排气量为2.0升以上至2.5升(含)的中等排量乘用车,税额幅度适当调高;对占现有乘用车总量3%左右、排气量为2.5升以上的较大和大排量乘用车,税额幅度有较大提高。二是为支持交通运输业发展,车船税法对占汽车总量28%左右的货车、摩托车以及船舶(游艇除外)仍维持原税额幅度不变;对载客9人以上的客车,税额幅度略作提高;对挂车由原来与货车适用相同税额改为减按货车税额的50%征收。三是将船舶中的游艇单列出来,按长度征税,并将税额幅度确定为每米600元至2000元。

(四)完善税收优惠。车船税法及实施条例除了保留省、自治区、直辖市人民政府可以对公共交通车船给予定期减免税优惠外,还增加了对节约能源和使用新能源的车船、对受严重自然灾害影响纳税困难以及有其他特殊原因确需减免税的车船,可以减征或者免征车船税等税收优惠。

(五)强化部门配合。由于机动车数量庞大、税源分散,仅靠税务机关征管难度较大,需要与车船管理部门建立征收管理的协作机制,以提高征收绩效,防止税源流失。为此,车船税法规定,公安、交通运输、农业、渔业等车船登记管理部门、船舶检验机构和车船税扣缴义务人的行业主管部门应当在提供车船有关信息等方面,协助税务机关加强车船税的征收管理。同时,实施条例规定公安机关交通管理部门在办理车辆相关登记和定期检验手续时,经核查,对没有提供依法纳税或者免税证明的,不予办理相关手续。

四、谁是车船税的纳税义务人？

车船的所有人或者管理人是车船税的纳税义务人。其中，所有人是指在我国境内拥有车船的单位和个人；管理人是指对车船具有管理权或者使用权，不具有所有权的单位。上述单位，包括在中国境内成立的行政机关、企业、事业单位、社会团体以及其他组织；上述个人，包括个体工商户以及其他个人。

五、谁是车船税的扣缴义务人？

从事机动车交通事故责任强制保险（以下简称交强险）业务的保险机构为机动车车船税的扣缴义务人，应当在收取保险费时按照规定的税目税额代收车船税，并在机动车交强险的保险单以及保费发票上注明已收税款的信息，作为代收税款凭证。

由保险机构在办理机动车交强险业务时代收代缴机动车的车船税，可以方便纳税人缴纳车船税，节约征纳双方的成本，实现车辆车船税的源泉控管。

六、哪些车船需要缴纳车船税？

车船税法规定的征税范围是税法所附《车船税税目税额表》所列的车辆、船舶，包括依法应当在车船登记管理部门登记的机动车辆和船舶，也包括依法不需要在车船登记管理部门登记的在单位内部场所行驶或者作业的机动车辆和船舶。

上述机动车辆包括乘用车、商用车（包括客车、货车）、挂车、专用作业车、轮式专用机械车、摩托车。拖拉机不需要缴纳车船税。

船舶，是指各类机动、非机动船舶以及其他水上移动装置，但是船舶上装备的救生艇筏和长度小于5米的艇筏除外。其中，机动船舶是指用机器推进的船舶；拖船是指专门用于拖（推）动运输船舶的专业作业船舶；非机动驳船，是指在船舶登记管理部门登记为驳船的非机动船舶；游艇是指具备内置机械推进动力装置，长度在90米以下，主要用于游览观光、休闲娱乐、水上体育运动等活动，并应当具有船舶检验证书和适航证书的船舶。

七、车辆的税额是如何规定的？

车船税法《车船税税目税额表》规定的车辆税额幅度为：

（一）乘用车

按照排气量区间划分为 7 个档次，每辆每年税额为：

1. 1.0 升（含）以下的，税额为 60 元至 360 元；
2. 1.0 升以上至 1.6 升（含）的，税额为 300 元至 540 元；
3. 1.6 升以上至 2.0 升（含）的，税额为 360 元至 660 元；
4. 2.0 升以上至 2.5 升（含）的，税额为 660 元至 1200 元；
5. 2.5 升以上至 3.0 升（含）的，税额为 1200 元至 2400 元；
6. 3.0 升以上至 4.0 升（含）的，税额为 2400 元至 3600 元；
7. 4.0 升以上的，税额为 3600 元至 5400 元。

（二）商用车

划分为客车和货车。其中，客车（核定载客人数 9 人以上，包括电车）每辆每年税额为 480 元至 1440 元；货车（包括半挂牵引车、三轮汽车和低速载货汽车等）按整备质量每吨每年税额为 16 元至 120 元。

（三）挂车

按相同整备质量的货车税额的 50% 计算应纳税额。

（四）其他车辆

包括专用作业车和轮式专用机械车，按整备质量每吨每年税额为 16 元至 120 元。

（五）摩托车

每辆每年税额为 36 元至 180 元。

车辆的具体适用税额由省、自治区、直辖市人民政府依照《车船税税目税额表》规定的税额幅度和国务院的规定确定。

八、船舶的税额是如何规定的？

（一）机动船舶具体适用税额为：

1. 净吨位不超过 200 吨的，每吨 3 元；
2. 净吨位超过 200 吨但不超过 2000 吨的，每吨 4 元；

3. 净吨位超过 2000 吨但不超过 10000 吨的，每吨 5 元；

4. 净吨位超过 10000 吨的，每吨 6 元。

拖船按照发动机功率每 1 千瓦折合净吨位 0.67 吨计算征收车船税。拖船、非机动驳船分别按照机动船舶税额的 50% 计算。

（二）游艇具体适用税额为：

1. 艇身长度不超过 10 米的，每米 600 元；

2. 艇身长度超过 10 米但不超过 18 米的，每米 900 元；

3. 艇身长度超过 18 米但不超过 30 米的，每米 1300 元；

4. 艇身长度超过 30 米的，每米 2000 元；

5. 辅助动力帆艇，每米 600 元。

九、车船税有哪些税收优惠政策？

（一）车船税法规定的法定免税车船如下：

1. 捕捞、养殖渔船：是指在渔业船舶登记管理部门登记为捕捞船或者养殖船的船舶；

2. 军队、武装警察部队专用的车船：是指按照规定在军队、武装警察部队车船登记管理部门登记，并领取军队、武警牌照的车船；

3. 警用车船：是指公安机关、国家安全机关、监狱、劳动教养管理机关和人民法院、人民检察院领取警用牌照的车辆和执行警务的专用船舶；

4. 依照法律规定应当予以免税的外国驻华使领馆、国际组织驻华代表机构及其有关人员的车船。

（二）实施条例规定的减免税项目如下：

1. 节约能源、使用新能源的车船可以免征或者减半征收车船税；

2. 按照规定缴纳船舶吨税的机动船舶，自车船税法实施之日起 5 年内免征车船税；

3. 依法不需要在车船登记管理部门登记的机场、港口、铁路站场内部行驶或者作业的车船，自车船税法实施之日起 5 年内免征车船税。

（三）授权省、自治区、直辖市人民政府规定的减免税项目如下：

1. 省、自治区、直辖市人民政府根据当地实际情况，可以对公共交通车船，农村居民拥有并主要在农村地区使用的摩托车、三轮汽车和低速载货汽车定期减征或者免征车船税；

2. 对受地震、洪涝等严重自然灾害影响纳税困难以及其他特殊原因确需减免税的车船，可以在一定期限内减征或者免征车船税。

另外，对纯电动乘用车、燃料电池乘用车、非机动车船（不包括非机动驳船）、临时入境的外国车船和香港特别行政区、澳门特别行政区、台湾地区的车船，不征收车船税。

十、车船税由哪个部门负责征收？

车船税由地方税务机关负责征收。

十一、如何申报缴纳车船税？

依法应当在车船登记部门登记的车船，纳税人自行申报缴纳的，应在车船的登记地缴纳车船税；保险机构代收代缴车船税的，应在保险机构所在地缴纳车船税。已由保险机构代收代缴车船税的，纳税人不再向税务机关申报缴纳车船税。

依法不需要办理登记的车船，应在车船的所有人或者管理人所在地缴纳车船税。

十二、车船税纳税义务从什么时候开始？

车船税纳税义务发生时间为取得车船所有权或者管理权的当月，应当以购买车船的发票或者其他证明文件所载日期的当月为准。

十三、购置的新车船，购置当年的车船税税额如何计算？

车船税按年申报，分月计算，一次性缴纳。购置的新车船，购置当年的应纳税额自取得车船所有权或管理权的当月起按月计算，应纳税额为年应纳税额除以12再乘以应纳税月份数。

十四、已完税的车船发生盗抢、报废、灭失的，如何处理？

在一个纳税年度内，已完税的车船被盗抢、报废、灭失的，纳税人可以凭有关管理机关出具的证明和完税证明，向纳税所在地的主管税务机关申请退还自被盗抢、报废、灭失月份起至该纳税年度终了期间的税款。

已办理退税的被盗抢车船失而复得的，纳税人应当从公安机关出具相关证明的当月起计算缴纳车船税。

十五、在同一纳税年度内，已缴纳车船税的车船办理转让过户的，如何处理？

在同一纳税年度内，已缴纳车船税的车船办理转让过户的，不另纳税，也不退税。

十六、车船税的纳税期限是如何规定的？

车船税按年申报缴纳。具体申报纳税期限由省、自治区、直辖市人民政府规定。由保险机构代收代缴机动车车船税的，纳税人应当在购买机动车交强险的同时缴纳车船税。

十七、如何确定车船税的计税标准？

车船税法及实施条例所涉及的排气量、整备质量、核定载客人数、净吨位、千瓦、艇身长度，以车船登记管理部门核发的车船登记证书或者行驶证所载数据为准。

依法不需要办理登记的车船和依法应当登记而未办理登记或者不能提供车船登记证书、行驶证的车船，以车船出厂合格证明或者进口凭证标注的技术参数、数据为准；不能提供车船出厂合格证明或者进口凭证的，由主管税务机关参照国家相关标准核定，没有国家相关标准的参照同类车船核定。

十八、保险机构如何代收代缴车船税？

除按规定不需要出具减免税证明的减税或者免税车辆外，纳税人无法提供税务机关出具的完税凭证或减免税证明的，保险机构在销售机动车交强险时一律按照保险机构所在地的车船税税额标准代收代缴车船税。保险机构在代收车船税时，应当在机动车交强险的保险单以及保费发票上注明已收税款的信息，作为代收税款凭证。纳税人不能提供完税凭证或者减免税证明，且拒绝扣缴义务人代收代缴车船税的，扣缴义务人应及时报告税务机关处理。

十九、为什么在申请办理车辆相关手续时，应当向公安机关交通管理部门提交依法纳税或者免税证明？

车船税法及实施条例规定，车辆所有人或者管理人在申请办理车辆相关登记、定期检验手续时，应当向公安机关交通管理部门提交依法纳税或者免税证明。公安机关交通管理部门在办理车辆相关登记和定期检验手续时，经核查，没有依法纳税或者免税证明的，不予办理相关手续。由公安机关交通管理部门协助税务机关加强车船税的征收管理，有利于进一步强化车船税的管理，健全部门协作的征管机制，堵塞征管漏洞。

财政部　国家税务总局　工业和信息化部关于不属于车船税征收范围的纯电动　燃料电池乘用车车型目录（第一批）的公告

2011年12月31日　财政部　国家税务总局　工业和信息化部
公告2011年第81号

根据《中华人民共和国车船税法》有关规定，纯电动、燃料电池乘用车不属于车船税征收范围。为维护纳税人的合法权益，便于税务机关和扣缴义务人准确掌握政策，财政部、国家税务总局、工业和信息化部根据纯电动、燃料电池乘用车的技术进步和车型变化情况，公告其车型目录。现将第一批不属于车船税征收范围的纯电动、燃料电池乘用车车型目录予以公告。

附件：不属于车船税征收范围的纯电动　燃料电池乘用车车型目录（第一批）（略）

财政部　国家税务总局　工业和信息化部关于节约能源　使用新能源车辆减免车船税的车型目录（第一批）的公告

2012年3月6日　财政部　国家税务总局　工业和信息化部
公告2012年第7号

为促进节约能源、使用新能源的汽车产业发展，根据《中华人民共和国车船税法》第四条、《中华人民共和国车船税法实施条例》第十条有关规定，经国务院批准，现公告第一批节约能源、使用新能源车辆减免车船税的车型目录。

自2012年1月1日起，对节约能源的车辆，减半征收车船税；对使用新能源的车辆，免征车船税。

附件：节约能源　使用新能源车辆减免车船税的车型目录（第一批）
（略）

财政部　国家税务总局　工业和信息化部关于节约能源　使用新能源车辆减免车船税的车型目录（第二批）的公告

2012年5月28日　财政部　国家税务总局　工业和信息化部
公告2012年第25号

为促进节约能源、使用新能源的汽车产业发展，根据《中华人民共和国车船税法》第四条、《中华人民共和国车船税法实施条例》第十条、《财政

部　国家税务总局　工业和信息化部关于节约能源　使用新能源车船车船税政策的通知》（财税〔2012〕19号）有关规定，现公告第二批节约能源、使用新能源车辆减免车船税的车型目录。

自2012年1月1日起，对节约能源的车辆，减半征收车船税；对使用新能源的车辆，免征车船税。

附件：节约能源　使用新能源车辆减免车船税的车型目录（第二批）
　　　（略）

财政部　国家税务总局　工业和信息化部关于不属于车船税征收范围的纯电动　燃料电池乘用车车型目录（第二批）的公告

2012年5月28日　财政部　国家税务总局　工业和信息化部
公告2012年第26号

根据《中华人民共和国车船税法》有关规定，纯电动、燃料电池乘用车不属于车船税征收范围。为维护纳税人的合法权益，便于税务机关和扣缴义务人准确掌握政策，现将第二批不属于车船税征收范围的纯电动、燃料电池乘用车车型目录予以公告。

附件：不属于车船税征收范围的纯电动　燃料电池乘用车车型目录（第二批）（略）

国家税务总局 交通运输部关于发布《船舶车船税委托代征管理办法》的公告

2013年1月5日 国家税务总局 交通运输部公告2013年第1号

为了贯彻落实车船税法及其实施条例，方便纳税人缴纳车船税，提高船舶车船税的征管质量和效率，现将国家税务总局、交通运输部联合制定的《船舶车船税委托代征管理办法》予以发布，自2013年2月1日起施行。

各地对执行中遇到的情况和问题，请及时报告国家税务总局、交通运输部。

特此公告。

船舶车船税委托代征管理办法

第一条 为加强船舶车船税征收管理，做好船舶车船税委托代征工作，方便纳税人履行纳税义务，根据《中华人民共和国税收征收管理法》及其实施细则、《中华人民共和国车船税法》及其实施条例、《国家税务总局 交通运输部关于进一步做好船舶车船税征收管理工作的通知》（国税发〔2012〕8号）、《财政部 国家税务总局 中国人民银行关于进一步加强代扣代收代征税款手续费管理的通知》（财行〔2005〕365号）等有关规定，制定本办法。

第二条 本办法所称船舶车船税委托代征，是指税务机关根据有利于税收管理和方便纳税的原则，委托交通运输部门海事管理机构代为征收船舶车船税税款的行为。

第三条 本办法适用于船舶车船税的委托征收、解缴和监督。

第四条 在交通运输部直属海事管理机构（以下简称海事管理机构）登

记的应税船舶，其车船税由船籍港所在地的税务机关委托当地海事管理机构代征。

第五条 税务机关与海事管理机构应签订委托代征协议书，明确代征税种、代征范围、完税凭证领用要求、代征税款的解缴要求、代征手续费比例和支付方式、纳税人拒绝纳税时的处理措施等事项，并向海事管理机构发放委托代征证书。

第六条 海事管理机构受税务机关委托，在办理船舶登记手续或受理年度船舶登记信息报告时代征船舶车船税。

第七条 海事管理机构应根据车船税法律、行政法规和相关政策规定代征车船税，不得违反规定多征或少征。

第八条 海事管理机构代征船舶车船税的计算方法：

（一）船舶按一个年度计算车船税。计算公式为：

年应纳税额 = 计税单位 × 年基准税额

其中：机动船舶、非机动驳船、拖船的计税单位为净吨位每吨；游艇的计税单位为艇身长度每米；年基准税额按照车船税法及其实施条例的相关规定执行。

（二）购置的新船舶，购置当年的应纳税额自纳税义务发生时间起至该年度终了按月计算。计算公式为：

应纳税额 = 年应纳税额 × 应纳税月份数 ÷ 12

应纳税月份数 = 12 - 纳税义务发生时间（取月份）+ 1

其中，纳税义务发生时间为纳税人取得船舶所有权或管理权的当月，以购买船舶的发票或者其他证明文件所载日期的当月为准。

第九条 海事管理机构在计算船舶应纳税额时，船舶的相关技术信息以船舶登记证书所载相应数据为准。

第十条 税务机关出具减免税证明和完税凭证的船舶，海事管理机构对免税和完税船舶不代征车船税，对减税船舶根据减免税证明规定的实际年应纳税额代征车船税。海事管理机构应记录上述凭证的凭证号和出具该凭证的单位名称，并将上述凭证的复印件存档备查。

第十一条 对于以前年度未依照车船税法及其实施条例的规定缴纳船舶车船税的，海事管理机构应代征欠缴税款，并按规定代加收滞纳金。

第十二条 海事管理机构在代征税款时,应向纳税人开具税务机关提供的完税凭证。完税凭证的管理应当遵守税务机关的相关规定。

第十三条 海事管理机构依法履行委托代征税款职责时,纳税人不得拒绝。纳税人拒绝的,海事管理机构应当及时报告税务机关。

第十四条 海事管理机构应将代征的车船税单独核算、管理。

第十五条 海事管理机构应根据委托代征协议约定的方式、期限及时将代征税款解缴入库,并向税务机关提供代征船舶名称、代征金额及税款所属期等情况,不得占压、挪用、截留船舶车船税。

第十六条 已经缴纳船舶车船税的船舶在同一纳税年度内办理转让过户的,在原登记地不予退税,在新登记地凭完税凭证不再纳税,新登记地海事管理机构应记录上述船舶的完税凭证号和出具该凭证的税务机关或海事管理机构名称,并将完税凭证的复印件存档备查。

第十七条 完税船舶被盗抢、报废、灭失而申请车船税退税的,由税务机关按照有关规定办理。

第十八条 税务机关查询统计船舶登记的有关信息,海事管理机构应予以配合。

第十九条 税务机关应按委托代征协议的规定及时、足额向海事管理机构支付代征税款手续费。海事管理机构取得的手续费收入纳入预算管理,专项用于委托代征船舶车船税的管理支出,也可以适当奖励相关工作人员。

第二十条 各级税务机关应主动与海事管理机构协调配合,协助海事管理部门做好船舶车船税委托代征工作。税务机关要及时向海事管理机构通报车船税政策变化情况,传递直接征收车船税和批准减免车船税的船舶信息。

第二十一条 税务机关和海事管理机构应对对方提供的涉税信息予以保密,除办理涉税事项外,不得用于其他目的。

第二十二条 地方海事管理机构开展船舶车船税代征工作的,适用本办法。

第二十三条 本办法由国家税务总局、交通运输部负责解释。

第二十四条 本办法自2013年2月1日起施行。

国家税务总局关于车船税征管若干问题的公告

2013年7月26日　国家税务总局公告2013年第42号

为规范车船税征管，维护纳税人合法权益，根据《中华人民共和国车船税法》（以下简称车船税法）及其实施条例，现将车船税有关征管问题明确如下：

一、关于专用作业车的认定

对于在设计和技术特性上用于特殊工作，并装置有专用设备或器具的汽车，应认定为专用作业车，如汽车起重机、消防车、混凝土泵车、清障车、高空作业车、洒水车、扫路车等。以载运人员或货物为主要目的的专用汽车，如救护车，不属于专用作业车。

二、关于税务机关核定客货两用车的征税问题

客货两用车，又称多用途货车，是指在设计和结构上主要用于载运货物，但在驾驶员座椅后带有固定或折叠式座椅，可运载3人以上乘客的货车。客货两用车依照货车的计税单位和年基准税额计征车船税。

三、关于车船税应纳税额的计算

车船税法及其实施条例涉及的整备质量、净吨位、艇身长度等计税单位，有尾数的一律按照含尾数的计税单位据实计算车船税应纳税额。计算得出的应纳税额小数点后超过两位的可四舍五入保留两位小数。

乘用车以车辆登记管理部门核发的机动车登记证书或者行驶证书所载的排气量毫升数确定税额区间。

四、关于车船因质量问题发生退货时的退税

已经缴纳车船税的车船，因质量原因，车船被退回生产企业或者经销商的，纳税人可以向纳税所在地的主管税务机关申请退还自退货月份起至该纳

税年度终了期间的税款。退货月份以退货发票所载日期的当月为准。

五、关于扣缴义务人代收代缴后车辆登记地主管税务机关不再征收车船税

纳税人在购买"交强险"时，由扣缴义务人代收代缴车船税的，凭注明已收税款信息的"交强险"保险单，车辆登记地的主管税务机关不再征收该纳税年度的车船税。再次征收的，车辆登记地主管税务机关应予退还。

六、关于扣缴义务人代收代缴欠缴税款滞纳金的起算时间

车船税扣缴义务人代收代缴欠缴税款的滞纳金，从各省、自治区、直辖市人民政府规定的申报纳税期限截止日期的次日起计算。

七、关于境内外租赁船舶征收车船税的问题

境内单位和个人租入外国籍船舶的，不征收车船税。境内单位和个人将船舶出租到境外的，应依法征收车船税。

本公告自2013年9月1日起施行。《国家税务总局关于车船税征管若干问题的通知》（国税发〔2008〕48号）同时废止。

特此公告。

财政部 国家税务总局 工业和信息化部关于发布《享受车船税减免优惠的节约能源 使用新能源汽车车型目录（第三批）》的公告

2015年9月11日 财政部公告2015年第66号

为促进节约能源，鼓励使用新能源，根据《中华人民共和国车船税法》第四条、《中华人民共和国车船税法实施条例》第十条，以及《财政部

国家税务总局　工业和信息化部关于节约能源　使用新能源车船车船税优惠政策的通知》（财税〔2015〕51号）有关规定，现公告《享受车船税减免优惠的节约能源　使用新能源汽车车型目录（第三批）》（以下简称《目录》）。

自公告之日起，对列入《目录》的节约能源汽车，减半征收车船税；对列入《目录》的使用新能源汽车，免征车船税。公告之后取得的节约能源、使用新能源汽车，属于第一批、第二批《节约能源　使用新能源车辆减免车船税的车型目录》，但未列入《目录》的，不得享受相关优惠政策；公告之前取得的节约能源、使用新能源汽车，属于第一批、第二批《节约能源　使用新能源车辆减免车船税的车型目录》的，不论是否转让，可继续享受车船税减免优惠政策。

本公告自公布之日起执行。

附件：享受车船税减免优惠的节约能源　使用新能源汽车车型目录（第三批）（略）

国家税务总局关于发布《车船税管理规程（试行）》的公告

2015年11月26日　国家税务总局公告2015年第83号

> **注释：**《国家税务总局关于修改部分税收规范性文件的公告》（国家税务总局公告2018年第31号）对本文进行了修改。条款第二十三条第三项废止。参见：《国家税务总局关于城镇土地使用税等"六税一费"优惠事项资料留存备查的公告》（国家税务总局公告2019年第21号）。

为进一步规范车船税管理，促进税务机关同其他部门协作，提高车船税管理水平，国家税务总局制定了《车船税管理规程（试行）》，现予发布，自 2016 年 1 月 1 日起施行。

特此公告。

车船税管理规程（试行）

第一章　总则

第一条　为进一步规范车船税管理，提高车船税管理水平，促进税务机关同其他部门协作，根据《中华人民共和国车船税法》（以下简称车船税法）及其实施条例以及相关法律、法规，制定本规程。

第二条　车船税管理应当坚持依法治税原则，按照法定权限与程序，严格执行相关法律法规和税收政策，坚决维护税法的权威性和严肃性，切实保护纳税人合法权益。

税务机关应当根据车船税法和相关法律法规要求，提高税收征管质效，减轻纳税人办税负担，优化纳税服务，加强部门协作，实现信息管税。

第三条　本规程适用于车船税管理中所涉及的税源管理、税款征收、减免税和退税管理、风险管理等事项。税务登记、税收票证、税收计划、税收会计、税收统计、档案资料等其他有关管理事项按照相关规定执行。

第二章　税源管理

第四条　税务机关应当按照车船税统一申报表数据指标建立车船税税源数据库。

第五条　税务机关、保险机构和代征单位应当在受理纳税人申报或者代收代征车船税时，根据相关法律法规及委托代征协议要求，整理《车船税纳税申报表》、《车船税代收代缴报告表》的涉税信息，并及时共享。

税务机关应当将自行征收车船税信息和获取的车船税第三方信息充实到车船税税源数据库中。同时要定期进行税源数据库数据的更新、校验、清洗等工作，保障车船税税源数据库的完整性和准确性。

第六条 税务机关应当积极同相关部门建立联席会议、合作框架等制度，采集以下第三方信息：

（一）保险机构代收车船税车辆的涉税信息；

（二）公安交通管理部门车辆登记信息；

（三）海事部门船舶登记信息；

（四）公共交通管理部门车辆登记信息；

（五）渔业船舶登记管理部门船舶登记信息；

（六）其他相关部门车船涉税信息。

第三章　税款征收

第七条 纳税人向税务机关申报车船税，税务机关应当受理，并向纳税人开具含有车船信息的完税凭证。

第八条 税务机关按第七条征收车船税的，应当严格依据车船登记地确定征管范围。依法不需要办理登记的车船，应当依据车船的所有人或管理人所在地确定征管范围。车船登记地或车船所有人或管理人所在地以外的车船税，税务机关不应征收。

第九条 保险机构应当在收取机动车第三者责任强制保险费时依法代收车船税，并将注明已收税款信息的机动车第三者责任强制保险单及保费发票作为代收税款凭证。

第十条 保险机构应当按照本地区车船税代收代缴管理办法规定的期限和方式，及时向保险机构所在地的税务机关办理申报、结报手续，报送代收代缴税款报告表和投保机动车缴税的明细信息。

第十一条 对已经向主管税务机关申报缴纳车船税的纳税人，保险机构在销售机动车第三者责任强制保险时，不再代收车船税，但应当根据纳税人的完税凭证原件，将车辆的完税凭证号和出具该凭证的税务机关名称录入交强险业务系统。

对出具税务机关减免税证明的车辆，保险机构在销售机动车第三者责任强制保险时，不代收车船税，保险机构应当将减免税证明号和出具该证明的税务机关名称录入交强险业务系统。

纳税人对保险机构代收代缴税款数额有异议的，可以直接向税务机关申报缴纳，也可以在保险机构代收代缴税款后向税务机关提出申诉，税务机关应在接到纳税人申诉后按照本地区代收代缴管理办法规定的受理程序和期限进行处理。

第十二条 车船税联网征收系统已上线地区税务机关应当及时将征收信息、减免税信息、保险机构和代征单位汇总解缴信息等传递至车船税联网征收系统，与税源数据库历史信息进行比对核验，实现税源数据库数据的实时更新、校验、清洗，以确保车船税足额收缴。

第十三条 税务机关可以根据有利于税收管理和方便纳税的原则，委托交通运输部门的海事管理机构等单位在办理车船登记手续或受理车船年度检验信息报告时代征车船税，同时向纳税人出具代征税款凭证。

第十四条 代征单位应当根据委托代征协议约定的方式、期限及时将代征税款解缴入库，并向税务机关提供代征车船明细信息。

第十五条 代征单位对出具税务机关减免税证明或完税凭证的车船，不再代征车船税。代征单位应当记录上述凭证的凭证号和出具该凭证的税务机关名称，并将上述凭证的复印件存档备查。

代征单位依法履行委托代征税款职责时，纳税人不得拒绝。纳税人拒绝的，代征单位应当及时报告税务机关。

第四章 减免税退税管理

第十六条 税务机关应当依法减免车船税。保险机构、代征单位对已经办理减免税手续的车船不再代收代征车船税。

税务机关、保险机构、代征单位应当严格执行财政部、国家税务总局、工业和信息化部公布的节约能源、使用新能源车船减免税政策。对不属于车船税征税范围的纯电动乘用车和燃料电池乘用车，应当积极获取车辆的相关信息予以判断，对其征收了车船税的应当及时予以退税。

第十七条 税务机关应当将本地区车船税减免涉及的具体车船明细信息和相关减免税额存档备查。

第十八条 车船税退税管理应当按照税款缴库退库有关规定执行。

第十九条 已经缴纳车船税的车船，因质量原因，车船被退回生产企业或者经销商，纳税人可以向纳税所在地的主管税务机关申请退还自退货月份起至该纳税年度终了期间的税款，退货月份以退货发票所载日期的当月为准。

第二十条 已完税车辆被盗抢、报废、灭失而申请车船税退税的，由纳税人纳税所在地的主管税务机关按照有关规定办理。

第二十一条 纳税人在车辆登记地之外购买机动车第三者责任强制保险，由保险机构代收代缴车船税的，凭注明已收税款信息的机动车第三者责任强制保险单或保费发票，车辆登记地的主管税务机关不再征收该纳税年度的车船税，已经征收的应予退还。

第五章 风险管理

第二十二条 税务机关应当加强车船税风险管理，构建车船税风险管理指标体系，依托现代化信息技术，对车船税管理的风险点进行识别、监控、预警，做好风险应对处置工作。

税务机关应当根据国家税务总局关于财产行为税风险管理工作的要求开展车船税风险管理工作。

第二十三条 税务机关重点可以通过以下方式加强车船税风险管理：

（一）将申报已缴纳车船税车船的排量、整备质量、载客人数、吨位、艇身长度等信息与税源数据库中对应的信息进行比对，防范少征、错征税款风险；

（二）将保险机构、代征单位申报解缴税款与实际入库税款进行比对，防范少征、漏征风险；

（三）将备案减免税车船与实际减免税车船数量、涉及税款进行比对，防范减免税优惠政策落实不到位风险；

（四）将车船税联网征收系统车辆完税信息与本地区车辆完税信息进行比对，防范少征、漏征、重复征税风险等。

税务机关应当根据本地区车船税征管实际情况，设计适应本地区征管实际的车船税风险指标。

第六章 附则

第二十四条 各省、自治区、直辖市税务机关可根据本规程制定具体实施意见。

第二十五条 本规程自 2016 年 1 月 1 日起施行。

国家税务总局关于保险机构代收车船税开具增值税发票问题的公告

2016 年 8 月 7 日　国家税务总局公告 2016 年第 51 号

现对保险机构代收车船税开具增值税发票问题公告如下：

保险机构作为车船税扣缴义务人，在代收车船税并开具增值税发票时，应在增值税发票备注栏中注明代收车船税税款信息。具体包括：保险单号、税款所属期（详细至月）、代收车船税金额、滞纳金金额、金额合计等。该增值税发票可作为纳税人缴纳车船税及滞纳金的会计核算原始凭证。

本公告自 2016 年 5 月 1 日起施行。

特此公告。

财政部　税务总局　工业和信息化部交通运输部关于节能　新能源车船享受车船税优惠政策的通知

2018 年 7 月 10 日　财税〔2018〕74 号

注释： 附件 1 至附件 3 废止。附件 4 关于插电式混合动力（含增程式）乘用车有关技术要求调整。参见：《中华人民共和国工业和信息化部　财政部　税务总局关于调整享受车船税优惠的节能

> 新能源汽车产品技术要求的公告》（工业和信息化部公告2022年第2号）。

各省、自治区、直辖市、计划单列市财政厅（局）、工业和信息化主管部门、交通运输厅（局），国家税务总局各省、自治区、直辖市、计划单列市税务局，新疆生产建设兵团财政局、工业和信息化委员会：

  为促进节约能源，鼓励使用新能源，根据《中华人民共和国车船税法》及其实施条例有关规定，经国务院批准，现将节约能源、使用新能源（以下简称节能、新能源）车船的车船税优惠政策通知如下：

  一、对节能汽车，减半征收车船税。

  （一）减半征收车船税的节能乘用车应同时符合以下标准：

  1. 获得许可在中国境内销售的排量为1.6升以下（含1.6升）的燃用汽油、柴油的乘用车（含非插电式混合动力、双燃料和两用燃料乘用车）；

  2. 综合工况燃料消耗量应符合标准，具体要求见附件1。

  （二）减半征收车船税的节能商用车应同时符合以下标准：

  1. 获得许可在中国境内销售的燃用天然气、汽油、柴油的轻型和重型商用车（含非插电式混合动力、双燃料和两用燃料轻型和重型商用车）；

  2. 燃用汽油、柴油的轻型和重型商用车综合工况燃料消耗量应符合标准，具体标准见附件2、附件3。

  二、对新能源车船，免征车船税。

  （一）免征车船税的新能源汽车是指纯电动商用车、插电式（含增程式）混合动力汽车、燃料电池商用车。纯电动乘用车和燃料电池乘用车不属于车船税征税范围，对其不征车船税。

  （二）免征车船税的新能源汽车应同时符合以下标准：

  1. 获得许可在中国境内销售的纯电动商用车、插电式（含增程式）混合动力汽车、燃料电池商用车；

  2. 符合新能源汽车产品技术标准，具体标准见附件4；

  3. 通过新能源汽车专项检测，符合新能源汽车标准，具体标准见附件5；

  4. 新能源汽车生产企业或进口新能源汽车经销商在产品质量保证、产品一致性、售后服务、安全监测、动力电池回收利用等方面符合相关要求，具体要求见附件 6。

（三）免征车船税的新能源船舶应符合以下标准：

船舶的主推进动力装置为纯天然气发动机。发动机采用微量柴油引燃方式且引燃油热值占全部燃料总热值的比例不超过 5% 的，视同纯天然气发动机。

三、符合上述标准的节能、新能源汽车，由工业和信息化部、税务总局不定期联合发布《享受车船税减免优惠的节约能源　使用新能源汽车车型目录》（以下简称《目录》）予以公告。

四、汽车生产企业或进口汽车经销商（以下简称汽车企业）可通过工业和信息化部节能与新能源汽车财税优惠目录申报管理系统，自愿提交节能车型报告、新能源车型报告（报告样本见附件 7、附件 8），申请将其产品列入《目录》，并对申报资料的真实性负责。

工业和信息化部、税务总局委托工业和信息化部装备工业发展中心负责《目录》组织申报、宣传培训及具体技术审查、监督检查工作。工业和信息化部装备工业发展中心审查结果在工业和信息化部网站公示 5 个工作日，没有异议的，列入《目录》予以发布。对产品与申报材料不符、产品性能指标未达到标准或者汽车企业提供其他虚假信息，以及列入《目录》后 12 个月内无产量或进口量的车型，在工业和信息化部网站公示 5 个工作日，没有异议的，从《目录》中予以撤销。

五、船舶检验机构在核定检验船舶主推进动力装置时，对满足本通知新能源船舶标准的，在其船用产品证书上标注"纯天然气发动机"字段；在船舶建造检验时，对船舶主推进动力装置船用产品证书上标注有"纯天然气发动机"字段的，在其检验证书服务簿中标注"纯天然气动力船舶"字段。

对使用未标记"纯天然气发动机"字段主推进动力装置的船舶，船舶所有人或者管理人认为符合本通知新能源船舶标准的，在船舶年度检验时一并向船舶检验机构提出认定申请，同时提交支撑材料，并对提供信息的真实性负责。船舶检验机构通过审核材料和现场检验予以确认，符合本通知新能源船舶标准的，在船舶检验证书服务簿中标注"纯天然气动力船舶"字段。

纳税人凭标注"纯天然气动力船舶"字段的船舶检验证书享受车船税免税优惠。

六、财政部、税务总局、工业和信息化部、交通运输部根据汽车和船舶技术进步、产业发展等因素适时调整节能、新能源车船的认定标准。在开展享受车船税减免优惠的节能、新能源车船审查和认定等相关管理工作过程中，相关部门及其工作人员存在玩忽职守、滥用职权、徇私舞弊等违法行为的，按照《公务员法》《行政监察法》《财政违法行为处罚处分条例》等有关国家规定追究相应责任；涉嫌犯罪的，移送司法机关处理。

对提供虚假信息骗取列入《目录》资格的汽车企业，以及提供虚假资料的船舶所有人或者管理人，应依照相关法律法规予以处理。

七、本通知发布后，列入新公告的各批次《目录》（以下简称新《目录》）的节能、新能源汽车，自新《目录》公告之日起，按新《目录》和本通知相关规定享受车船税减免优惠政策。新《目录》公告后，第一批、第二批、第三批车船税优惠车型目录同时废止；新《目录》公告前已取得的列入第一批、第二批、第三批车船税优惠车型目录的节能、新能源汽车，不论是否转让，可继续享受车船税减免优惠政策。

八、本通知自发布之日起执行。《财政部　国家税务总局　工业和信息化部关于节约能源　使用新能源车船车船税优惠政策的通知》（财税〔2015〕51号）以及财政部办公厅、税务总局办公厅、工业和信息化部办公厅《关于加强〈享受车船税减免优惠的节约能源　使用新能源汽车车型目录〉管理工作的通知》（财办税〔2017〕63号）同时废止。

附件：1.节能乘用车综合工况燃料消耗量限值标准（略）
　　　2.节能轻型商用车综合工况燃料消耗量限值标准（略）
　　　3.节能重型商用车综合工况燃料消耗量限值标准（略）
　　　4.新能源汽车产品技术标准（略）
　　　5.新能源汽车产品专项检验标准目录（略）
　　　6.新能源汽车企业要求（略）
　　　7.节能车型报告（略）
　　　8.新能源车型报告（略）

中华人民共和国工业和信息化部 国家税务总局关于发布《享受车船税减免优惠的节约能源　使用新能源汽车车型目录（第四批）》的公告

2018年9月18日　工业和信息化部公告2018年第46号

根据《财政部　税务总局　工业和信息化部　交通运输部关于节能　新能源车船享受车船税优惠政策的通知》（财税〔2018〕74号）要求，工业和信息化部会同国家税务总局对企业提交的申请材料进行了审查。现将《享受车船税减免优惠的节约能源　使用新能源汽车车型目录》（第四批）予以公告。

附件：享受车船税减免优惠的节约能源　使用新能源汽车车型目录（第四批）（略）

中华人民共和国工业和信息化部 国家税务总局关于发布《享受车船税减免优惠的节约能源　使用新能源汽车车型目录（第五批）》的公告

2018年11月26日　工业和信息化部公告2018年第62号

根据《财政部　税务总局　工业和信息化部　交通运输部关于节能　新能源车船享受车船税优惠政策的通知》（财税〔2018〕74号）要求，工业和信息化部会同国家税务总局对企业提交的申请材料进行了审查。现将《享受车船税减免优惠的节约能源　使用新能源汽车车型目录》（第五批）予以公告。

附件：享受车船税减免优惠的节约能源　使用新能源汽车车型目录（第五批）（略）

中华人民共和国工业和信息化部国家税务总局关于发布《享受车船税减免优惠的节约能源　使用新能源汽车车型目录（第六批）》的公告

2018年12月25日　工业和信息化部公告2018年第70号

根据《财政部　税务总局　工业和信息化部　交通运输部关于节能　新能源车船享受车船税优惠政策的通知》（财税〔2018〕74号）要求，工业和信息化部会同国家税务总局对企业提交的申请材料进行了审查。现将《享受车船税减免优惠的节约能源　使用新能源汽车车型目录》（第六批）予以公告。

附件：享受车船税减免优惠的节约能源　使用新能源汽车车型目录（第六批）（略）

财政部　税务总局关于国家综合性消防救援车辆车船税政策的通知

2019年2月13日　财税〔2019〕18号

各省、自治区、直辖市、计划单列市财政厅（局），新疆生产建设兵团财政局，国家税务总局各省、自治区、直辖市、计划单列市税务局：

根据《国务院办公厅关于国家综合性消防救援车辆悬挂应急救援专用号牌有关事项的通知》（国办发〔2018〕114号）规定，国家综合性消防救援车辆由部队号牌改挂应急救援专用号牌的，一次性免征改挂当年车船税。

中华人民共和国工业和信息化部 国家税务总局关于发布《享受车船税减免优惠的节约能源　使用新能源汽车车型目录（第七批）》的公告

2019年3月6日　工业和信息化部公告2019年第9号

根据《财政部　税务总局　工业和信息化部　交通运输部关于节能　新能源车船享受车船税优惠政策的通知》（财税〔2018〕74号）要求，工业和信息化部会同国家税务总局对企业提交的申请材料进行了审查。现将《享受车船税减免优惠的节约能源　使用新能源汽车车型目录》（第七批）予以公告。

附件：享受车船税减免优惠的节约能源　使用新能源汽车车型目录（第七批）（略）

中华人民共和国工业和信息化部 国家税务总局关于发布《享受车船税减免优惠的节约能源　使用新能源汽车车型目录（第八批）》的公告

2019 年 5 月 17 日　工业和信息化部公告 2019 年第 18 号

根据《财政部　税务总局　工业和信息化部　交通运输部关于节能　新能源车船享受车船税优惠政策的通知》（财税〔2018〕74 号）要求，工业和信息化部会同国家税务总局对企业提交的申请材料进行了审查。现将《享受车船税减免优惠的节约能源　使用新能源汽车车型目录》（第八批）、汽车生产企业名称变更名单予以公告。

附件：1. 享受车船税减免优惠的节约能源　使用新能源汽车车型目录
　　　　（第八批）（略）
　　　2. 汽车生产企业名称变更名单（略）

中华人民共和国工业和信息化部 国家税务总局关于发布《享受车船税减免优惠的节约能源　使用新能源汽车车型目录（第九批）》的公告

2019 年 7 月 1 日　工业和信息化部公告 2019 年第 25 号

根据《财政部　税务总局　工业和信息化部　交通运输部关于节能　新

能源车船享受车船税优惠政策的通知》（财税〔2018〕74号）要求，工业和信息化部会同国家税务总局对企业提交的申请材料进行了审查。现将《享受车船税减免优惠的节约能源　使用新能源汽车车型目录》（第九批）予以公告。

附件：享受车船税减免优惠的节约能源　使用新能源汽车车型目录（第九批）（略）

中华人民共和国工业和信息化部国家税务总局关于享受车船税减免优惠的节约能源　使用新能源汽车车型目录（第十批）、汽车生产企业名称变更名单的公告

2019年8月28日　工业和信息化部公告2019年第31号

根据《财政部　税务总局　工业和信息化部　交通运输部关于节能　新能源车船享受车船税优惠政策的通知》（财税〔2018〕74号）要求，工业和信息化部会同国家税务总局对企业提交的申请材料进行了审查。现将《享受车船税减免优惠的节约能源　使用新能源汽车车型目录》（第十批）、汽车生产企业名称变更名单予以公告。

附件：1. 享受车船税减免优惠的节约能源　使用新能源汽车车型目录（第十批）（略）
　　　2. 汽车生产企业名称变更名单（略）

享受车船税减免优惠的节约能源 使用新能源汽车车型目录（第十一批）

2019 年 11 月 6 日　中华人民共和国工业和信息化部　国家税务总局公告 2019 年第 47 号

根据《财政部　税务总局　工业和信息化部　交通运输部关于节能　新能源车船享受车船税优惠政策的通知》（财税〔2018〕74 号）要求，工业和信息化部会同国家税务总局对企业提交的申请材料进行了审查。现将《享受车船税减免优惠的节约能源　使用新能源汽车车型目录》（第十一批）、汽车生产企业名称变更名单予以公告。

附件：1. 享受车船税减免优惠的节约能源　使用新能源汽车车型目录（第十一批）（略）
2. 汽车生产企业名称变更名单（略）

享受车船税减免优惠的节约能源 使用新能源汽车车型目录（第十二批）

2019 年 12 月 17 日　中华人民共和国工业和信息化部　国家税务总局公告 2019 年第 60 号

根据《财政部　税务总局　工业和信息化部　交通运输部关于节能　新

能源车船享受车船税优惠政策的通知》（财税〔2018〕74号）要求，工业和信息化部会同国家税务总局对企业提交的申请材料进行了审查。现将《享受车船税减免优惠的节约能源 使用新能源汽车车型目录》（第十二批）、汽车生产企业名称变更名单予以公告。

附件：1.享受车船税减免优惠的节约能源 使用新能源汽车车型目录（第十二批）（略）
2.汽车生产企业名称变更名单（略）

享受车船税减免优惠的节约能源
使用新能源汽车车型目录
（第十三批）

2020年1月17日 中华人民共和国工业和信息化部 国家税务总局公告2020年第3号

根据《财政部 税务总局 工业和信息化部 交通运输部关于节能 新能源车船享受车船税优惠政策的通知》（财税〔2018〕74号）要求，工业和信息化部会同国家税务总局对企业提交的申请材料进行了审查，确定了《享受车船税减免优惠的节约能源 使用新能源汽车车型目录》（第十三批）予以公告。

附件：享受车船税减免优惠的节约能源 使用新能源汽车车型目录（第十三批）（略）

工业和信息化部 国家税务总局关于发布《享受车船税减免优惠的节约能源 使用新能源汽车车型目录》（第十四批）的公告

2020年3月11日 工业和信息化部 国家税务总局公告2020年第10号

根据《财政部 税务总局 工业和信息化部 交通运输部关于节能 新能源车船享受车船税优惠政策的通知》（财税〔2018〕74号）要求，工业和信息化部会同国家税务总局对企业提交的申请材料进行了审查，确定了《享受车船税减免优惠的节约能源 使用新能源汽车车型目录》（第十四批），现予以公告。

附件：1. 享受车船税减免优惠的节约能源 使用新能源汽车车型目录（第十四批）（略）
      2. 汽车生产企业名称变更名单（略）

工业和信息化部 国家税务总局
关于发布《享受车船税减免优惠的
节约能源 使用新能源汽车车型目录》
(第十五批)的公告

2020年4月24日 工业和信息化部 国家税务总局公告2020年第18号

根据《财政部 税务总局 工业和信息化部 交通运输部关于节能 新能源车船享受车船税优惠政策的通知》(财税〔2018〕74号)要求,工业和信息化部会同国家税务总局对企业提交的申请材料进行了审查,确定了《享受车船税减免优惠的节约能源 使用新能源汽车车型目录》(第十五批),现予以公告。

附件:享受车船税减免优惠的节约能源 使用新能源汽车车型目录(第十五批)(略)

享受车船税减免优惠的节约能源
使用新能源汽车车型目录
(第十六批)

2020年6月5日 工业和信息化部 国家税务总局公告2020年第24号

根据《财政部 税务总局 工业和信息化部 交通运输部关于节能 新能源车船享受车船税优惠政策的通知》(财税〔2018〕74号)要求,工业和信息化部会同国家税务总局对企业提交的申请材料进行了审查,确定了《享受车船税减免优惠的节约能源 使用新能源汽车车型目录》(第十六批)和《汽车生产企业名称变更名单》,现予以公告。

  附件:1.享受车船税减免优惠的节约能源 使用新能源汽车车型目录
    (第十六批)(略)
    2.汽车生产企业名称变更名单(略)

《道路机动车辆生产企业及产品》(第334批)、《新能源汽车推广应用推荐车型目录》(2020年第8批)、《享受车船税减免优惠的节约能源 使用新能源汽车车型目录》(第十七批)、《免征车辆购置税的新能源汽车车型目录》(第三十三批)

2020年7月20日　中华人民共和国工业和信息化部公告2020年第33号

  根据《中华人民共和国行政许可法》、《国务院对确需保留的行政审批项目设定行政许可的决定》、《财政部 税务总局 工业和信息化部 交通运输部关于节能 新能源车船享受车船税优惠政策的通知》(财税〔2018〕74号)、《财政部 国家税务总局 工业和信息化部 科技部关于免征新能源汽车车辆购置税的公告》(2017年第172号)、《中华人民共和国工业和信息化部 财政部 国家税务总局公告》(2018年第17号)等有关规定,现将许可的《道路机动车辆生产企业及产品》(第334批)、《新能源汽车推广应用推荐车型目录》(2020年第8批)以及经商国家税务总局同意的《享受车船税减免优惠的节约能源 使用新能源汽车车型目录》(第十七批）、《免征车辆购置税的新能源汽车车型目录》（第三十三批）予以公告。

附件：1. 道路机动车辆生产企业及产品（第334批）（略）
2. 新能源汽车推广应用推荐车型目录（2020年第8批）（略）
3. 享受车船税减免优惠的节约能源　使用新能源汽车车型目录（第十七批）（略）
4. 免征车辆购置税的新能源汽车车型目录（第三十三批）（略）

《道路机动车辆生产企业及产品》（第335批）、《新能源汽车推广应用推荐车型目录》（2020年第9批）、《享受车船税减免优惠的节约能源　使用新能源汽车车型目录》（第十八批）、《免征车辆购置税的新能源汽车车型目录》（第三十四批）

2020年8月21日　中华人民共和国工业和信息化部公告2020年第36号

根据《中华人民共和国行政许可法》、《国务院对确需保留的行政审批项目设定行政许可的决定》、《财政部　税务总局　工业和信息化部　交通运输部关于节能　新能源车船享受车船税优惠政策的通知》（财税〔2018〕74号）、《财政部　国家税务总局　工业和信息化部　科技部关于免征新能源汽车车辆购置税的公告》（2017年第172号）、《中华人民共和国工业和信息化部　财政部　国家税务总局公告》（2018年第17号）等有关规定，现将许可的《道路机动车辆生产企业及产品》（第335批）、《新能源汽车推广应用推荐车型目录》（2020年第9批）以及经商国家税务总局同意的《享受车船税减免优惠的节约能源 使用新能源汽车车型目录》（第十八批）、《免征车辆购置税的新能源汽车车型目录》（第三十四批）予以公告。

附件：1. 道路机动车辆生产企业及产品（第335批）（略）
2. 新能源汽车推广应用推荐车型目录（2020年第9批）（略）
3. 享受车船税减免优惠的节约能源 使用新能源汽车车型目录（第十八批）（略）
4. 免征车辆购置税的新能源汽车车型目录（第三十四批）（略）

《道路机动车辆生产企业及产品》（第336批）、《新能源汽车推广应用推荐车型目录》（2020年第10批）、《享受车船税减免优惠的节约能源 使用新能源汽车车型目录》（第十九批）、《免征车辆购置税的新能源汽车车型目录》（第三十五批）

2020年9月21日 中华人民共和国工业和信息化部公告2020年第38号

根据《中华人民共和国行政许可法》、《国务院对确需保留的行政审批项目设定行政许可的决定》、《财政部 税务总局 工业和信息化部 交通运输部关于节能 新能源车船享受车船税优惠政策的通知》（财税〔2018〕74号）、《财政部 国家税务总局 工业和信息化部 科技部关于免征新能源汽车车辆购置税的公告》（2017年第172号）、《中华人民共和国工业和信息化部 财政部 国家税务总局公告》（2018年第17号）等有关规定，现将许可的《道路机动车辆生产企业及产品》（第336批）、《新能源汽车推广应用推荐车型目录》（2020年第10批）以及经商国家税务总局同意的《享受车船税减免优惠的节约能源 使用新能源汽车车型目录》（第十九批）、《免征车辆购置税的新能源汽车车型目录》（第三十五批）予以公告。

  附件：1. 道路机动车辆生产企业及产品（第 336 批）（略）
    2. 新能源汽车推广应用推荐车型目录（2020 年第 10 批）（略）
    3. 享受车船税减免优惠的节约能源 使用新能源汽车车型目录（第十九批）（略）
    4. 免征车辆购置税的新能源汽车车型目录（第三十五批）（略）

《道路机动车辆生产企业及产品》（第337批）、《新能源汽车推广应用推荐车型目录》（2020年第11批）、《享受车船税减免优惠的节约能源 使用新能源汽车车型目录》（第二十批）、《免征车辆购置税的新能源汽车车型目录》（第三十六批）

2020 年 10 月 30 日 中华人民共和国工业和信息化部公告 2020 年第 42 号

  根据《中华人民共和国行政许可法》、《国务院对确需保留的行政审批项目设定行政许可的决定》、《财政部 税务总局 工业和信息化部 交通运输部关于节能 新能源车船享受车船税优惠政策的通知》（财税〔2018〕74 号）、《财政部 税务总局 工业和信息化部 科技部关于免征新能源汽车车辆购置税的公告》（2017 年第 172 号）、《中华人民共和国工业和信息化部 财政部 国家税务总局公告》（2018 年第 17 号）等有关规定，现将许可的《道路机动车辆生产企业及产品》（第 337 批）、《新能源汽车推广应用推荐车型目录》（2020 年第 11 批）以及经商国家税务总局同意的《享受车船税减免优惠的节约能源 使用新能源汽车车型目录》（第二十批）、《免征车辆购置税的新能源汽车车型目录》（第三十六批）予以公告。

  附件：1. 道路机动车辆生产企业及产品（第337批）（略）
     2. 新能源汽车推广应用推荐车型目录（2020年第11批）（略）
     3. 享受车船税减免优惠的节约能源 使用新能源汽车车型目录
      （第二十批）（略）
     4. 免征车辆购置税的新能源汽车车型目录（第三十七批）（略）

《道路机动车辆生产企业及产品》（第338批）、《新能源汽车推广应用推荐车型目录》（2020年第12批）、《享受车船税减免优惠的节约能源 使用新能源汽车车型目录》（第二十一批）、《免征车辆购置税的新能源汽车车型目录》（第三十七批）

2020年11月27日　中华人民共和国工业和信息化部公告2020年第47号

  根据《中华人民共和国行政许可法》、《国务院对确需保留的行政审批项目设定行政许可的决定》、《财政部 税务总局 工业和信息化部 交通运输部关于节能 新能源车船享受车船税优惠政策的通知》（财税〔2018〕74号）、《财政部 税务总局 工业和信息化部 科技部关于免征新能源汽车车辆购置税的公告》（2017年第172号）、《中华人民共和国工业和信息化部 财政部 国家税务总局公告》（2018年第17号）等有关规定，现将许可的《道路机动车辆生产企业及产品》（第338批）、《新能源汽车推广应用推荐车型目录》（2020年第12批）以及经商国家税务总局同意的《享受车船税减免优惠的节约能源 使用新能源汽车车型目录》（第二十一批）、《免征车辆购置税的新能源汽车车型目录》（第三十七批）予以公告。

  附件：1. 道路机动车辆生产企业及产品（第 338 批）（略）
     2. 新能源汽车推广应用推荐车型目录（2020 年第 12 批）（略）
     3. 享受车船税减免优惠的节约能源 使用新能源汽车车型目录（第二十一批）（略）
     4. 免征车辆购置税的新能源汽车车型目录（第三十七批）（略）

《道路机动车辆生产企业及产品》（第 339 批）、《新能源汽车推广应用推荐车型目录》（2020 年第 13 批）、《享受车船税减免优惠的节约能源 使用新能源汽车车型目录》（第二十二批）、《免征车辆购置税的新能源汽车车型目录》（第三十八批）

2020 年 12 月 30 日 中华人民共和国工业和信息化部公告 2020 年第 54 号

  根据《中华人民共和国行政许可法》、《国务院对确需保留的行政审批项目设定行政许可的决定》、《财政部 税务总局 工业和信息化部 交通运输部关于节能 新能源车船享受车船税优惠政策的通知》（财税〔2018〕74 号）、《财政部 税务总局 工业和信息化部 科技部关于免征新能源汽车车辆购置税的公告》（2017 年第 172 号）、《中华人民共和国工业和信息化部 财政部 国家税务总局公告》（2018 年第 17 号）等有关规定，现将许可的《道路机动车辆生产企业及产品》（第 339 批）、《新能源汽车推广应用推荐车型目录》（2020 年第 13 批）以及经商国家税务总局同意的《享受车船税减免优惠的节约能源 使用新能源汽车车型目录》（第二十二批）、《免征车辆购置税的新能源汽车车型目录》（第三十八批）予以公告。

  附件：1. 道路机动车辆生产企业及产品（第339批）（略）
    2. 新能源汽车推广应用推荐车型目录（2020年第13批）（略）
    3. 享受车船税减免优惠的节约能源 使用新能源汽车车型目录（第二十二批）（略）
    4. 免征车辆购置税的新能源汽车车型目录（第三十八批）（略）

《道路机动车辆生产企业及产品》（第340批）、《新能源汽车推广应用推荐车型目录》（2021年第1批）、《享受车船税减免优惠的节约能源 使用新能源汽车车型目录》（第二十三批）、《免征车辆购置税的新能源汽车车型目录》（第三十九批）

2021年1月29日 中华人民共和国工业和信息化部公告2021年第4号

  根据《中华人民共和国行政许可法》、《国务院对确需保留的行政审批项目设定行政许可的决定》、《财政部 税务总局 工业和信息化部 交通运输部关于节能 新能源车船享受车船税优惠政策的通知》（财税〔2018〕74号）、《财政部 税务总局 工业和信息化部 科技部关于免征新能源汽车车辆购置税的公告》（2017年第172号）、《中华人民共和国工业和信息化部 财政部 国家税务总局公告》（2018年第17号）、《财政部 税务总局 工业和信息化部关于新能源汽车免征车辆购置税有关政策的公告》（财政部公告2020年第21号）等有关规定，现将许可的《道路机动车辆生产企业及产品》（第 340 批）、《新能源汽车推广应用推荐车型目录》（2021年第 1 批）以及经商国家税务总局同意的《享受车船税减免优惠的节约能源　使用新能源汽车车型目录》（第二十三批）、《免征车辆购置税的新能源汽车车型目录》（第三十九批）予以公告。

附件：1. 道路机动车辆生产企业及产品（第 340 批）（略）
2. 新能源汽车推广应用推荐车型目录（2021 年第 1 批）（略）
3. 享受车船税减免优惠的节约能源　使用新能源汽车车型目录（第二十三批）（略）
4. 免征车辆购置税的新能源汽车车型目录（第三十九批）（略）

《道路机动车辆生产企业及产品》（第 341 批）、《新能源汽车推广应用推荐车型目录》（2021 年第 2 批）、《享受车船税减免优惠的节约能源　使用新能源汽车车型目录》（第二十四批）、《免征车辆购置税的新能源汽车车型目录》（第四十批）

2021 年 3 月 8 日　中华人民共和国工业和信息化部公告 2021 年第 7 号

根据《中华人民共和国行政许可法》、《国务院对确需保留的行政审批项目设定行政许可的决定》、《财政部　税务总局　工业和信息化部　交通运输部关于节能　新能源车船享受车船税优惠政策的通知》（财税〔2018〕74 号）、《财政部　税务总局　工业和信息化部　科技部关于免征新能源汽车车辆购置税的公告》（2017 年第 172 号）、《中华人民共和国工业和信息化部　财政部　国家税务总局公告》（2018 年第 17 号）、《财政部　税

务总局　工业和信息化部关于新能源汽车免征车辆购置税有关政策的公告》（财政部公告 2020 年第 21 号）等有关规定，现将许可的《道路机动车辆生产企业及产品》（第 341 批）、《新能源汽车推广应用推荐车型目录》（2021年第 2 批）以及经商国家税务总局同意的《享受车船税减免优惠的节约能源　使用新能源汽车车型目录》（第二十四批）、《免征车辆购置税的新能源汽车车型目录》（第四十批）予以公告。

附件：1. 道路机动车辆生产企业及产品（第 341 批）（略）
　　　2. 新能源汽车推广应用推荐车型目录（2021 年第 2 批）（略）
　　　3. 享受车船税减免优惠的节约能源　使用新能源汽车车型目录
　　　　（第二十四批）（略）
　　　4. 免征车辆购置税的新能源汽车车型目录（第四十批）（略）

《道路机动车辆生产企业及产品》（第 342 批）、《新能源汽车推广应用推荐车型目录》（2021 年第 3 批）、《享受车船税减免优惠的节约能源　使用新能源汽车车型目录》（第二十五批）、《免征车辆购置税的新能源汽车车型目录》（第四十一批）

2021 年 3 月 31 日　中华人民共和国工业和信息化部公告 2021 年第 8 号

根据《中华人民共和国行政许可法》、《国务院对确需保留的行政审批项目设定行政许可的决定》、《财政部　税务总局　工业和信息化部　交通运输部关于节能　新能源车船享受车船税优惠政策的通知》（财税〔2018〕74 号）、《财政部　税务总局　工业和信息化部　科技部关于免征新能源汽车车辆购置税的公告》（2017年第172号）、《中华人民共和国工业和信息化部　财政部　国家税务总局公告》（2018年第17号）、《财政部　税务总局　工业和信息化部关于新能源汽车免征车辆购置税有关政策的公告》（2020年第21号）等有关规定，现将许可的《道路机动车辆生产企业及产品》（第342批）、《新能源汽车推广应用推荐车型目录》（2021年第3批）以及经商国家税务总局同意的《享受车船税减免优惠的节约能源　使用新能源汽车车型目录》（第二十五批）、《免征车辆购置税的新能源汽车车型目录》（第四十一批）予以公告。

  附件：1.道路机动车辆生产企业及产品（第342批）（略）
    2.新能源汽车推广应用推荐车型目录（2021年第3批）（略）
    3.享受车船税减免优惠的节约能源　使用新能源汽车车型目录（第二十五批）（略）
    4.免征车辆购置税的新能源汽车车型目录（第四十一批）（略）

《道路机动车辆生产企业及产品》（第343批）、《新能源汽车推广应用推荐车型目录》（2021年第4批）、《享受车船税减免优惠的节约能源　使用新能源汽车车型目录》（第二十六批）、《免征车辆购置税的新能源汽车车型目录》（第四十二批）

2021年4月30日　中华人民共和国工业和信息化部公告2021年第11号

  根据《中华人民共和国行政许可法》、《国务院对确需保留的行政审批项目设定行政许可的决定》、《财政部　税务总局　工业和信息化部　交通

运输部关于节能　新能源车船享受车船税优惠政策的通知》（财税〔2018〕74号）、《财政部　税务总局　工业和信息化部　科技部关于免征新能源汽车车辆购置税的公告》（2017年第172号）、《中华人民共和国工业和信息化部　财政部　国家税务总局公告》（2018年第17号）、《财政部　税务总局　工业和信息化部关于新能源汽车免征车辆购置税有关政策的公告》（2020年第21号）等有关规定，现将许可的《道路机动车辆生产企业及产品》（第343批）、《新能源汽车推广应用推荐车型目录》（2021年第4批）以及经商国家税务总局同意的《享受车船税减免优惠的节约能源　使用新能源汽车车型目录》（第二十六批）、《免征车辆购置税的新能源汽车车型目录》（第四十二批）予以公告。

附件：1.道路机动车辆生产企业及产品（第343批）（略）
2.新能源汽车推广应用推荐车型目录（2021年第4批）（略）
3.享受车船税减免优惠的节约能源　使用新能源汽车车型目录（第二十六批）（略）
4.免征车辆购置税的新能源汽车车型目录（第四十二批）（略）

《道路机动车辆生产企业及产品》（第344批）、《新能源汽车推广应用推荐车型目录》（2021年第5批）、《享受车船税减免优惠的节约能源　使用新能源汽车车型目录》（第二十七批）、《免征车辆购置税的新能源汽车车型目录》（第四十三批）

2021年6月11日　中华人民共和国工业和信息化部公告2021年第16号

根据《中华人民共和国行政许可法》、《国务院对确需保留的行政审批项目设定行政许可的决定》、《财政部 税务总局 工业和信息化部 交通运输部关于节能 新能源车船享受车船税优惠政策的通知》（财税〔2018〕74号）、《财政部 税务总局 工业和信息化部 科技部关于免征新能源汽车车辆购置税的公告》（2017年第172号）、《中华人民共和国工业和信息化部 财政部 国家税务总局公告》（2018年第17号）、《财政部 税务总局 工业和信息化部关于新能源汽车免征车辆购置税有关政策的公告》（2020年第21号）等有关规定，现将许可的《道路机动车辆生产企业及产品》（第344批）、《新能源汽车推广应用推荐车型目录》（2021年第5批）以及经商国家税务总局同意的《享受车船税减免优惠的节约能源 使用新能源汽车车型目录》（第二十七批）、《免征车辆购置税的新能源汽车车型目录》（第四十三批）和《撤销〈享受车船税减免优惠的节约能源 使用新能源汽车车型目录〉的车型名单》、《撤销〈免征车辆购置税的新能源汽车车型目录〉的车型名单》予以公告。

附件：1. 道路机动车辆生产企业及产品（第344批）（略）

2. 新能源汽车推广应用推荐车型目录（2021年第5批）（略）

3. 享受车船税减免优惠的节约能源 使用新能源汽车车型目录（第二十七批）（略）

4. 免征车辆购置税的新能源汽车车型目录（第四十三批）（略）

5. 撤销《享受车船税减免优惠的节约能源 使用新能源汽车车型目录》的车型名单（略）

6. 撤销《免征车辆购置税的新能源汽车车型目录》的车型名单（略）

《道路机动车辆生产企业及产品》（第345批）、《新能源汽车推广应用推荐车型目录》（2021年第6批）、《享受车船税减免优惠的节约能源　使用新能源汽车车型目录》（第二十八批）、《免征车辆购置税的新能源汽车车型目录》（第四十四批）

2021年7月12日　中华人民共和国工业和信息化部公告2021年第18号

根据《中华人民共和国行政许可法》、《国务院对确需保留的行政审批项目设定行政许可的决定》、《财政部　税务总局　工业和信息化部　交通运输部关于节能　新能源车船享受车船税优惠政策的通知》（财税〔2018〕74号）、《财政部　税务总局　工业和信息化部　科技部关于免征新能源汽车车辆购置税的公告》（2017年第172号）、《中华人民共和国工业和信息化部　财政部　国家税务总局公告》（2018年第17号）、《财政部　税务总局　工业和信息化部关于新能源汽车免征车辆购置税有关政策的公告》（2020年第21号）、《工业和信息化部　财政部　税务总局关于调整免征车辆购置税新能源汽车产品技术要求的公告》（2021年第13号）等有关规定，现将许可的《道路机动车辆生产企业及产品》（第345批）、《新能源汽车推广应用推荐车型目录》（2021年第6批）以及经商国家税务总局同意的《享受车船税减免优惠的节约能源　使用新能源汽车车型目录》（第二十八批）、《免征车辆购置税的新能源汽车车型目录》（第四十四批）予以公告。

附件：1.道路机动车辆生产企业及产品（第345批）（略）
　　　2.新能源汽车推广应用推荐车型目录（2021年第6批）（略）

3. 享受车船税减免优惠的节约能源　使用新能源汽车车型目录（第二十八批）（略）

4. 免征车辆购置税的新能源汽车车型目录（第四十四批）（略）

《道路机动车辆生产企业及产品》（第346批）、《新能源汽车推广应用推荐车型目录》（2021年第7批）、《享受车船税减免优惠的节约能源　使用新能源汽车车型目录》（第二十九批）、《免征车辆购置税的新能源汽车车型目录》（第四十五批）

2021年8月10日　中华人民共和国工业和信息化部公告2021年第20号

根据《中华人民共和国行政许可法》、《国务院对确需保留的行政审批项目设定行政许可的决定》、《财政部　税务总局　工业和信息化部　交通运输部关于节能　新能源车船享受车船税优惠政策的通知》（财税〔2018〕74号）、《财政部　税务总局　工业和信息化部　科技部关于免征新能源汽车车辆购置税的公告》（2017年第172号）、《中华人民共和国工业和信息化部　财政部　国家税务总局公告》（2018年第17号）、《财政部　税务总局　工业和信息化部关于新能源汽车免征车辆购置税有关政策的公告》（2020年第21号）、《工业和信息化部　财政部　税务总局关于调整免征车辆购置税新能源汽车产品技术要求的公告》（2021年第13号）等有关规定，现将许可的《道路机动车辆生产企业及产品》（第346批）、《新能源汽车推广应用推荐车型目录》（2021年第7批）以及经商国家税务总局同意的《享受车船税减免优惠的节约能源　使用新能源汽车车型目录》（第二十九批）、《免征车辆购置税的新能源汽车车型目录》（第四十五批）予以公告。

附件：1. 道路机动车辆生产企业及产品（第 346 批）（略）
2. 新能源汽车推广应用推荐车型目录（2021 年第 7 批）（略）
3. 享受车船税减免优惠的节约能源　使用新能源汽车车型目录（第二十九批）（略）
4. 免征车辆购置税的新能源汽车车型目录（第四十五批）（略）

《道路机动车辆生产企业及产品》（第 347 批）、《新能源汽车推广应用推荐车型目录》（2021 年第 8 批）、《享受车船税减免优惠的节约能源　使用新能源汽车车型目录》（第三十批）、《免征车辆购置税的新能源汽车车型目录》（第四十六批）

2021 年 9 月 9 日　中华人民共和国工业和信息化部公告 2021 年第 23 号

根据《中华人民共和国行政许可法》、《国务院对确需保留的行政审批项目设定行政许可的决定》、《财政部　税务总局　工业和信息化部　交通运输部关于节能　新能源车船享受车船税优惠政策的通知》（财税〔2018〕74 号）、《财政部　税务总局　工业和信息化部　科技部关于免征新能源汽车车辆购置税的公告》（2017 年第 172 号）、《中华人民共和国工业和信息化部　财政部　国家税务总局公告》（2018 年第 17 号）、《财政部　税务总局　工业和信息化部关于新能源汽车免征车辆购置税有关政策的公告》（2020 年第 21 号）、《工业和信息化部　财政部　税务总局关于调整免征车辆购置税新能源汽车产品技术要求的公告》（2021 年第 13 号）等有关规定，现将许可的《道路机动车辆生产企业及产品》（第 347 批）、《新能源汽车推广应用推荐车型目录》（2021年第8批）以及经商国家税务总局同意的《享受车船税减免优惠的节约能源　使用新能源汽车车型目录》（第三十批）、《免征车辆购置税的新能源汽车车型目录》（第四十六批）予以公告。

附件：1.道路机动车辆生产企业及产品（第347批）（略）
　　　2.新能源汽车推广应用推荐车型目录（2021年第8批）（略）
　　　3.享受车船税减免优惠的节约能源　使用新能源汽车车型目录（第三十批）（略）
　　　4.免征车辆购置税的新能源汽车车型目录（第四十六批）（略）

《道路机动车辆生产企业及产品》（第348批）、《新能源汽车推广应用推荐车型目录》（2021年第9批）、《享受车船税减免优惠的节约能源　使用新能源汽车车型目录》（第三十一批）、《免征车辆购置税的新能源汽车车型目录》（第四十七批）

2021年9月30日　中华人民共和国工业和信息化部公告2021年第26号

根据《中华人民共和国行政许可法》、《国务院对确需保留的行政审批项目设定行政许可的决定》、《财政部　税务总局　工业和信息化部　交通运输部关于节能　新能源车船享受车船税优惠政策的通知》（财税〔2018〕74号）、《财政部　税务总局　工业和信息化部　科技部关于免征新能源汽车车辆购置税的公告》（2017年第172号）、《中华人民共和国工业和信息化部　财政部　国家税务总局公告》（2018年第17号）、《财政部　税务总局　工业和信息化部关于新能源汽车免征车辆购置税有关政策的公告

（2020年第21号）、《工业和信息化部　财政部　税务总局关于调整免征车辆购置税新能源汽车产品技术要求的公告》（2021年第13号）等有关规定，现将许可的《道路机动车辆生产企业及产品》（第348批）、《新能源汽车推广应用推荐车型目录》（2021年第9批）以及经商国家税务总局同意的《享受车船税减免优惠的节约能源　使用新能源汽车车型目录》（第三十一批）、《免征车辆购置税的新能源汽车车型目录》（第四十七批）予以公告。

附件：1. 道路机动车辆生产企业及产品（第348批）（略）
2. 新能源汽车推广应用推荐车型目录（2021年第9批）（略）
3. 享受车船税减免优惠的节约能源　使用新能源汽车车型目录（第三十一批）（略）
4. 免征车辆购置税的新能源汽车车型目录（第四十七批）（略）

《道路机动车辆生产企业及产品》（第349批）、《新能源汽车推广应用推荐车型目录》（2021年第10批）、《享受车船税减免优惠的节约能源　使用新能源汽车车型目录》（第三十二批）、《免征车辆购置税的新能源汽车车型目录》（第四十八批）

2021年11月5日　中华人民共和国工业和信息化部公告2021年第31号

根据《中华人民共和国行政许可法》、《国务院对确需保留的行政审批项目设定行政许可的决定》、《财政部　税务总局　工业和信息化部　交通运输部关于节能　新能源车船享受车船税优惠政策的通知》（财税〔2018〕74号）、《财政部　税务总局　工业和信息化部　科技部关于免征新能源汽车车辆购置税的公告》（2017年第172号）、《中华人民共和国工业和信息化部　财政部　国家税务总局公告》（2018年第17号）、《财政部　税务总局　工业和信息化部关于新能源汽车免征车辆购置税有关政策的公告》（2020年第21号）、《工业和信息化部　财政部　税务总局关于调整免征车辆购置税新能源汽车产品技术要求的公告》（2021年第13号）等有关规定，现将许可的《道路机动车辆生产企业及产品》（第349批）、《新能源汽车推广应用推荐车型目录》（2021年第10批）以及经商国家税务总局同意的《享受车船税减免优惠的节约能源　使用新能源汽车车型目录》（第三十二批）、《免征车辆购置税的新能源汽车车型目录》（第四十八批）予以公告。

　　附件：1. 道路机动车辆生产企业及产品（第349批）（略）
　　　　　2. 新能源汽车推广应用推荐车型目录（2021年第10批）（略）
　　　　　3. 享受车船税减免优惠的节约能源　使用新能源汽车车型目录（第三十二批）（略）
　　　　　4. 免征车辆购置税的新能源汽车车型目录（第四十八批）（略）

《道路机动车辆生产企业及产品》（第350批）、《新能源汽车推广应用推荐车型目录》（2021年第11批）、《享受车船税减免优惠的节约能源　使用新能源汽车车型目录》（第三十三批）、《免征车辆购置税的新能源汽车车型目录》（第四十九批）

2021年12月7日　中华人民共和国工业和信息化部公告2021年第36号

　　根据《中华人民共和国行政许可法》、《国务院对确需保留的行政审批项目设定行政许可的决定》、《财政部　税务总局　工业和信息化部　交通

运输部关于节能 新能源车船享受车船税优惠政策的通知》（财税〔2018〕74号）、《财政部 税务总局 工业和信息化部 科技部关于免征新能源汽车车辆购置税的公告》（2017年第172号）、《中华人民共和国工业和信息化部 财政部 国家税务总局公告》（2018年第17号）、《财政部 税务总局 工业和信息化部关于新能源汽车免征车辆购置税有关政策的公告》（2020年第21号）、《工业和信息化部 财政部 税务总局关于调整免征车辆购置税新能源汽车产品技术要求的公告》（2021年第13号）等有关规定，现将许可的《道路机动车辆生产企业及产品》（第350批）、《新能源汽车推广应用推荐车型目录》（2021年第11批）以及经商国家税务总局同意的《享受车船税减免优惠的节约能源 使用新能源汽车车型目录》（第三十三批）、《免征车辆购置税的新能源汽车车型目录》（第四十九批）予以公告。

附件：1. 道路机动车辆生产企业及产品（第350批）（略）
 　　　2. 新能源汽车推广应用推荐车型目录（2021年第11批）（略）
 　　　3. 享受车船税减免优惠的节约能源 使用新能源汽车车型目录
 　　　　（第三十三批）（略）
 　　　4. 免征车辆购置税的新能源汽车车型目录（第四十九批）（略）

《道路机动车辆生产企业及产品》（第351批）、《新能源汽车推广应用推荐车型目录》（2021年第12批）、《享受车船税减免优惠的节约能源　使用新能源汽车车型目录》（第三十四批）、《免征车辆购置税的新能源汽车车型目录》（第五十批）

2021年12月29日　中华人民共和国工业和信息化部公告2021年第41号

根据《中华人民共和国行政许可法》、《国务院对确需保留的行政审批项目设定行政许可的决定》、《财政部　税务总局　工业和信息化部　交通运输部关于节能　新能源车船享受车船税优惠政策的通知》（财税〔2018〕74号）、《财政部　税务总局　工业和信息化部　科技部关于免征新能源汽车车辆购置税的公告》（2017年第172号）、《中华人民共和国工业和信息化部　财政部　国家税务总局公告》（2018年第17号）、《财政部　税务总局　工业和信息化部关于新能源汽车免征车辆购置税有关政策的公告》（2020年第21号）、《工业和信息化部　财政部　税务总局关于调整免征车辆购置税新能源汽车产品技术要求的公告》（2021年第13号）等有关规定，现将许可的《道路机动车辆生产企业及产品》（第351批）、《新能源汽车推广应用推荐车型目录》（2021年第12批）以及经商国家税务总局同意的《享受车船税减免优惠的节约能源　使用新能源汽车车型目录》（第三十四批）、《免征车辆购置税的新能源汽车车型目录》（第五十批）予以公告。

附件：1.道路机动车辆生产企业及产品（第351批）（略）
　　　2.新能源汽车推广应用推荐车型目录（2021年第12批）（略）

3. 享受车船税减免优惠的节约能源　使用新能源汽车车型目录（第三十四批）（略）
4. 免征车辆购置税的新能源汽车车型目录（第五十批）（略）

中华人民共和国工业和信息化部　财政部　税务总局关于调整享受车船税优惠的节能新能源汽车产品技术要求的公告

2022年1月20日　工业和信息化部公告2022年第2号

为适应节能与新能源汽车产业发展和技术进步需要，结合《插电式混合动力电动乘用车技术条件》（GB/T 32694—2021）等标准发布实施，现就《财政部　税务总局　工业和信息化部　交通运输部关于节能　新能源车船享受车船税优惠政策的通知》（财税〔2018〕74号）中享受车船税优惠的节能、新能源汽车产品技术要求有关事项公告如下：

一、对财税〔2018〕74号文中节能乘用车、轻型商用车、重型商用车综合工况燃料消耗量限值标准进行更新，具体要求见本公告附件。

二、对财税〔2018〕74号文中插电式混合动力（含增程式）乘用车有关技术要求调整如下：

（一）插电式混合动力（含增程式）乘用车纯电动续驶里程应满足有条件的等效全电里程不低于43公里。

（二）插电式混合动力（含增程式）乘用车电量保持模式试验的燃料消耗量（不含电能转化的燃料消耗量）与《乘用车燃料消耗量限值》（GB 19578—2021）中车型对应的燃料消耗量限值相比应当小于70%；电量消耗模式试验的电能消耗量应小于电能消耗量目标值的135%。按整备质量（m，kg）不同，百公里电能消耗量目标值（Y）应满足以下要求：$m \leqslant 1000$时，

$Y=0.0112\times m+0.4$；$1000 < m \leq 1600$ 时，$Y=0.0078\times m+3.8$；$m>1600$ 时，$Y=0.0048\times m+8.60$。

三、享受车船税优惠节能、新能源汽车产品的其他技术要求继续按照财税〔2018〕74号文有关规定执行。

四、本公告发布后，新申请享受车船税优惠政策的节能、新能源汽车车型，其技术要求按本公告规定执行，符合条件的列入新的《享受车船税减免优惠的节约能源 使用新能源汽车车型目录》（以下简称新《目录》）。新《目录》公告发布后，已发布的第四批至第三十四批车船税优惠车型目录同时废止，原目录中符合本公告技术要求的车型将自动转入新《目录》公告；新《目录》公告发布前，已取得的列入第四批至第三十四批车船税优惠车型目录的节能、新能源汽车，不论是否转让，可继续享受车船税减免优惠政策。

附件：1. 节能乘用车综合工况燃料消耗量限值标准（略）
2. 节能轻型商用车综合工况燃料消耗量限值标准（略）
3. 节能重型商用车综合工况燃料消耗量限值标准（略）

《道路机动车辆生产企业及产品》（第352批）、《新能源汽车推广应用推荐车型目录》（2022年第1批）、《享受车船税减免优惠的节约能源 使用新能源汽车车型目录》（第三十五批）、《免征车辆购置税的新能源汽车车型目录》（第五十一批）

2022年1月29日　中华人民共和国工业和信息化部公告2022年第4号

根据《中华人民共和国行政许可法》、《国务院对确需保留的行政审批项目设定行政许可的决定》、《财政部　税务总局　工业和信息化部　交通运输部关于节能　新能源车船享受车船税优惠政策的通知》(财税〔2018〕74号)、《工业和信息化部　财政部　税务总局关于调整享受车船税优惠的节能　新能源汽车产品技术要求的公告》(2022年第2号)、《财政部　税务总局　工业和信息化部　科技部关于免征新能源汽车车辆购置税的公告》(2017年第172号)、《中华人民共和国工业和信息化部　财政部　国家税务总局公告》(2018年第17号)、《财政部　税务总局　工业和信息化部关于新能源汽车免征车辆购置税有关政策的公告》(2020年第21号)、《工业和信息化部　财政部　税务总局关于调整免征车辆购置税新能源汽车产品技术要求的公告》(2021年第13号)等有关规定,现将许可的《道路机动车辆生产企业及产品》(第352批)、《新能源汽车推广应用推荐车型目录》(2022年第1批)以及经商国家税务总局同意的《享受车船税减免优惠的节约能源　使用新能源汽车车型目录》(第三十五批)、《免征车辆购置税的新能源汽车车型目录》(第五十一批)予以公告。

附件：1. 道路机动车辆生产企业及产品(第352批)(略)
　　　2. 新能源汽车推广应用推荐车型目录(2022年第1批)(略)
　　　3. 享受车船税减免优惠的节约能源　使用新能源汽车车型目录
　　　　(第三十五批)(略)
　　　4. 免征车辆购置税的新能源汽车车型目录(第五十一批)(略)

《道路机动车辆生产企业及产品》（第353批）、《新能源汽车推广应用推荐车型目录》（2022年第2批）、《享受车船税减免优惠的节约能源 使用新能源汽车车型目录》（第三十六批）、《免征车辆购置税的新能源汽车车型目录》（第五十二批）

2022年3月8日　中华人民共和国工业和信息化部公告2022年第6号

根据《中华人民共和国行政许可法》、《国务院对确需保留的行政审批项目设定行政许可的决定》、《财政部　税务总局　工业和信息化部　交通运输部关于节能　新能源车船享受车船税优惠政策的通知》（财税〔2018〕74号）、《工业和信息化部　财政部　税务总局关于调整享受车船税优惠的节能　新能源汽车产品技术要求的公告》（2022年第2号）、《财政部　税务总局　工业和信息化部　科技部关于免征新能源汽车车辆购置税的公告》（2017年第172号）、《中华人民共和国工业和信息化部　财政部　国家税务总局公告》（2018年第17号）、《财政部　税务总局　工业和信息化部关于新能源汽车免征车辆购置税有关政策的公告》（2020年第21号）、《工业和信息化部　财政部　税务总局关于调整免征车辆购置税新能源汽车产品技术要求的公告》（2021年第13号）等有关规定，现将许可的《道路机动车辆生产企业及产品》（第353批）、《新能源汽车推广应用推荐车型目录》（2022年第2批）以及经商国家税务总局同意的《享受车船税减免优惠的节约能源　使用新能源汽车车型目录》（第三十六批）、《免征车辆购置税的新能源汽车车型目录》（第五十二批）予以公告。

附件：1. 道路机动车辆生产企业及产品（第 353 批）（略）
2. 新能源汽车推广应用推荐车型目录（2022 年第 2 批）（略）
3. 享受车船税减免优惠的节约能源　使用新能源汽车车型目录（第三十六批）（略）
4. 免征车辆购置税的新能源汽车车型目录（第五十二批）（略）

《道路机动车辆生产企业及产品》（第 354 批）、《新能源汽车推广应用推荐车型目录》（2022 年第 3 批）、《享受车船税减免优惠的节约能源　使用新能源汽车车型目录》（第三十七批）、《免征车辆购置税的新能源汽车车型目录》（第五十三批）

2022 年 4 月 7 日　中华人民共和国工业和信息化部公告 2022 年第 9 号

根据《中华人民共和国行政许可法》《国务院对确需保留的行政审批项目设定行政许可的决定》《财政部　税务总局　工业和信息化部　交通运输部关于节能　新能源车船享受车船税优惠政策的通知》（财税〔2018〕74 号）、《工业和信息化部　财政部　税务总局关于调整享受车船税优惠的节能　新能源汽车产品技术要求的公告》（2022 年第 2 号）、《财政部　税务总局　工业和信息化部　科技部关于免征新能源汽车车辆购置税的公告》（2017 年第 172 号）、《中华人民共和国工业和信息化部　财政部　国家税务总局公告》（2018 年第 17 号）、《财政部　税务总局　工业和信息化部关于新能源汽车免征车辆购置税有关政策的公告》（2020 年第 21 号）、《工业和信息化部　财政部　税务总局关于调整免征车辆购置税新能源汽车产品技术要求的公告》（2021 年第 13 号）等有关规定，现将许可的《道路机动车辆生产企业及产品》（第 354 批）、《新能源汽车推广应用推荐车型目录》（2022 年第 3 批）以及经商国家税务总局同意的《享受车船税减免优惠的节约能源　使用新能源汽车车型目录》（第三十七批）、《免征车辆购置税的新能源汽车车型目录》（第五十三批）予以公告。

　　附件：1. 道路机动车辆生产企业及产品（第 354 批）（略）
　　　　　2. 新能源汽车推广应用推荐车型目录（2022 年第 3 批）（略）
　　　　　3. 享受车船税减免优惠的节约能源　使用新能源汽车车型目录（第三十七批）（略）
　　　　　4. 免征车辆购置税的新能源汽车车型目录（第五十三批）（略）

烟叶税

中华人民共和国烟叶税法

2017年12月27日　中华人民共和国主席令第八十四号

（2017年12月27日第十二届全国人民代表大会常务委员会第三十一次会议通过。）

第一条　在中华人民共和国境内，依照《中华人民共和国烟草专卖法》的规定收购烟叶的单位为烟叶税的纳税人。纳税人应当依照本法规定缴纳烟叶税。

第二条　本法所称烟叶，是指烤烟叶、晾晒烟叶。

第三条　烟叶税的计税依据为纳税人收购烟叶实际支付的价款总额。

第四条　烟叶税的税率为百分之二十。

第五条　烟叶税的应纳税额按照纳税人收购烟叶实际支付的价款总额乘以税率计算。

第六条　烟叶税由税务机关依照本法和《中华人民共和国税收征收管理法》的有关规定征收管理。

第七条　纳税人应当向烟叶收购地的主管税务机关申报缴纳烟叶税。

第八条　烟叶税的纳税义务发生时间为纳税人收购烟叶的当日。

第九条　烟叶税按月计征，纳税人应当于纳税义务发生月终了之日起十五日内申报并缴纳税款。

第十条　本法自2018年7月1日起施行。2006年4月28日国务院公布的《中华人民共和国烟叶税暂行条例》同时废止。

财政部 税务总局
关于明确烟叶税计税依据的通知

2018年6月29日　财税〔2018〕75号

各省、自治区、直辖市、计划单列市财政厅（局），国家税务总局各省、自治区、直辖市、计划单列市税务局，新疆生产建设兵团财政局：

为保证《中华人民共和国烟叶税法》有效实施，经国务院同意，现就烟叶税计税依据通知如下：

纳税人收购烟叶实际支付的价款总额包括纳税人支付给烟叶生产销售单位和个人的烟叶收购价款和价外补贴。其中，价外补贴统一按烟叶收购价款的10%计算。

请遵照执行。

综合政策

财政部 税务总局关于实施
小微企业普惠性税收减免政策的通知

2019年1月17日 财税〔2019〕13号

> **注释：** 第一条废止。参见：《财政部 税务总局关于明确增值税小规模纳税人免征增值税政策的公告》（财政部 税务总局公告2021年第11号）。

各省、自治区、直辖市、计划单列市财政厅（局），新疆生产建设兵团财政局，国家税务总局各省、自治区、直辖市和计划单列市税务局：

为贯彻落实党中央、国务院决策部署，进一步支持小微企业发展，现就实施小微企业普惠性税收减免政策有关事项通知如下：

一、对月销售额10万元以下（含本数）的增值税小规模纳税人，免征增值税。

二、对小型微利企业年应纳税所得额不超过100万元的部分，减按25%计入应纳税所得额，按20%的税率缴纳企业所得税；对年应纳税所得额超过100万元但不超过300万元的部分，减按50%计入应纳税所得额，按20%的税率缴纳企业所得税。

上述小型微利企业是指从事国家非限制和禁止行业，且同时符合年度应纳税所得额不超过300万元、从业人数不超过300人、资产总额不超过5000万元等三个条件的企业。

从业人数，包括与企业建立劳动关系的职工人数和企业接受的劳务派遣用工人数。所称从业人数和资产总额指标，应按企业全年的季度平均值确定。

具体计算公式如下：

季度平均值=（季初值+季末值）÷2

全年季度平均值=全年各季度平均值之和÷4

年度中间开业或者终止经营活动的，以其实际经营期作为一个纳税年度确定上述相关指标。

三、由省、自治区、直辖市人民政府根据本地区实际情况，以及宏观调控需要确定，对增值税小规模纳税人可以在50%的税额幅度内减征资源税、城市维护建设税、房产税、城镇土地使用税、印花税（不含证券交易印花税）、耕地占用税和教育费附加、地方教育附加。

四、增值税小规模纳税人已依法享受资源税、城市维护建设税、房产税、城镇土地使用税、印花税、耕地占用税、教育费附加、地方教育附加其他优惠政策的，可叠加享受本通知第三条规定的优惠政策。

五、《财政部 税务总局关于创业投资企业和天使投资个人有关税收政策的通知》（财税〔2018〕55号）第二条第（一）项关于初创科技型企业条件中的"从业人数不超过200人"调整为"从业人数不超过300人"，"资产总额和年销售收入均不超过3000万元"调整为"资产总额和年销售收入均不超过5000万元"。

2019年1月1日至2021年12月31日期间发生的投资，投资满2年且符合本通知规定和财税〔2018〕55号文件规定的其他条件的，可以适用财税〔2018〕55号文件规定的税收政策。

2019年1月1日前2年内发生的投资，自2019年1月1日起投资满2年且符合本通知规定和财税〔2018〕55号文件规定的其他条件的，可以适用财税〔2018〕55号文件规定的税收政策。

六、本通知执行期限为2019年1月1日至2021年12月31日。《财政部 税务总局关于延续小微企业增值税政策的通知》（财税〔2017〕76号）、《财政部 税务总局关于进一步扩大小型微利企业所得税优惠政策范围的通知》（财税〔2018〕77号）同时废止。

七、各级财税部门要切实提高政治站位，深入贯彻落实党中央、国务院减税降费的决策部署，充分认识小微企业普惠性税收减免的重要意义，切实承担起抓落实的主体责任，将其作为一项重大任务，加强组织领导，精心筹划部署，不折不扣落实到位。要加大力度、创新方式，强化宣传辅导，优化纳税服务，增进办税便利，确保纳税人和缴费人实打实享受到减税降费的政策红利。要密切跟踪政策执行情况，加强调查研究，对政策执行中各方反映的突出问题和意见建议，要及时向财政部和税务总局反馈。

国家税务总局关于简并税费申报有关事项的公告

2021年4月12日　国家税务总局公告2021年第9号

> **注释：** 条款废止。附件4至附件11废止。参见：《国家税务总局关于增值税　消费税与附加税费申报表整合有关事项的公告》（国家税务总局公告2021年第20号）。附件1中的《财产和行为税减免税明细申报附表》修订。参见：《国家税务总局关于进一步实施小微企业"两税两费"减免政策有关征管问题的公告》（国家税务总局公告2022年第3号）。附件2中的《契税税源明细表》废止。参见：《国家税务总局关于契税纳税服务与征收管理若干事项的公告》（国家税务总局公告2021年第25号）。

为贯彻落实中办、国办印发的《关于进一步深化税收征管改革的意见》，深入推进税务领域"放管服"改革，优化营商环境，切实减轻纳税人、缴费人申报负担，根据《国家税务总局关于开展2021年"我为纳税人缴费人办实事暨便民办税春风行动"的意见》（税总发〔2021〕14号），现将简并税费申报有关事项公告如下：

一、自2021年6月1日起，纳税人申报缴纳城镇土地使用税、房产税、车船税、印花税、耕地占用税、资源税、土地增值税、契税、环境保护税、烟叶税中一个或多个税种时，使用《财产和行为税纳税申报表》（附件1）。纳税人新增税源或税源变化时，需先填报《财产和行为税税源明细表》（附件 2）。《废止文件及条款清单》（附件 3）所列文件、条款同时废止。

二、自 2021 年 5 月 1 日起，海南、陕西、大连和厦门开展增值税、消费税分别与城市维护建设税、教育费附加、地方教育附加申报表整合试点，启用《增值税及附加税费申报表（一般纳税人适用）》、《增值税及附加税费申报表（小规模纳税人适用）》、《增值税及附加税费预缴表》及其附列资料和《消费税及附加税费申报表》（附件 4—10），《暂停执行文件和条款清单》（附件 11）所列文件、条款同时暂停执行。

特此公告。

附件：1. 财产和行为税纳税申报表［《财产和行为税减免税明细申报附表》（略）］

2. 财产和行为税税源明细表［《契税税源明细表》（略）］

3. 废止文件及条款清单

4. 《增值税及附加税费申报表（一般纳税人适用）》及其附列资料（略）

5. 《增值税及附加税费申报表（一般纳税人适用）》及其附列资料填写说明（略）

6. 《增值税及附加税费申报表（小规模纳税人适用）》及其附列资料（略）

7. 《增值税及附加税费申报表（小规模纳税人适用）》及其附列资料填写说明（略）

8. 《增值税及附加税费预缴表》及其附列资料（略）

9. 《增值税及附加税费预缴表》及其附列资料填写说明（略）

10. 消费税及附加税费申报表（略）

11. 暂停执行文件和条款清单（略）

附件1

财产和行为税纳税申报表

纳税人识别号（统一社会信用代码）：☐☐☐☐☐☐☐☐☐☐☐☐☐☐☐☐☐☐

纳税人名称：

金额单位：人民币元（列至角分）

序号	税种	税目	税款所属期起	税款所属期止	计税依据	税率	应纳税额	减免税额	已缴税额	应补（退）税额
1										
2										
3										
4										
5										
6										
7										
8										
9										
10										
11										
合计	—	—	—	—	—	—				

声明：此表是根据国家税收法律法规及相关规定填写的，本人（单位）对填报内容（及附带资料）的真实性、可靠性、完整性负责。

纳税人（签章）：
年　月　日

经办人：
经办人身份证号：
代理机构签章：
代理机构统一社会信用代码：

受理人：
受理税务机关（章）：
受理日期：　　年　月　日

填表说明：

1. 本表适用于申报城镇土地使用税、房产税、契税、耕地占用税、土地增值税、印花税、车船税、烟叶税、环境保护税、资源税。

2. 本表根据各税种税源明细表自动生成，申报前需填写税源明细表。

3. 本表包含一张附表《财产和行为税减免税明细申报附表》。

4. 纳税人识别号（统一社会信用代码）：填写税务机关核发的纳税人识别号或有关部门核发的统一社会信用代码。纳税人名称：填写营业执照、税务登记证等证件载明的纳税人名称。

5. 税种：税种名称，多个税种的，可增加行次。

6. 税目：税目名称，多个税目的，可增加行次。

7. 税款所属期起：纳税人申报相应税种所属期的起始时间，填写具体的年、月、日。

8. 税款所属期止：纳税人申报相应税种所属期的终止时间，填写具体的年、月、日。

9. 计税依据：计算税款的依据。

10. 税率：适用的税率。

11. 应纳税额：纳税人本期应当缴纳的税额。

12. 减免税额：纳税人本期享受的减免税金额，等于减免税附表中该税种的减免税额小计。

13. 已缴税额：纳税人本期应纳税额中已经缴纳的部分。

14. 应补（退）税额：纳税人本期实际需要缴纳的税额。应补（退）税额＝应纳税额－减免税额－已缴税额。

附件 2

财产和行为税税源明细表

城镇土地使用税 房产税税源明细表

纳税人识别号（统一社会信用代码）：□□□□□□□□□□□□□□□□□□

纳税人名称：

金额单位：人民币元（列至角分）；面积单位：平方米

一、城镇土地使用税税源明细

项目	内容	项目	内容
*纳税人类型	土地使用权人□ 集体土地使用人□ 无偿使用人□ 代管人□ 实际使用人□ （必选）	土地使用权人纳税人识别号（统一社会信用代码）	土地使用权人名称
*土地编号		土地名称	
不动产单元代码		宗地号	不动产权证号
*土地取得方式	划拨□ 出让□ 转让□ 租赁□ 其他□ （必选）	*土地用途	*土地性质 国有□ 集体□（必选） 工业□ 商业□ 居住□ 综合□ 房地产开发企业的开发用地□ 其他□（必选）
土地坐落地址（详细地址）	省（自治区、直辖市） 市（区） 县（区） 乡镇（街道） （必填）		
土地所属主管税务所（科、分局）			
*土地取得时间	年 月	变更类型	纳税义务终止□ 权属转移□ 信息项变更（土地面积变更□ 土地等级变更□ 减免税变更□ 其他□）	变更时间 年 月
*占用土地面积		地 价	*土地等级	*税额标准

续表

减免税部分

序号	减免性质代码和项目名称	减免起止时间		减免税土地面积	月减免税金额
		减免起始月份	减免终止月份		
		年 月	年 月		
1					
2					
3					

二、房产税税源明细

（一）从价计征房产税税源明细

*纳税人类型	产权所有人□ 经营管理人□ 承典人□ 房屋代管人□ 房屋使用人□ 融资租赁承租人□（必选）	所有权人名称	
*房产编号		所有权人纳税人识别号（统一社会信用代码）	
*房产权证号		房产名称	
不动产坐落地址（详细地址）		不动产单元代码	
*房屋所属主管税务所（科、分局）		省（自治区、直辖市） 市（区） 县（区） 乡镇（街道）（必填）	
房屋所在土地编号		*房产用途	工业□ 商业及办公□ 住房□ 其他□（必选）
*房产取得时间	年 月	变更类型	纳税义务终止□ 权属转移□ 其他□ 信息项变更□ 房产原值变更□ 出租房产原值变更□ 减免税变更□ 申报租金收入变更□ 其他□
		变更时间	年 月

续表

* 建筑面积			其中：出租房产面积			
* 房产原值			其中：出租房产原值			
减免税部分	序号	减免性质代码和项目名称	减免起止时间		计税比例	月减免税金额
			减免起始月份	减免终止月份	减免房产原值	
			年　月	年　月		
	1					
	2					
	3					

（二）从租计征房产税税源明细

* 房产编号			房产名称		
* 房产所属主管税务所（科、分局）					
承租方纳税人识别号（统一社会信用代码）			承租方名称		
* 出租面积			* 申报租金收入		
* 申报租金所属租赁期起			* 申报租金所属租赁期止		
减免税部分	序号	减免性质代码和项目名称	减免起止时间		月减免税金额
			减免起始月份	减免终止月份	减免税租金收入
			年　月	年　月	
	1				
	2				
	3				

城镇土地使用税税源明细

填表说明：

1. 首次进行纳税申报的纳税人，需要填写全部土地的相关信息。此后办理纳税申报时，纳税人的土地及相关信息未发生变化的，可仅对已填报的信息进行确认；发生变化的，仅就变化的内容进行填写。
2. 城镇土地使用税税源明细填报遵循"谁纳税谁申报"的原则，只要存在城镇土地使用税纳税义务，就应当如实填报土地信息。
3. 每一宗土地填写一张表。同一宗土地跨两个土地等级的，按照不同等级分别填表。
4. 对于本表中的数据项目，有不动产权证（土地使用权证）的，依据证件记载内容填写，无不动产权证（土地使用权证）的，依据实际情况填写。
5. 纳税人类型（必选）：分为土地使用权人、集体土地使用权人、无偿使用人、代管人、实际使用人。必选一项，且只能选一项。
6. 土地使用权人纳税人识别号（统一社会信用代码）：填写土地使用权人纳税人识别号或统一社会信用代码。
7. 土地使用权人名称：填写土地使用权人的名称。
8. 土地编号：纳税人不必填写。由系统赋予编号，以便于识别。
9. 土地名称：纳税人自行填写。如：1号土地、第一车间土地等。
10. 不动产权证号：纳税人有不动产权证（土地使用权证）的，必填。填写不动产权证（土地使用权证）载明的证件编号。
11. 不动产单元代码：纳税人有不动产权证的，必填。有不动产权证载明的不动产单元代码，填写不动产权证载明的不动产单元代码。
12. 宗地号：填写土地所属证书记载的宗地代码的宗地性质选项。
13. 土地性质（必选）：根据实际属证书记载的土地性质选择。选项为国有、集体。
14. 土地取得方式（必选）：根据实际土地的取得方式选择。分为：划拨、出让、转让、租赁和其他。
15. 土地用途（必选）：分为工业、商业、居住、综合、房地产开发企业的开发用地和其他。必选一项，且只能选一项，不同用途的土地应当分别填表。

16. 土地坐落地址（必填）：应当填写详细地址，具体为：××省（自治区、直辖市）××市（区）××县（区）××乡镇（街道）+详细地址。
17. 土地所属主管税务所（科、分局）：系统自动带出，纳税人不必填写。
18. 土地取得时间（必填）：填写纳税人取得该土地的时间。
19. 变更类型：有变更情况的必选。
20. 变更时间：有变更情况的必填，填至月。变更类型选择纳税义务终止的，税款计算至当月末；变更类型选择信息项变更的，自变更次月起按新状态计算税款。
21. 占用土地面积（必填）：根据纳税人本表所填列土地实际占用的土地面积填写，保留两位小数。此面积为全部面积，包括减税面积和免税面积。
22. 地价：地价为取得土地使用权支付的价款与开发土地发生的成本费用之和。若未支付价款和成本费用，则填0。
23. 土地等级（必填）：根据本地区土地等级的有关规定，填写纳税人占用土地所属的土地等级。不同土地等级的土地应当分别填写。
24. 税额标准：系统自动带出，纳税人不必填写。
25. 减免性质代码和项目名称：有减免税情况的必填。纳税人减免税情况应当分行填表。
26. 减免起始月份：有减免税情况的必填，按照税务机关最新制发的减免税政策代码表中最细项减免政策性质代码填写。纳税人减免税如有困难减免的，填写经税务机关核准的困难减免的起始月份。
27. 减免终止月份：有减免税情况的必填。纳税人减免税如有困难减免的，填写经税务机关核准的困难减免的终止月份。
28. 减免税土地的面积：填写享受减免税政策的土地的全部面积。
29. 月减免税金额：本表所列土地本项减免项目享受的月减免金额。

从价计征房产税税源明细
1. 首次进行纳税申报纳税人，需要填写全部房产的相关信息，此后办理纳税申报时，纳税人的房产及相关信息未发生变

315

化的，可仅对已填报的信息进行确认；发生变化的，仅就变化的内容进行填写。

2. 房产税税源明细填报遵循"谁纳税谁申报"的原则，只要存在房产税纳税义务，就应当如实填报房产明细信息。

3. 每一独立房产应当填写一张表。即：同一不动产权证（房屋所有权证）有多幢（个）房产的，每幢（个）房产填写一张表。无不动产权证（房屋所有权证）的房产，每幢（个）房产填写一张表。纳税人不得将多幢房产合并成一条记录填写。

4. 对于本表中的数据项目，有不动产权证（房屋所有权证）的，依据证件记载的内容填写，没有不动产权证（房屋所有权证）的，依据实际情况填写。

5. 纳税人有出租房产的，应当先填写从价计征房产税税源明细，再填写从租计征房产税税源明细。

6. 纳税人类型（必选）：分为房屋所有权人、经营管理人、承典人、房屋代管人、房屋使用人、融资租赁承租人。必选一项，且只能选一项。

7. 所有权人纳税人识别号（统一社会信用代码）：填写房屋所有权人的纳税人识别号或统一社会信用代码。

8. 所有权人名称：填写房屋所有权人的名称。

9. 房产编号：纳税人自行编号，由系统赋予编号，以便于识别。如：1号办公楼，第一车间厂房等。

10. 房产名称：纳税人自行编写，必填。

11. 不动产权证号：纳税人有不动产权证（房屋所有权证）的，必填。填写不动产权证（房屋所有权证）载明的证件编号。

12. 不动产单元代码：纳税人有不动产权证（房屋所有权证）的，必填。填写不动产权证（房屋所有权证）载明的不动产单元代码。

13. 房屋坐落地址：纳税人应当填写详细地址，具体为：××省（自治区、直辖市）××市（区）××县（区）××乡镇（街道）+ 详细地址，且应当与土地税源明细数据关联并一致。系统自动带出已填报的土地税源信息，一栋房产仅可选择对应一条土地信息。

14. 房产所属主管税务所（科、分局）：系统自动带出。

15. 房屋所在土地编号：系统自动带出。

16. 房产用途（必选）：房产用途依据不动产权证（房屋所有权证）登记的用途填写，无证的，依据实际用途填写。分为工业、商业及办公、住房、其他，必选一项，且只能选一项，不同用途的房产应当分别填表。

综合政策

17. 房产取得时间（必填）：填写纳税人取得该房产的时间。
18. 变更类型：有变更情况的必选。
19. 变更时间：有变更情况的必填，填至月。变更类型选择纳税义务终止的，税款计算至当月末；变更类型选择信息项变更的，自变更次月起按新状态计算税款。
20. 建筑面积（必填）：保留两位小数。
21. 出租房产面积：有出租情况的必填。
22. 房产原值（必填）：填写房产的全部房产原值。应包括：分摊的应计入房产原值的地价，与房产不可分割的设备设施的原值，房产中已出租部分的原值，以及房产中减免税部分的原值。
23. 出租房产原值：有出租情况的必填。
24. 计税比例：各地房产原值减除的比例。系统自动带出，纳税人不必填写。
25. 减免税性质代码和项目名称：有减免税情况的必填。按照税务机关最新制发的减免税政策代码表中最细项减免税政策代码填写。不同减免税性质代码的房产应当分行填写。纳税人减免税情况发生变化时，应当进行变更。
26. 减免起始月份：有减免税情况的必填。纳税人如有困难减免的情况，填写经税务机关（人民政府）核准的困难减免的起始月份。
27. 减免终止月份：有减免税情况的必填。纳税人如有困难减免的情况，填写经税务机关（人民政府）核准的困难减免的终止月份。
28. 减免税性质代码减免税房产原值：依据政策确定的可以享受减免税政策的房产原值。政策明确按一定比例进行减免的，该项为经过比例换算确定的减免税房产原值。例如：供热企业用于居民供热取得的免税房产原值＝房产原值×实际从居民取得的采暖费收入÷采暖费总收入。
29. 月减免税金额：本表所列房产本项减免税项目享受的月减免税金额。

从租计征房产税税源明细

1. 每一独立出租房产应当填写一张表。即：同一不动产权证（房屋所有权证）有多幢（个）房产的，每幢（个）房产填写一张表。无不动产权证（房屋所有权证）的房产，每幢（个）房产填写一张表。纳税人不得将多幢房产合并成一条记录填写。

2. 纳税人有出租房产的，应先填写从价计征房产税税源明细，再填写从租计征房产税源明细。

3. 房产编号：由系统赋予编号，纳税人不必填写。

4. 房产名称：纳税人自行编写，以便于识别，与从价计征房产税明细信息关联并一致。

5. 房产所属主管税务所（科、分局）：系统自动带出，纳税人不必填写。

6. 承租方纳税人识别号（统一社会信用代码）：填写承租方的纳税人识别号或统一社会信用代码。

7. 承租方名称：填写承租方的单位名称或个人姓名。

8. 出租面积（必填）：填写出租房产的面积。

9. 申报租金收入（必填）：填写本次申报的应税租金收入。

10. 申报租金所属租赁期起（必填）：填写申报租金收入的所属租赁期起。

11. 申报租金所属租赁期止（必填）：填写申报租金收入的所属租赁期止。

12. 减免性质代码和项目名称：有减免税情况的必填。按照税务机关制发的减免税政策代码表中最细项减免性质代码填写，对于出租房产不适用12%法定税率的，应当填写相关的减税内容。

13. 减免起始月份：有减免税情况的必填。纳税人如有困难减免的情况，填写经税务机关（人民政府）核准的困难减免的起始月份。

14. 减免终止月份：有减免税情况的必填。纳税人如有困难减免的情况，填写经税务机关（人民政府）核准的困难减免的终止月份。

15. 减免税租金收入：填写本出租房产可以享受减免税政策的租金收入。

16. 月减免税金额：填写所列房产出租部分本项减免税项目享受的月减免税金额。

车船税税源明细表

纳税人识别号（统一社会信用代码）：□□□□□□□□□□□□□□□□□□

纳税人名称：

体积单位：升；质量单位：吨；功率单位：千瓦；长度单位：米

车辆税源明细

序号	车牌号码	*车辆识别代码（车架号）	*车辆类型	车辆品牌	车辆型号	*车辆发票日期或注册登记日期	排（气）量	核定载客	整备质量	*单位税额	减免性质代码和项目名称	纳税义务终止时间
1												
2												
3												

船舶税源明细

序号	船舶登记号	*船舶识别号	*船舶种类	*中文船名	初次登记号码	船籍港	发证日期	取得所有权日期	建成日期	净吨位	主机功率	艇身长度（总长）	*单位税额	减免性质代码和项目名称	纳税义务终止时间
1															
2															
3															

319

填表说明：

车辆税源明细

1. 车牌号码：在车辆登记管理部门登记的车辆，必填。根据车辆悬挂号牌填写。
2. 车辆识别代码（车架号）：必填。根据整车合格证、机动车登记证书和机动车行驶证材料填写。
3. 车辆类型：必填。根据整车合格证、机动车登记证书和机动车行驶证材料所载信息，按照《中华人民共和国车船税法》所附《车船税税目税额表》填写。
4. 车辆品牌：必填。根据机动车行驶证同名栏目所载信息，或整车合格证、机动车登记证书所载车辆品牌填写。
5. 车辆型号：必填。根据机动车行驶证同名栏目所载信息，或整车合格证、机动车登记证书所载车辆型号填写。
6. 车辆发票日期：必填。有机动车销售发票的，填写销售发票日期；确无销售发票的，填写机动车登记证书和机动车行驶证材料填写。
7. 排（气）量：乘用车，必填。根据整车合格证、机动车登记证书和机动车行驶证等材料填写。
8. 核定载客：客车，必填。根据整车合格证、机动车登记证书和机动车行驶证等材料填写。
9. 整备质量：货车、挂车、专用作业车、轮式专用机械车，必填。根据整车合格证、机动车登记证书和机动车行驶证等材料填写。
10. 单位税额：按照《中华人民共和国车船税法》所附《车船税税目税额表》填写。
11. 减免性质代码和项目名称：有减免税情况的，必填。按照税务机关最新制发的减免税政策代码表中最细项减免性质代码填写。
12. 纳税义务终止时间：发生盗抢、灭失等情况的，必填。填写盗抢、报废、灭失的当月。

船舶税源明细

1. 船舶登记号：在船舶登记管理部门登记的船舶，必填。根据船舶检验证书、船舶所有权登记证书、船舶国籍证书和船舶最低安全配员证书等材料填写。

2. 船舶识别号：必填。根据船舶检验证书、船舶所有权登记证书、船舶国籍证书和船舶最低安全配员证书等材料填写。

3. 船舶种类：必填。根据船舶检验证书、船舶所有权登记证书、船舶国籍证书和船舶最低安全配员证书等材料，按照《中华人民共和国车船税法》所附《车船税税目税额表》填写。

4. 中文船名：必填。根据船舶检验证书、船舶所有权登记证书、船舶国籍证书和船舶最低安全配员证书等材料填写。

5. 船籍登记号码：选填。根据船舶登记管理部门登记的船舶，必填。根据船舶所有权登记证书、船舶国籍证书和船舶最低安全配员证书等材料填写。

6. 船籍港：在船舶登记管理部门登记的船舶，必填。根据船舶所有权登记证书填写。

7. 发证日期：在船舶登记管理部门登记的船舶，必填。填写船舶所有权证书的日期。

8. 取得所有权日期：必填。填写取得船舶所有权的日期。

9. 建成日期：选填。填写船舶建成的日期。

10. 净吨位：机动船舶、非机动驳船，必填。根据船舶检验证书、船舶所有权登记证书、船舶国籍证书和船舶最低安全配员证书等材料填写。

11. 主机功率：拖船，必填。拖船按照发动机功率每1千瓦折合净吨位0.67吨计算征收车船税。

12. 艇身长度：游艇，必填。根据船舶检验证书、船舶所有权登记证书、船舶国籍证书和船舶最低安全配员证书等材料填报。

13. 单位税额：按照《中华人民共和国车船税法》所附《车船税税目税额表》填写。

14. 减免税性质代码和项目名称：有减免税情况的必填。按照税务机关最新制发的减免税政策代码表中最细项减免性质代码填写。

15. 纳税义务终止时间：发生盗抢、报废、灭失等情况的，必填。填写盗抢、报废、灭失的当月。

印花税税源明细表

纳税人识别号（统一社会信用代码）：☐☐☐☐☐☐☐☐☐☐☐☐☐☐☐☐☐☐

纳税人名称：

金额单位：人民币元（列至角分）

序号	*税目	*税款所属期起	*税款所属期止	应纳税凭证编号	应纳税凭证书立（领受）日期	*计税金额或件数	核定比例	*税率	减免性质代码和项目名称
按期申报									
1									
2									
3									
按次申报									
1									
2									
3									

综合政策

填表说明：

1. 税目：必填。可填项：购销合同，加工承揽合同，建设工程勘察设计合同，建设安装工程承包合同，财产租赁合同，货物运输合同，仓储保管合同，借款合同，财产保险合同，技术合同，产权转移书据，营业账簿（记载资金的账簿），其他账簿，以及权利、许可证照。

2. 税款所属期起：按期申报的，填写所属期的起始时间，应填写具体的年、月、日。按次申报的，如填写了应纳税凭证书立（领受）日期，则为填表当日。

3. 税款所属期止：按期申报的，填写所属期的终止时间，应填写具体的年、月、日。按次申报的，如填写了应纳税凭证书立（领受）日期，则为填表当日。

4. 应纳税凭证书编号：申报购销合同，加工承揽合同，建设工程勘察设计合同，建设安装工程承包合同，财产租赁合同，货物运输合同，仓储保管合同，借款合同，财产保险合同，技术合同，产权转移书据等税目的，填写合同或者凭证编号。各省、区、市根据税源管理需要，设置该项是否为必填项，默认为选填。

5. 应纳税凭证书立（领受）日期：申报购销合同，加工承揽合同，建设工程勘察设计合同，建设安装工程承包合同，财产租赁合同，货物运输合同，仓储保管合同，借款合同，财产保险合同，技术合同，产权转移书据，营业账簿（其他账簿），许可证权利和权利、许可证照等税目填写书立（领受）日期。各省、区、市根据税源管理需要，设置该项是否为必填项，默认为选填。

6. 计税金额或件数：必填。营业账簿（其他账簿），填写核定比例，其他税目填写金额。

7. 核定比例：实行核定征收的，必填。根据省、区、市确定的核定比例填写。

8. 税率：按照《中华人民共和国印花税暂行条例》等相关规定，填写税目对应的适用税率。

9. 减免性质代码及名称：有减免税情况的，必填。按照税务机关最新制发的减免政策代码表中最细项减免性质代码填写。

资源税税源明细表

税款所属期限：自 年 月 日 至 年 月 日

纳税人识别号（统一社会信用代码）：□□□□□□□□□□□□□□□□□□

纳税人名称：

金额单位：人民币元（列至角分）

申报计算明细

序号	税目	子目	计量单位	销售数量	准予扣减的外购应税产品购进数量	计税销售数量	销售额	准予扣除的运杂费	准予扣减的外购应税产品购进金额	计税销售额
		1	2	3	4	5	6=4-5	7	8	9	10=7-8-9
1										
2										
合计										

减免税计算明细

序号	税目	子目	减免性质代码和项目名称	计量单位	减免税销售数量	减免税销售额	适用税率	减征比例	本期减免税额
		1	2	3	4	5	6	7	8	9①=5×7×8 9②=6×7×8
1									
2									
合计									

填表说明：

税款所属期限：纳税人申报资源税所属期的起止时间，应填写具体的年、月、日。

申报计算明细

1. 申报从量计征税目的资源税纳税人需填写1—6栏。申报从价计征税目的资源税纳税人需填写1—4、7—10栏。无发生数额的，应填写0。不涉及外购应税产品购进数量扣减的，第9栏填写0。不涉及运杂费扣减的，第8栏填写0；不涉及外购应税产品购进金额扣减的，第9栏填写0。

2. 第1栏"税目"：按照《中华人民共和国资源税法》后附《资源税税目税率表》规定的税目填写。多个税目的，可增加行次。

3. 第2栏"子目"：填写同一税目下不同的征税对象或细项目的，如"原矿"、"选矿"等。

4. 第3栏"计量单位"：填写计税销售数量对应的计量单位，如"吨"、"立方米"等。

5. 第4栏"销售数量"：填写纳税人当期销售的应税产品销售数量，包括实际销售和自用两部分。实际销售的，填写与应税产品销售额对应的销售数量；自用的，按其增值税发票等票据注明的数量填写，票据上未注明数量的，按照应税产品销售数量据实填写。

6. 第5栏"准予扣减的外购应税产品购进数量"：填写按规定准予扣减的外购应税产品购进数量。扣减限额以第6栏"计税销售数量"减至0为限。

7. 第7栏"销售额"：填写纳税人当期销售的应税产品销售额，包括实际销售和自用两部分。自用的，按增值税发票等票据注明的金额填写。填写按规定准予扣除的运杂费。

8. 第8栏"准予扣减的运杂费"：填写按规定准予扣减的运杂费。

9. 第9栏"准予扣减的外购应税产品购进金额"：填写按规定准予扣减的外购应税产品购进金额。扣减限额以第10栏"计税销售额"扣减限额之和以第10栏"计税销售额"扣减限额或未扣减的，可结转下期扣减。

10. 第8栏"准予扣减的运杂费"、第9栏"准予扣减的外购应税产品购进金额"扣减限额以第10栏"计税销售额"减至0为限。当期不足扣减或未扣减的，可结转下期扣减。

减免税计算明细

1. 适用于有减免资源税项目（增值税小规模纳税人减征政策除外）的纳税人填写。如不涉及减免税事项，纳税人不需填写，系统会将"本期减免税额"默认为0。
2. 第1栏"税目"：按照《中华人民共和国资源税法》后附《资源税目税率表》规定的税目填写。多个税目的，可增加行次。
3. 第2栏"子目"：同一税目适用的资源代码、税率不同的，视为不同的子目，按相应的减免税销售额和销售数量分行填写。
4. 第3栏"减免性质代码和项目名称"：有减免税情况的必填，按照税务机关最新制发的减免税政策代码表中最细项减免性质代码填写。
5. 第4栏"计量单位"：填写计税销售数量的计量单位，如"吨""立方米"等。
6. 第5栏"减免销售数量"：填写减免资源税项目对应的应税产品销售数量，申报从量计征税目和从价计征税目的纳税人均应填写。
7. 第6栏"减免销售额"：填写减免资源税项目对应的产品销售收入，由申报从价计征税目《资源税目税率表》规定的适用税率或各省、自治区、直辖市公布的应税产品具体适用税率，如原油资源税率为6%，即填6%；从量计征税目的适用税率为定额税率，如某税目每立方米3元，即填3。
8. 第7栏"适用税率"：填写《中华人民共和国资源税法》后附《资源税目税率表》规定的应税产品具体适用税率或各省、自治区、直辖市公布的应税产品具体适用税率，如原油资源税率为6%，即填6%；从量计征税目的适用税率为定额税率，如某税目每立方米3元，即填3。
9. 第8栏"减征比例"：填写减免税额占应纳税额的比例，免税项目的减征比例按100%填写。
10. 第9栏"本期减免税额"：填写本期减免税额中按规定应予减免的部分。申报从价计征税目纳税人适用的计算公式为：9②＝6×7×8。

9①＝5×7×8。申报从量计征税目的纳税人适用的计算公式为：9②＝6×7×8。

耕地占用税税源明细表

纳税人识别号（统一社会信用代码）：□□□□□□□□□□□□□□□□□□

纳税人名称：

面积单位：平方米；金额单位：人民币元（列至角分）

	项目（批次）名称	批准占地文号	
占地方式	1. 经批准按批次转用□ 2. 经批准单独选址转用□ 3. 经批准临时占用□	批准占地部门	经批准占地面积
		收到书面通知日期 （或收到经批准改变 原占地用途日期） 年　月　日	批准时间 年　月　日
	4. 未批先占□	认定的实际占地日期 （或认定的未经批准 改变原占地用途日期） 年　月　日	认定的实际占地面积
损毁耕地	挖损□ 采矿塌陷□ 压占□ 污染□	认定的损毁耕地日期 年　月　日	认定的损毁耕地面积
税源编号	占地位置	占地用途	征收品目	适用税额	计税面积	减免性质代码和项目名称	减免税面积

327

填表说明：

1. 本申报表适用于在中华人民共和国境内占用耕地建设建筑物、构筑物或者从事非农业建设的单位和个人。耕地占用税纳税人应当在纳税义务发生之日起30日内填报本表，向耕地所在地税务机关申报纳税。

2. 占地方式：必选。根据实际情况选择"经批准按批次转用""经批准单独选址转用""经批准临时占用""未批先占"四项之一，限选一项。当选择"经批准按批次转用""经批准单独选址转用""经批准临时占用"三项时，项目（批次）名称、批准占地文号、批准占地面积、经批准占地部门、认定的实际占地日期（或收到面通知经批准改变原占地用途日期）、批准时间为必填项；选择"未批先占"时，认定的实际占地面积为必填项。

3. 项目（批次）名称：经批准按批次转用、经批准单独选址转用、经批准临时占用等占地方式，必填。按照农用地转用申批文件中标明的项目名称填写。

4. 批准占地文号：经批准按批次转用、经批准单独选址转用、经批准临时占用等占地方式，必填。填写批准占地的农用地转用审批文件的文号。

5. 批准占地部门：经批准按批次转用、经批准单独选址转用、经批准临时占用等占地方式，必填。填写批准占地的农用地转用审批文件的政府部门名称。

6. 经批准占地面积：经批准按批次转用、经批准单独选址转用、经批准临时占用等占地方式，必填。填写农用地转用审批文件中批准转用的面积。

7. 收到书面通知日期：必填。收到书面通知日期是指纳税人收到自然资源主管部门办理占用耕地手续的书面通知的当日；经批准改变原占地用途日期是指纳税人收到经批准改变原占地用途的批准文件的当日。

8. 批准时间：经批准按批次转用、经批准单独选址转用、经批准临时占用等占地方式，未批先占的，必填。填写农用地转用审批文件的批准日期。

9. 认定的实际占地日期（或认定的未经批准改变原占地用途日期）：未批先占的，必填。按照《中华人民共和国耕地占用税法实施办法》（以下简称《实施办法》）第二十七条规定自然资源主管部门认定纳税人实际占用耕地的当日填写；认定的未经批准改变原占地用途日期是指未经批准改变原占地用途，经自然资源主管部门认定的纳税人改变原占地用途的当日。

10. 认定的实际占地面积：未批先占的，按照《实施办法》第三十一条规定自然资源等相关部门认定的纳税人实际占用的面积填写。

11. 损毁耕地：选填。按照《实施办法》第十九条确定的挖损、采矿塌陷、压占、污染四项损毁耕地行为进行选择，可多选。

12. 认定的损毁耕地日期：损毁耕地的，必填。按照《实施办法》第二十七条规定自然资源、农业农村等相关部门认定损毁耕地的日期填写。

13. 认定的损毁耕地面积：损毁耕地的，必填。按照《实施办法》第三十一条规定自然资源等相关部门认定的纳税人损毁耕地的面积填写。

14. 税源编号：系统自动生成，纳税人无需填写。

15. 占地位置：必填。占用应税土地所在地的市、县、乡（镇）、村、组、路详细地址位置。

16. 占地用途：必填。（1）经批准占用：土地储备、交通基础设施建设、水利工程、工业建设、住宅建设、商业建设、农村居民建房、军事设施、幼儿园、学校、社会福利机构、医疗机构、其他；（2）未经批准占用：交通基础设施建设、农业农村居民建设、住宅建设、工业建设、商业建设、农村居民建房、军事设施、学校、幼儿园、社会福利机构、医疗机构、其他。

17. 征收品目：必填。按被占用土地的占地类型选择：耕地_基本农田、耕地_非基本农田、园地、林地、草地、农田水利用地、养殖水面、渔业水域滩涂、苇田、其他。

18. 适用税额：指该地类在当地适用的单位税额，按征收子目对应的单位适用税额填写，由各省税务机关自行配置。

19. 计税面积：必填。按征收品目和征收品目划分，征收品目对应的应税土地面积，单位为平方米。

20. 减免性质代码和项目名称：有减免税情况的，必填。按照税务机关最新制发的减免税政策代码表中最细项减免性质代码填写。

21. 减免税面积：有减免税情况的，必填。填写本条税源对应的符合减免税政策的占地面积。

土地增值税税源明细表

税款所属期限：自　　年　月　日至　　年　月　日
纳税人识别号（统一社会信用代码）：□□□□□□□□□□□□□□□□□□
纳税人名称：　　　　　　　　　　　金额单位：人民币元（列至角分）；面积单位：平方米

土地增值税项目登记表（从事房地产开发的纳税人适用）			
项目名称		项目地址	
土地使用权受让（行政划拨）合同号		受让（行政划拨）时间	
建设项目起讫时间		总预算成本		单位预算成本	
项目详细坐落地点			
开发土地总面积		开发建筑总面积		房地产转让合同名称	
转让次序	转让土地面积（按次填写）	转让建筑面积（按次填写）	转让合同签订日期（按次填写）
第1次			
第2次			
……			
备注			
土地增值税申报计算及减免信息			
申报类型：			
1.从事房地产开发的纳税人预缴适用□			
2.从事房地产开发的纳税人清算适用□			
3.从事房地产开发的纳税人按核定征收方式清算适用□			
4.纳税人整体转让在建工程适用□			
5.从事房地产开发的纳税人清算后尾盘销售适用□			
6.转让旧房及建筑物的纳税人适用□			
7.转让旧房及建筑物的纳税人核定征收适用□			
项目名称		项目编码	
项目地址			

续表

项目总可售面积			自用和出租面积		
已售面积		其中：普通住宅已售面积	其中：非普通住宅已售面积	其中：其他类型房地产已售面积	
清算时已售面积			清算后剩余可售面积		

申报类型	项目	序号	金额			
			普通住宅	非普通住宅	其他类型房地产	总额
1.从事房地产开发的纳税人预缴适用	一、房产类型子目	1				—
	二、应税收入	2=3+4+5				
	1.货币收入	3				
	2.实物收入及其他收入	4				
	3.视同销售收入	5				
	三、预征率（%）	6				—
2.从事房地产开发的纳税人清算适用 3.从事房地产开发的纳税人按核定征收方式清算适用 4.纳税人整体转让在建工程适用	一、转让房地产收入总额	1=2+3+4				
	1.货币收入	2				
	2.实物收入及其他收入	3				
	3.视同销售收入	4				
	二、扣除项目金额合计	5=6+7+14+17+21+22				
	1.取得土地使用权所支付的金额	6				
	2.房地产开发成本	7=8+9+10+11+12+13				
	其中：土地征用及拆迁补偿费	8				
	前期工程费	9				
	建筑安装工程费	10				
	基础设施费	11				
	公共配套设施费	12				
	开发间接费用	13				
	3.房地产开发费用	14=15+16				

续表

2.从事房地产开发的纳税人清算适用 3.从事房地产开发的纳税人按核定征收方式清算适用 4.纳税人整体转让在建工程适用	其中：利息支出		15				
	其他房地产开发费用		16				
	4.与转让房地产有关的税金等		17=18+19+20				
	其中：营业税		18				
	城市维护建设税		19				
	教育费附加		20				
	5.财政部规定的其他扣除项目		21				
	6.代收费用（纳税人整体转让在建工程不填此项）		22				
	三、增值额		23=1-5				
	四、增值额与扣除项目金额之比（%）		24=23÷5				
	五、适用税率（核定征收率）（%）		25				
	六、速算扣除系数（%）		26				
	七、减免税额		27=29+31+33				
	其中：减免税（1）	减免性质代码和项目名称（1）	28				
		减免税额（1）	29				
	减免税（2）	减免性质代码和项目名称（2）	30				
		减免税额（2）	31				
	减免税（3）	减免性质代码和项目名称（3）	32				
		减免税额（3）	33				

续表

5.从事房地产开发的纳税人清算后尾盘销售适用	一、转让房地产收入总额		1=2+3+4			
	1.货币收入		2			
	2.实物收入及其他收入		3			
	3.视同销售收入		4			
	二、扣除项目金额合计		5=6×7+8			
	1.本次清算后尾盘销售的销售面积		6			
	2.单位成本费用		7			
	3.本次与转让房地产有关的税金		8=9+10+11			
	其中:营业税		9			
	城市维护建设税		10			
	教育费附加		11			
	三、增值额		12=1−5			
	四、增值额与扣除项目金额之比(%)		13=12÷5			
	五、适用税率(核定征收率)(%)		14			
	六、速算扣除系数(%)		15			
	七、减免税额		16=18+20+22			
	其中:减免税(1)	减免性质代码和项目名称(1)	17			
		减免税额(1)	18			
	减免税(2)	减免性质代码和项目名称(2)	19			
		减免税额(2)	20			
	减免税(3)	减免性质代码和项目名称(3)	21			
		减免税额(3)	22			

续表

6.转让旧房及建筑物的纳税人适用 7.转让旧房及建筑物的纳税人核定征收适用	一、转让房地产收入总额	1=2+3+4			
	1.货币收入	2			
	2.实物收入	3			
	3.其他收入	4			
	二、扣除项目金额合计	（1）5=6+7+10+15 （2）5=11+12+14+15			
	（1）提供评估价格				
	1.取得土地使用权所支付的金额	6			
	2.旧房及建筑物的评估价格	7=8×9			
	其中：旧房及建筑物的重置成本价	8			
	成新度折扣率	9			
	3.评估费用	10			
	（2）提供购房发票				
	1.购房发票金额	11			
	2.发票加计扣除金额	12=11×5%×13			
	其中：房产实际持有年数	13			
	3.购房契税	14			
	4.与转让房地产有关的税金等	15=16+17+18+19			
	其中：营业税	16			
	城市维护建设税	17			
	印花税	18			
	教育费附加	19			
	三、增值额	20=1−5			
	四、增值额与扣除项目金额之比（%）	21=20÷5			
	五、适用税率（核定征收率）（%）	22			
	六、速算扣除系数（%）	23			

续表

	七、减免税额		24=26+28+30				
6.转让旧房及建筑物的纳税人适用 7.转让旧房及建筑物的纳税人核定征收适用	其中：减免税（1）	减免性质代码和项目名称（1）	25				
		减免税额（2）	26				
	减免税（2）	减免性质代码和项目名称（2）	27				
		减免税额（2）	28				
	减免税（3）	减免性质代码和项目名称（3）	29				
		减免税额（3）	30				

填表说明：

土地增值税项目登记表

1. 本表适用于从事房地产开发的纳税人，在立项后及每次转让时填报。

2. 凡从事新建房及配套设施开发的纳税人，均应在规定的期限内，据实向主管税务机关填报本表所列内容。

3. 本表栏目的内容如果没有，可以空置不填。

4. 纳税人填报本表时，应同时向主管税务机关提交土地使用权受让合同、房地产转让合同等有关资料。

土地增值税申报计算及减免信息

申报类型：必填。由纳税人根据申报业务种类以及适用的征收方式进行选择。

一、从事房地产开发的纳税人预缴适用

（一）表头项目

1. 本表适用于从事房地产开发并转让的土地增值税纳税人。

2. 纳税人应在自首次取得预收收入起至办理项目清算申报止的期间内，在每次转让时填报，也可按月或按省、自治区、直辖市和计划单列市税务局规定的期限汇总填报。

3. 本表栏目的内容如果没有，可以空置不填。

4.纳税人填报预缴信息表时，应同时向主管税务机关提交《土地增值税项目登记表》等有关资料。

5.项目名称填写纳税人所开发并转让的且经国家有关部门审批的房地产开发项目全称；项目编码为纳税人进行房地产项目登记时，税务机关按照一定的规则赋予的编码，此编码跟随项目的预缴清算尾盘销售全过程。

（二）表中项目

1.第1栏"房产类型子目"：主管税务机关规定的预征率类型，每一个子目唯一对应一个房产类型。

2.第3栏"货币收入"：按纳税人转让房地产开发项目所取得的货币形态的收入额（不含增值税）填写。

3.第4栏"实物收入及其他收入"：按纳税人转让房地产开发项目所取得的实物形态的收入和无形资产等其他形式的收入额（不含增值税）填写。

4.第5栏"视同销售收入"：纳税人将开发产品用于职工福利、奖励、对外投资、分配给股东或投资人、抵偿债务、换取其他单位和个人的非货币性资产等，发生所有权转移时应视同销售房地产，其确认收入不含增值税。

二、从事房地产开发的纳税人清算适用

（一）表头项目

1.本表适用于从事房地产开发并转让的土地增值税纳税人。

2.税款所属期是项目预缴开始的时间，截止日期是税务机关规定（通知）申报期限的最后一日（应清算项目达到清算条件起90天的最后一日÷可清算项目税务机关通知书送达起90天的最后一日）。

3.项目名称填写纳税人所开发并转让的且经国家有关部门审批的房地产开发项目全称；项目编码为纳税人进行房地产项目登记时，税务机关按照一定的规则赋予的编码，此编码跟随项目的预缴清算尾盘销售全过程。

（二）表中项目

1.第1栏"转让房地产收入总额"，按纳税人转让房地产开发项目所取得的全部收入额（不含增值税）填写。

2.第2栏"货币收入"，按纳税人转让房地产开发项目所取得的货币形态的收入额（不含增值税）填写。

3.第3栏"实物收入及其他收入"，按纳税人转让房地产开发项目所取得的实物形态的收入和无形资产等其他形式的收入额（不含增值税）填写。

4.第4栏"视同销售收入"，纳税人将开发产品用于职工福利、奖励、对外投资、分配给股东或投资人、抵偿债务、换取其他单位和个人的非货币性资产等，发生所有权转移时应视同销售房地产，其确认收入不含增值税。

5. 第6栏"取得土地使用权所支付的金额"，按纳税人为取得该房地产开发项目所需要的土地使用权而实际支付（补交）的土地出让金（地价款）及按国家统一规定交纳的有关费用的数额填写。

6. 第8栏至13栏，应根据《中华人民共和国土地增值税暂行条例实施细则》（财法字〔1995〕6号，以下简称《细则》）规定的从事房地产开发所实际发生的各项开发成本的具体数额填写。

7. 第15栏"利息支出"，按纳税人进行房地产开发实际发生的利息支出中符合《细则》第七条第（三）项规定的数额填写。如果不单独计算利息支出的，则本栏数额填写为"0"。

8. 第16栏"其他房地产开发费用"，应根据《细则》第七条第（三）项的规定填写。

9. 第18栏至20栏，按纳税人转让房地产时所实际缴纳的税金数额（不包括增值税）填写。

10. 第21栏"财政部规定的其他扣除项目"，是指根据《中华人民共和国土地增值税暂行条例》（国务院令第138号，以下简称《条例》）和《细则》等有关规定所确定的财政部规定的扣除项目的合计数。

11. 第22栏"代收费用"，应根据《财政部 国家税务总局关于土地增值税一些具体问题规定的通知》（财税字〔1995〕48号）第六条"关于地方政府要求房地产开发企业代收的费用如何计征土地增值税的问题"规定填写。

12. 第25栏"适用税率（核定征收率）"，适用查账征收方式的纳税人应根据《条例》规定的四级超率累进税率，按所适用的最高一级税率填写；适用核定征收方式的纳税人应根据主管税务机关确定的核定征收率填写。

13. 第26栏"速算扣除系数"，应根据《细则》第十条的规定找出相关速算扣除系数填写。

14. 第28、30、32栏"减免性质代码和项目名称"：按照税务机关最新制发的减免税政策代码表中最细项减免性质代码填报。表第29、31、33栏"减免税额"填写相应"减免性质代码和项目名称"对应的减免税金额，纳税人同时享受多个减免税政策应分别填写，不享受减免税的，不填写此项。

15. 表中每栏按照"普通住宅、非普通住宅、其他类型房地产"分别填写。

三、从事房地产开发的纳税人按核定征收方式清算适用

1. 本表适用于从事房地产开发并转让的纳税人清算方式为核定征收时填报，各行次应按不同房产类型分别填写。

2. 税款所属期是项目预缴开始的时间，截止日期是税务机关规定（通知）申报期限的最后一日。纳税人在填报本表时，应同时提交税务机关出具的核定文书。

3. 项目名称填写纳税人所开发并转让的且经国家有关部门审批的房地产开发项目全称；项目编码为纳税人进行房地产项目登记时，税务机关按照一定的规则赋予的编码，此编码跟随项目的预缴清算尾盘销售全过程。

4. 表中项目按税务机关出具的核定文书要求填写。

四、纳税人整体转让在建工程

（一）表头项目

1. 本表适用于从事房地产开发并转让的纳税人，及非从事房地产开发的纳税人，在整体转让在建工程时填报，数据应填列至其他类型房地产中。

2. 税款所属期：从事房地产开发并转让的纳税人是项目预缴开始的时间，截止日期是开发项目整体转让在建工程合同（协议）签订时间；非房地产开发纳税人是整体转让在建工程合同（协议）签订时间。

3. 项目名称：从事房地产开发并转让的纳税人填写纳税人所开发并转让的且经国家有关部门审批的房地产开发项目全称，项目编码为纳税人进行房地产项目登记时，税务机关按照一定的规则赋予的编码，此编码跟随项目的预缴清算尾盘销售全过程。

（二）表中项目

1. 第1栏"转让房地产收入总额"，按纳税人在转让房地产开发项目所取得的全部收入额（不含增值税）填写。

2. 第2栏"货币收入"，按纳税人转让房地产开发项目所取得的货币形态的收入额（不含增值税）填写。

3. 第3栏"实物收入及其他收入"，按纳税人转让房地产开发项目所取得的实物形态的收入和无形资产等其他形式的收入额（不含增值税）填写。

4. 第4栏"视同销售收入"，纳税人将开发产品用于职工福利、奖励、对外投资、分配给股东或投资人、抵偿债务、换取其他单位和个人的非货币性资产等，发生所有权转移时应视同销售房地产，其确认收入不含增值税。

5. 第6栏"取得土地使用权所支付的金额"，按纳税人为取得该房地产开发项目所需要的土地使用权而实际支付（补交）的土地出让金（地价款）及按国家统一规定交纳的有关费用的数额填写。

6. 第8栏至13栏，应根据《细则》规定的从事房地产开发所实际发生的各项开发成本的具体数额填写。

7. 第15栏"利息支出"，按纳税人进行房地产开发实际发生的利息支出中符合《细则》第七条第（三）项规定的数额填写。如果不单独计算利息支出的，则本栏数额填写为"0"。

8. 第 16 栏"其他房地产开发费用",应根据《细则》第七条第(三)项的规定填写。

9. 第 18 栏至 20 栏,按纳税人转让房地产时所实际缴纳的税金数额(不包括增值税)填写。

10. 第 21 栏"财政部规定的其他扣除项目",是指根据《条例》《细则》等有关规定所确定的财政部规定的扣除项目的合计数。

11. 第 22 栏"代收费用",纳税人整体转让在建工程时,不填写本项。

12. 第 25 栏"适用税率(核定征收率)",适用查账征收方式的纳税人应根据《条例》规定的四级超率累进税率,按所适用的最高一级税率填写;适用核定征收方式的纳税人应根据主管税务机关确定的核定征收率填写。

13. 第 26 栏"速算扣除系数",应根据《细则》第十条的规定找出相关速算扣除系数填写。

14. 第 28、30、32 栏"减免性质代码和项目名称":按照税务机关最新制发的减免税政策代码表中最细项减免性质代码填报。表第 29、31、33 栏"减免税额"填写相应"减免性质代码和项目名称"对应的减免税金额,纳税人同时享受多个减免税政策应分别填写,不享受减免税的,不填写此项。

五、从事房地产开发的纳税人清算后尾盘销售适用

(一)表头项目

1. 本表适用于从事房地产开发并转让的纳税人,在清算后尾盘销售时填报,各行次应按不同房产类型分别填写。

2. 税款所属期是房地产开发项目尾盘销售收入的纳税义务发生时间。

3. 项目名称填写纳税人所开发并转让的且经国家有关部门审批的房地产开发项目全称;项目编码为纳税人进行房地产项目登记时,税务机关按照一定的规则赋予的编码,此编码会跟随项目的预缴清算尾盘销售全过程。

4. 项目总可售面积应与纳税人清算时填报的总可售面积一致。

5. 清算时已售面积应与纳税人清算时填报的已售面积一致。

6. 清算后剩余可售面积 = 项目总可售面积 – 清算时已售面积。

(二)表中项目

1. 第 1 栏"转让房地产收入总额",按纳税人在转让房地产开发项目所取得的全部收入额(不含增值税)填写。

2. 第 2 栏"货币收入",按纳税人转让房地产开发项目所取得的货币形态的收入额(不含增值税)填写。

3. 第 3 栏"实物收入及其他收入"，按纳税人转让房地产开发项目所取得的实物形态的收入和无形资产等其他形式的收入额（不含增值税）填写。

4. 第 4 栏"视同销售收入"，纳税人将开发产品用于职工福利、奖励、对外投资、分配给股东或投资人、抵偿债务、换取其他单位和个人的非货币性资产等，发生所有权转移时应视同销售房地产，其确认收入不含增值税。

5. 第 6 栏"本次清算后尾盘销售的销售面积"，按申报税款所属期纳税人尾盘销售的建筑面积填报。

6. 第 7 栏"单位成本费用"。单位成本费用＝清算申报时或清算审核确定的扣除项目金额÷清算的总已售面积。公式中的"扣除项目金额"不包括清算时扣除的"与转让房地产有关的税金"。

7. 第 14 栏"适用税率（核定征收率）"，适用查账征收方式的纳税人应根据《条例》规定的四级超率累进税率，按所适用的最高一级税率填写；适用核定征收方式的纳税人应根据主管税务机关确定的核定征收率填写。

8. 第 15 栏"速算扣除系数"，应根据《细则》第十条的规定找出相关速算扣除系数填写。

9. 第 17、19、21 栏"减免性质代码和项目名称"：按照税务机关最新制发的减免税政策代码表中最细项减免性质代码填报。表第 18、20、22 栏"减免税额"填写相应"减免性质代码和项目名称"对应的减免税金额，纳税人同时享受多个减免税政策应分别填写，不享受减免税的，不填写此项。

10. 表中每栏按照"普通住宅、非普通住宅、其他类型房地产"分别填写。

六、转让旧房及建筑物的纳税人适用

（一）表头项目

1. 本表适用于转让旧房及建筑物的纳税人，纳税人应在签订房地产转让合同后的七日内，向房地产所在地主管税务机关填报土地增值税纳税申报表。本表还适用于从事房地产开发的纳税人将开发产品转为自用、出租等用途且已达到主管税务机关旧房界定标准后，又将该旧房对外出售的。

2. 项目名称：从事房地产开发并转让的纳税人填写纳税人所开发并转让的且经国家有关部门审批的房地产开发项目全称，项目编码为纳税人进行房地产项目登记时，税务机关按照一定的规则赋予的编码，此编码会跟随项目的预缴清算尾盘销售全过程。

（二）表中项目

本表的各主要项目内容，应根据纳税人转让的房地产项目作为填报对象。纳税人如果同时转让两个或两个以上房地产的，应分别填报。

1. 第1栏"转让房地产收入总额",按纳税人转让房地产所取得的全部收入额(不含增值税)填写。

2. 第2栏"货币收入",按纳税人转让房地产所取得的货币形态的收入额(不含增值税)填写。

3. 第3、4栏"实物收入""其他收入",按纳税人转让房地产所取得的实物形态的收入和无形资产等其他形式的收入额(不含增值税)填写。

4. 第6栏"取得土地使用权所支付的金额",按纳税人为取得该房地产项目所需要的土地使用权而实际支付(补交)的土地出让金(地价款)及按国家统一规定交纳的有关费用的数额填写。

5. 第7栏"旧房及建筑物的评估价格",是指根据《条例》《细则》等有关规定,按重置成本法评估旧房及建筑物并经当地税务机关确认的评估价格的数额。本栏由第8栏与第9栏相乘得出。如果本栏数额能够直接根据评估报告填报,则本表第8、9栏可以不必再填报。

6. 第8栏"旧房及建筑物的重置成本价",是指按照《条例》和《细则》规定,由政府批准设立的房地产评估机构评定的重置成本价。

7. 第9栏"成新度折扣率",是指按照《条例》和《细则》规定,由政府批准设立的房地产评估机构评定的旧房及建筑物的新旧程度折扣率。

8. 第10栏"评估费用",是指纳税人转让旧房及建筑物时因计算纳税的需要而对房地产进行评估,其支付的评估费用允许在计算增值额时予以扣除。

9. 第11栏"购房发票金额",区分以下情形填写:提供营业税销售不动产发票的,按发票所载金额填写;提供增值税专用发票的,按发票所载金额与不允许抵扣进项税额合计金额数填写;提供增值税普通发票的,按照发票所载价税合计金额数填写。

10. 第12栏"发票加计扣除金额"是指购房发票金额乘以房产实际持有年数乘以5%的积数。

11. 第13栏"房产实际持有年数"是指按购房发票所载日期起至售房发票开具之日止,每满12个月计一年;未满12个月但超过6个月的,可以视同为一年。

12. 第14栏"购房契税"是指购房时支付的契税。

13. 第15栏"与转让房地产有关的税金等"为第16栏至19栏的合计数。

14. 第16栏至19栏,按纳税人转让房地产时实际缴纳的有关税金的数额填写。开具营业税发票的,按转让房地产时缴纳的营业税数额填写;开具增值税发票的,第16栏营业税为0。

15. 第22栏"适用税率(核定征收率)",适用查账征收方式的纳税人应根据《条例》规定的四级超率累进税率,按所适用的最高一级税率填写;适用核定征收方式的纳税人应根据主管税务机关确定的核定征收率填写。

16. 第 23 栏"速算扣除系数",应根据《细则》第十条的规定找出相关速算扣除系数填写。

17. 第 25、27、29 栏"减免性质代码和项目名称":按照税务机关最新制发的减免税政策代码表中的最细项减免性质代码填报。表第 26、28、30 栏"减免税额"填写相应"减免性质代码和项目名称"对应的减免税金额,纳税人同时享受多个减免税政策应分别填写,不享受减免税的,不填写此项。

七、转让旧房及建筑物的纳税人核定征收适用

1. 本表适用于转让旧房及建筑物的纳税人采用核定征收方式时填报。纳税人应在签订房地产转让合同后的七日内,向房地产所在地主管税务机关填报本表。本表还适用于从事房地产开发的纳税人将开发产品转为自用、出租等用途且已达到主管税务机关旧房界定标准后,又将该旧房对外出售的。纳税人在填报本表时,应同时提交税务机关出具的核定文书。

2. 项目名称:从事房地产开发并转让的纳税人填写纳税人所开发并转让的且经国家有关部门审批的房地产开发项目全称,项目编码为纳税人进行房地产项目登记时,税务机关按照一定的规则赋予的编码,此编码会跟随项目的预缴清算尾盘销售全过程;非从事房地产开发的纳税人填写纳税人进行房地产项目登记时税务机关赋予的项目名称及项目编码。

3. 表中项目按税务机关出具的核定文书要求填写。

环境保护税税源明细表

纳税人识别号(统一社会信用代码):□□□□□□□□□□□□□□□□□□

纳税人名称:　　　　　　　　　　　　　金额单位:人民币元(列至角分)

1. 按次申报□	2. 从事海洋工程□
3. 城乡污水集中处理场所□	4. 生活垃圾集中处理场所□
*5. 污染物类别	大气污染物□　水污染物□　固体废物□　噪声□
6. 排污许可证编号	
*7. 生产经营所在区划	
*8. 生态环境主管部门	
税源基础采集信息	
	新增□　变更□　删除□
*税源编号	(1)

续表

排放口编号		（2）			
*排放口名称或噪声源名称		（3）			
*生产经营所在街乡		（4）			
排放口地理坐标	*经度	（5）			
	*纬度	（6）			
*有效期起止		（7）			
*污染物类别		（8）			
水污染物种类		（9）			
*污染物名称		（10）			
危险废物污染物子类		（11）			
*污染物排放量计算方法		（12）			
大气、水污染物标准排放限值	*执行标准	（13）			
	*标准浓度值（毫克/升或毫克/标立方米）	（14）			
产（排）污系数	*计税基数单位	（15）			
	*污染物单位	（16）			
	*产污系数	（17）			
	*排污系数	（18）			
固体废物信息	贮存情况	（19）			
	处置情况	（20）			
	综合利用情况	（21）			
噪声信息	*是否昼夜产生	（22）			
	*标准值——昼间（6时至22时）	（23）			
	*标准值——夜间（22时至次日6时）	（24）			
申报计算及减免信息					
*税源编号		（1）			
*税款所属月份		（2）			
*排放口名称或噪声源名称		（3）			
*污染物类别		（4）			

续表

	*水污染物种类	（5）			
	*污染物名称	（6）			
	危险废物污染物子类	（7）			
	*污染物排放量计算方法	（8）			
大气、水污染物监测计算	*废气（废水）排放量（万标立方米、吨）	（9）			
	*实测浓度值（毫克/标立方米、毫克/升）	（10）			
	*月均浓度（毫克/标立方米、毫克/升）	（11）			
	*最高浓度（毫克/标立方米、毫克/升）	（12）			
产（排）污系数计算	*计算基数	（13）			
	*产污系数	（14）			
	*排污系数	（15）			
固体废物计算	*本月固体废物的产生量（吨）	（16）			
	*本月固体废物的贮存量（吨）	（17）			
	*本月固体废物的处置量（吨）	（18）			
	*本月固体废物的综合利用量（吨）	（19）			
噪声计算	*噪声时段	（20）			
	*监测分贝数	（21）			
	*超标不足15天	（22）			
	*两处以上噪声超标	（23）			
抽样测算计算	特征指标	（24）			
	特征单位	（25）			
	特征指标数量	（26）			
	特征系数	（27）			

续表

污染物排放量 （千克或吨）	大气、水污染物监测计算：（28） =（9）×（10）÷100（1000） 大气、水污染物产（排）污系数计算： （28）=（13）×（14）×M （28）=（13）×（15）×M pH值、大肠菌群数、余氯量等水污染物计算：（28）=（9） 色度污染物计算：（28）=（9）×色度超标倍数 固体废物排放量（含综合利用量）： （28）=（16）-（17）-（18）			
*污染当量值（特征值） （千克或吨）	（29）			
*污染当量数	大气、水污染物污染当量数计算： （30）=（28）÷（29）			
减免性质代码和项目名称	（31）			
*单位税额	（32）			
*本期应纳税额	大气、水污染物应纳税额计算： （33）=（30）×（32） 固体废物应纳税额计算：（33） =（28）×（32） 噪声应纳税额计算： （33）=0.5或1[（22）为是的用0.5；为否的用1]×2或1[（23）为是的用2，为否的用1]×（32） 按照税法所附表二中畜禽养殖业等水污染物当量值表计算： （33）=（26）÷（29）×（32） 采用特征系数计算： （33）=（26）×（27）÷（29）×（32） 采用特征值计算： （33）=（26）×（29）×（32）			
本期减免税额	大气、水污染物减免税额计算： （34）=（30）×（32）×N 固体废物减免税额计算：（34） =（19）×（32）			
本期已缴税额	（35）			
*本期应补（退）税额	（36）=（33）-（34）-（35）			

填表说明：

1. 表内带＊的为必填项。本表包括两部分，分别为税源基础信息和申报计算及减免信息。

2. "按次申报"：勾选后无须填写税源基础信息，直接进行申报计算。

3. "污染物类别"：包括大气污染物、水污染物、固体废物、噪声，可多选。

4. "排污许可证编号"：已纳入国务院生态环境主管部门发布的《固定污染源排污许可分类管理名录》且取得排污许可证的纳税人必填。具有多张排污许可证的纳税人应全部填写。

5. "生产经营所在区划"：填写纳税人实际生产经营所在行政区，应具体到县（旗、区）。

一、税源基础采集信息

1. "新增"：首次填报本表或新增排放口（噪声源）、固体废物的纳税人须勾选"新增"。新增排放口（噪声源）和固体废物的，应填写新增排放口（噪声源）和固体废物及其对应的全部应税污染物信息。

"变更"：变更已填报排放口（噪声源）、固体废物信息的纳税人，须勾选"变更"。变更排放口（噪声源）和固体废物的，应填写变更排放口（噪声源）和固体废物及其对应的全部应税污染物信息。

"删除"：因排放口拆除、噪声源灭失、无固体废物产生等情形，导致排放口、噪声源、固体废物不存在的，应删除排放口（噪声源）和固体废物的相关信息。

2. 第1栏"税源编号"：该项由税务机关通过征管系统根据纳税人的排放口信息或者贮存、处置或综合利用固体废物情况赋予编号。纳税人首次申报或新增排放口（噪声源）、固体废物来源的无须填写。当纳税人发生税源变更情形时须填写该项。

3. 第2栏"排放口编号"：取得排污许可证的须按排污许可证载明的大气、水污染物排放口编号填写。

4. 第3栏"排放口名称或噪声源名称"：纳税人可结合排放口位置、噪声源位置或施工项目名称等自行命名每一个排放口名称或噪声源等的名称。

5. 第4栏"生产经营所在街乡"：填写纳税人实际生产经营所在街道乡镇。

6. 第5栏"经度"：取得排污许可证的纳税人，须按照排污许可证载明的经度填写。

7. 第6栏"纬度"：取得排污许可证的纳税人，须按照排污许可证载明的纬度填写。

8. 第7栏"有效期起止":取得排污许可证的纳税人,填写排污许可证载明的有效期起止日期,未取得排污许可证的纳税人,填写污染物排放口启用时间、噪声源所在厂区的投入生产日期或施工项目实际起止日期等。

9. 第8栏"污染物类别":填写大气污染物、水污染物、固体废物、噪声。

10. 第9栏"水污染物种类":填写"第一类水污染物"或"其他类水污染物";"其他类水污染物"包括第二类水污染物、pH值、色度、大肠菌群数、余氯量。

11. 第10栏"污染物名称":大气污染物和水污染物根据《中华人民共和国环境保护税法》附表二的污染物名称填写。从事海洋工程的纳税人排放应税大气污染物的,填写大气污染物具体名称,如"二氧化硫—海洋工程(气)"、"氮氧化物—海洋工程(气)"、"一氧化碳—海洋工程(气)"等;从事海洋工程的纳税人排放应税水污染物的,填写水污染物具体名称:"石油类—海洋工程(生产污水和机舱污水)""石油类—海洋工程(钻井泥浆和钻屑)""总汞—海洋工程(钻井泥浆和钻屑)""总镉—海洋工程(钻井泥浆和钻屑)""化学需氧量(CODcr)—海洋工程(生活污水)"。固体废物和噪声根据《中华人民共和国环境保护税法》附表一填写,其中污染物名称为"固体废物(其他固体废物)"的,按照其他应税固体废物具体名称填写。产排污系数的污染物名称按照国务院生态环境主管部门发布的纳税人适用的产排污系数表中对应的"污染物指标"填写。采用《中华人民共和国环境保护税法》第十条第四项方法计算应税污染物排放量的,按照省、自治区、直辖市人民政府生态环境主管部门规定的抽样测算污染物名称填写。适用《中华人民共和国环境保护税法》所附《畜禽养殖业、小型企业和第三产业水污染物当量值》表的,按照表中"类型"填写,如"畜禽养殖场(牛)"、"畜禽养殖场(猪)"、"小型企业"等。

12. 第11栏"危险废物污染物子类":按照国务院生态环境主管部门发布的国家危险废物名录填写。

13. 第12栏"污染物排放量计算方法":填写"自动监测""监测机构监测""排污系数""物料衡算""抽样测算"。

14. 第13栏"执行标准":按照孰严原则选择填写国家或地方污染物排放标准名称及编号。海洋工程纳税人排放应税大气或水污染物,无对应国家和地方标准的,本栏可不填写。

15. 第14栏"标准浓度值":填写执行标准对应的浓度值。海洋工程纳税人排放应税大气或水污染物,无对应国家和地方标准的,本栏可不填写。

16. 第15栏"计税基数单位":按照国务院生态环境主管部门发布的纳税人适用的产排污系数表中"单位"栏的分母项填写,即填写前述适用产排污系数表中的产品产量或原材料耗用量单位。

17. 第16栏"污染物单位"：按照国务院生态环境主管部门发布的纳税人适用的产排污系数表中"单位"栏的分子项填写，包括"吨""千克""克""毫克"。

18. 第17栏"产污系数"：使用产污系数法计算污染物排放量的，填写国务院生态环境主管部门发布的纳税人适用的产污系数。

19. 第18栏"排污系数"：使用排污系数法计算污染物排放量的，填写国务院生态环境主管部门发布的纳税人适用的排污系数。

20. 第19栏"贮存情况"：填写贮存场所（设施）名称。

21. 第20栏"处置情况"：填写处置单位。

22. 第21栏"综合利用情况"：填写综合利用方式。综合利用方式填写"金属材料回收""非金属材料回收""能量回收"或"其他方式"。

23. 第22栏"是否昼夜产生"：填写"是"或"否"。

24. 第23栏"标准值——昼间（6时至22时）"：按照所属声功能区的执行标准中对应的"标准限值"填写。其中功能区类型可以分为0类、1类、2类、3类、4a类或4b类。0类声环境功能区指康复疗养区等特别需要安静的区域；1类声环境功能区指以居民住宅、医疗卫生、文化教育、科研设计、行政办公为主要功能，需要保持安静的区域；2类声环境功能区指以商业金融、集市贸易为主要功能，或者居住、商业、工业混杂，需要维护住宅安静的区域；3类声环境功能区指以工业生产、仓储物流为主要功能，需要防止工业噪声对周围环境产生严重影响的区域；4类声环境功能区指交通干线两侧一定距离之内，需要防止交通噪声对周围环境产生严重影响的区域，包括4a类和4b类，4a类为高速公路、一级公路、二级公路、城市快速路、城市主干路、城市次干路、城市轨道交通（地面段）、内河航道两侧区域，4b类为铁路干线两侧区域。

25. 第24栏"标准值——夜间（22时至次日6时）"：按照所属声功能区的执行标准中对应的"标准限值"填写。其中功能区类型可以参照第23栏"标准值——昼间（6时至22时）"中的分类。

二、申报计算及减免信息

1. 第1栏"税源编号"：税源基础信息采集后，填写征管系统赋予的税源编号。
2. 第2栏"税款所属月份"：按税款所属期分月填写，如"1月""2月""3月"。
3. 第3栏"排放口名称或噪声源名称"：填写税源基础信息采集的排放口名称或噪声源名称。
4. 第4栏"污染物类别"：填写税源基础信息采集的污染物类别。
5. 第5栏"水污染物种类"：填写税源基础信息采集的水污染物种类。
6. 第6栏"污染物名称"：大气污染物和水污染物根据《中华人民共和国环境

保护税法》附表二的污染物名称填写。固体废物根据《中华人民共和国环境保护税法》附表一填写，其中污染物名称为"固体废物（其他固体废物）"的，按照其他应税固体废物具体名称填写。噪声填写"工业噪声超标1—3分贝""工业噪声超标4—6分贝""工业噪声超标7—9分贝""工业噪声超标10—12分贝""工业噪声超标13—15分贝""工业噪声超标16分贝以上"。从事海洋工程的纳税人排放应税大气污染物的，填写大气污染物具体名称，如"二氧化硫—海洋工程（气）""氮氧化物—海洋工程（气）""一氧化碳—海洋工程（气）"等；从事海洋工程的纳税人排放应税水污染物的，填写海洋工程相应水污染物名称："石油类—海洋工程（生产污水和机舱污水）""石油类—海洋工程（钻井泥浆和钻屑）""总汞—海洋工程（钻井泥浆和钻屑）""总镉—海洋工程（钻井泥浆和钻屑）""化学需氧量（CODcr）—海洋工程（生活污水）"；从事海洋工程的纳税人排放生活垃圾的，填写"生活垃圾—海洋工程"。水污染物是"pH值"时，根据实测pH值对应填写"pH值（0—1，13—14）""pH值（1—2，12—13）""pH值（2—3，11—12）""pH值（3—4，10—11）""pH值（4—5，9—10）""pH值（5—6）"；适用《中华人民共和国环境保护税法》所附《禽畜养殖业、小型企业和第三产业水污染物当量值》表的，按照表中"类型"填写，如"禽畜养殖场（牛）""禽畜养殖场（猪）""小型企业"等。采用《中华人民共和国环境保护税法》第十条第四项方法计算应税污染物排放量的，按照省、自治区、直辖市人民政府生态环境主管部门规定的抽样测算污染物名称填写。

7. 第7栏"危险废物污染物子类"：填写税源基础信息采集的危险废物污染物子类。

8. 第8栏"污染物排放量计算方法"：填写税源基础信息采集的污染物排放量计算方法。

9. 第9栏"废气（废水）排放量"：污染物排放量计算方法为"自动监测"或"监测机构监测"的填写该项。

10. 第10栏"实测浓度值"：采用自动监测的，按自动监测仪器当月读数填写；当自动监测设备发生故障、设备维护、启停炉、停运等状态时，应当按照相关法律法规等规定，填写标记、处理后的自动监测数据。采用监测机构监测（含符合规定的自行监测）的，按监测机构出具的报告填写。

11. 第11栏"月均浓度"：按照《中华人民共和国环境保护税法实施条例》第十条规定填写。有折算浓度值的，填写折算浓度值；没有折算浓度值的，填写实测浓度值。

12. 第12栏"最高浓度"：采用自动监测的，按照应税大气污染物浓度值的最高小时平均值，或者应税水污染物浓度值的最高日平均值填写；采用监测机构监测（含符合规定的自行监测）的，按照当月监测的应税大气污染物、水污染物的最高浓度值填写。有折算浓度值的，填写折算浓度值；没有折算浓度值的，填写实测浓度值。

13. 第13栏"计算基数"：填写产品产量值或原材料耗用值。

14. 第14栏"产污系数"：填写税源基础信息采集的产污系数。

15. 第15栏"排污系数"：填写税源基础信息采集的排污系数。

16. 第16栏"本月固体废物的产生量"：填写当月产生的应税固体废物数量。

17. 第17栏"本月固体废物的贮存量"：填写当月在符合国家和地方环境保护标准的设施、场所贮存的固体废物数量。

18. 第18栏"本月固体废物的处置量"：填写当月在符合国家和地方环境保护标准的设施、场所处置的固体废物数量。

19. 第19栏"本月固体废物的综合利用量"：填写当月享受固体废物综合利用税收优惠的固体废物数量。

20. 第20栏"噪声时段"：填写"昼间"或"夜间"，同一噪声源昼、夜均超标的，应分别填写。

21. 第21栏"监测分贝数"：填写实际监测的最高分贝数，不足一分贝的按"四舍五入"原则填写。

22. 第22栏"超标不足15天"：超标天数区分昼、夜，分别计算。噪声源超标不足15昼（夜）的，填写"是"；达到或超过15昼（夜）的，填写"否"。

23. 第23栏"两处以上噪声超标"：沿边界长度超过100米有两处以上噪声超标的填写"是"；其他情况填写"否"。

24. 第24栏"特征指标"：按照《中华人民共和国环境保护税法》所附《禽畜养殖业、小型企业和第三产业水污染物当量值》表和省、自治区、直辖市人民政府生态环境主管部门公布的抽样测算方法填写，如"牛""猪""鸡""床"等。

25. 第25栏"特征单位"：填写"特征指标"的具体单位，如"头""羽""张""吨"等。

26. 第26栏"特征指标数量"：填写"特征指标"的数量，若"特征指标"是"牛"的，填写具体头数，如"500"。

27. 第27栏"特征系数"：填写参与污染当量数计算的系数项。

28. 第28栏"污染物排放量"：采用自动监测方法计算污染物排放量的，按照自动监测仪器当月读数填写，此时，该栏可不等于第9栏×第10栏。采用监测机构监测方法计算污染物排放量的，污染物排放量＝废气（废水）排放量×实测浓度值÷100（1000）（注：将污染物排放量换算成千克）。采用排污系数方法计算污染物排放量的，污染物排放量＝计算基数×排污系数（或产污系数）×换算值 M（注：将污染物排放量换算成千克）。"污染物单位"为吨时，M 为 1000；"污染物单位"为千克时，M 为 1；"污染物单位"为克时，M 为 0.001；"污染物单位"为毫克时，M 为 0.000001。采用物料衡算方法计算污染物排放量的，按纳税人适用的物料衡算方法计算填写污染物排放量（注：将污染物排放量换算成千克）。当污染物是"pH 值""大肠菌群数（超标）""余氯量（用氯消毒的医院废水）"时，污染物排放量＝废水排放量（污染物排放量换算成吨）。当污染物是"色度"时，污染物排放量＝废水排放量（污染物排放量换算成吨）×色度超标倍数。本月应税固体废物的排放量（含综合利用量）＝本月固体废物的产生量－本月固体废物的贮存量－本月固体废物的处置量。

29. 第 29 栏"污染当量值（特征值）"：根据《中华人民共和国环境保护税法》附表二中污染当量值和省、自治区、直辖市人民政府生态环境主管部门公布的特征值填写。

30. 第 31 栏"减免性质代码和项目名称"：按照税务机关最新制发的减免税政策代码表中最细项减免性质代码填写。

31. 第 32 栏"单位税额"：根据《中华人民共和国环境保护税法》附表一和各省、自治区、直辖市公布的应税大气污染物、水污染物具体适用税额填写。

32. 第 34 栏"本期减免税额"：享受大气污染物、水污染物减免税优惠的，本期减免税额＝"污染当量数"×"单位税额"×N（N 为减免幅度，包括 25%、50%、100%）；享受固体废物综合利用税收优惠的，本期减免税额＝"本月固体废物的综合利用量"×"单位税额"。

烟叶税税源明细表

税款所属期限：自　　年　月　日至　　年　月　日
纳税人识别号（统一社会信用代码）：□□□□□□□□□□□□□□□□□□
纳税人名称：　　　　　　　　　　　　　　　　金额单位：人民币元（列至角分）

序号	烟叶收购价款总额	税率
1		
2		
3		
4		
5		
6		

填表说明：

1. 税款所属期限：纳税人申报烟叶税所属期的起止时间，应填写具体的年、月、日。

2. 烟叶收购价款总额：必填。填写纳税人收购烟叶实际支付的价款总额。

3. 税率：填写烟叶税适用税率。烟叶税的税率为20%。

附件3

废止文件及条款清单

1.《国家税务总局关于发布〈环境保护税纳税申报表〉的公告》（2018年第7号）

2.《国家税务总局关于发布〈烟叶税纳税申报表〉的公告》（2018年第39号）

3.《国家税务总局关于增值税小规模纳税人地方税种和相关附加减征政策有关征管问题的公告》（2019年第5号）附件5、附件6

4.《国家税务总局关于耕地占用税征收管理有关事项的公告》（2019年第30号）附件

5.《国家税务总局关于修订城镇土地使用税和房产税申报表单的公告》（2019年第32号）

6.《国家税务总局关于资源税征收管理若干问题的公告》（2020年第14号）附件

财政部 税务总局
关于进一步实施小微企业"六税两费"
减免政策的公告

2022年3月1日 财政部 税务总局公告2022年第10号

为进一步支持小微企业发展，现将有关税费政策公告如下：

一、由省、自治区、直辖市人民政府根据本地区实际情况，以及宏观调控需要确定，对增值税小规模纳税人、小型微利企业和个体工商户可以在50%的税额幅度内减征资源税、城市维护建设税、房产税、城镇土地使用税、印花税（不含证券交易印花税）、耕地占用税和教育费附加、地方教育附加。

二、增值税小规模纳税人、小型微利企业和个体工商户已依法享受资源税、城市维护建设税、房产税、城镇土地使用税、印花税、耕地占用税、教育费附加、地方教育附加其他优惠政策的，可叠加享受本公告第一条规定的优惠政策。

三、本公告所称小型微利企业，是指从事国家非限制和禁止行业，且同时符合年度应纳税所得额不超过300万元、从业人数不超过300人、资产总额不超过5000万元等三个条件的企业。

从业人数，包括与企业建立劳动关系的职工人数和企业接受的劳务派遣用工人数。所称从业人数和资产总额指标，应按企业全年的季度平均值确定。具体计算公式如下：

季度平均值＝（季初值＋季末值）÷2

全年季度平均值＝全年各季度平均值之和÷4

年度中间开业或者终止经营活动的，以其实际经营期作为一个纳税年度确定上述相关指标。

小型微利企业的判定以企业所得税年度汇算清缴结果为准。登记为增值税一般纳税人的新设立的企业，从事国家非限制和禁止行业，且同时符合申报期上月末从业人数不超过300人、资产总额不超过5000万元等两个条件的，可在首次办理汇算清缴前按照小型微利企业申报享受第一条规定的优惠政策。

四、本公告执行期限为2022年1月1日至2024年12月31日。

特此公告。

国家税务总局关于进一步实施小微企业"六税两费"减免政策有关征管问题的公告

2022年3月4日　国家税务总局公告2022年第3号

为贯彻落实党中央、国务院关于持续推进减税降费的决策部署，进一步支持小微企业发展，根据《财政部　税务总局关于进一步实施小微企业"六税两费"减免政策的公告》（2022年第10号），现就资源税、城市维护建设税、房产税、城镇土地使用税、印花税（不含证券交易印花税）、耕地占用税和教育费附加、地方教育附加（以下简称"六税两费"）减免政策有关征管问题公告如下：

一、关于小型微利企业"六税两费"减免政策的适用

（一）适用"六税两费"减免政策的小型微利企业的判定以企业所得税年度汇算清缴（以下简称汇算清缴）结果为准。登记为增值税一般纳税人的企业，按规定办理汇算清缴后确定是小型微利企业的，除本条第（二）项规定外，可自办理汇算清缴当年的7月1日至次年6月30日申报享受"六税两费"减免优惠；2022年1月1日至6月30日期间，纳税人依据2021年办理2020年度汇算清缴的结果确定是否按照小型微利企业申报享受"六税两费"减免优惠。

（二）登记为增值税一般纳税人的新设立企业，从事国家非限制和禁止行业，且同时符合申报期上月末从业人数不超过300人、资产总额不超过5000万元两项条件的，按规定办理首次汇算清缴申报前，可按照小型微利企业申报享受"六税两费"减免优惠。

登记为增值税一般纳税人的新设立企业，从事国家非限制和禁止行业，且同时符合设立时从业人数不超过300人、资产总额不超过5000万元两项条

件的，设立当月依照有关规定按次申报有关"六税两费"时，可申报享受"六税两费"减免优惠。

按规定办理首次汇算清缴后确定不属于小型微利企业的一般纳税人，自办理汇算清缴的次月1日至次年6月30日，不得再申报享受"六税两费"减免优惠；按次申报的，自首次办理汇算清缴确定不属于小型微利企业之日起至次年6月30日，不得再申报享受"六税两费"减免优惠。

新设立企业按规定办理首次汇算清缴后，按规定申报当月及之前的"六税两费"的，依据首次汇算清缴结果确定是否可申报享受减免优惠。

新设立企业按规定办理首次汇算清缴申报前，已按规定申报缴纳"六税两费"的，不再根据首次汇算清缴结果进行更正。

（三）登记为增值税一般纳税人的小型微利企业、新设立企业，逾期办理或更正汇算清缴申报的，应当依据逾期办理或更正申报的结果，按照本条第（一）项、第（二）项规定的"六税两费"减免税期间申报享受减免优惠，并应当对"六税两费"申报进行相应更正。

二、关于增值税小规模纳税人转为一般纳税人时"六税两费"减免政策的适用

增值税小规模纳税人按规定登记为一般纳税人的，自一般纳税人生效之日起不再按照增值税小规模纳税人适用"六税两费"减免政策。增值税年应税销售额超过小规模纳税人标准应当登记为一般纳税人而未登记，经税务机关通知，逾期仍不办理登记的，自逾期次月起不再按照增值税小规模纳税人申报享受"六税两费"减免优惠。

上述纳税人如果符合本公告第一条规定的小型微利企业和新设立企业的情形，或登记为个体工商户，仍可申报享受"六税两费"减免优惠。

三、关于申报表的修订

修订《财产和行为税减免税明细申报附表》《〈增值税及附加税费申报表（一般纳税人适用）〉附列资料（五）》《〈增值税及附加税费预缴表〉附列资料》《〈消费税及附加税费申报表〉附表6（消费税附加税费计算表）》，增加增值税小规模纳税人、小型微利企业、个体工商户减免优惠申

报有关数据项目，相应修改有关填表说明（具体见附件）。

四、关于"六税两费"减免优惠的办理方式

纳税人自行申报享受减免优惠，不需额外提交资料。

五、关于纳税人未及时申报享受"六税两费"减免优惠的处理方式

纳税人符合条件但未及时申报享受"六税两费"减免优惠的，可依法申请抵减以后纳税期的应纳税费款或者申请退还。

六、其他

（一）本公告执行期限为2022年1月1日至2024年12月31日。《国家税务总局关于增值税小规模纳税人地方税种和相关附加减征政策有关征管问题的公告》（2019年第5号）自2022年1月1日起废止。

（二）2021年新设立企业，登记为增值税一般纳税人的，小型微利企业的判定按照本公告第一条第（二）项、第（三）项执行。

（三）2024年办理2023年度汇算清缴后确定是小型微利企业的，纳税人申报享受"六税两费"减免优惠的日期截止到2024年12月31日。

（四）本公告修订的表单自各省（自治区、直辖市）人民政府确定减征比例的规定公布当日正式启用。各地启用本公告修订的表单后，不再使用《国家税务总局关于简并税费申报有关事项的公告》（2021年第9号）中的《财产和行为税减免税明细申报附表》和《国家税务总局关于增值税 消费税与附加税费申报表整合有关事项的公告》（2021年第20号）中的《〈增值税及附加税费申报表（一般纳税人适用）〉附列资料（五）》《〈增值税及附加税费预缴表〉附列资料》《〈消费税及附加税费申报表〉附表6（消费税附加税费计算表）》。

特此公告。

附件：1.财产和行为税减免税明细申报附表（略）
   2.《增值税及附加税费申报表（一般纳税人适用）》附列资料（五）（略）

3.《增值税及附加税费预缴表》附列资料（略）

4.《消费税及附加税费申报表》附表6（消费税附加税费计算表）（略）